HISTOIRE CRITIQUE DE LA PHILOSOPHIE.

TOME III.

HISTOIRE CRITIQUE DE LA PHILOSOPHIE

OU L'ON TRAITE

DE SON ORIGINE, DE SES PROGRE'S, ET DES DIVERSES REVOLUTIONS QUI LUI SONT ARRIVE'ES JUSQU'A NOTRE TEMS.

*Par Mr. D ***.*

TOME TROISIE'ME.

A AMSTERDAM,
Chez *FRANCOIS CHANGUION.*
M. DCC. XXXVII.

TABLE DES CHAPITRES

DU TOME III.

LIVRE SEPTIE'ME.

Des Philosophes qui ont fleuri à Rome.

CHAPITRE XXXII. 37

CHAPITRE XXXIII. 53

LIVRE HUITIE'ME.

Des Philosophes qui ont fleuri depuis le régne de Trajan jusqu'à la décadence de l'Empire Romain, & depuis sa décadence jusqu'à la chute de l'Empire d'Orient.

CHAPITRE XXXIV. 73

CHAPITRE XXXV. 87

TABLE

Chapitre XXXVI. 110

Chapitre XXXVII. 143

Chapitre XXXVIII. 169

TABLE

LIVRE NEUVIE'ME.

Des nouveaux Sistêmes de Philosophie inventés par les Arabes & les Scholastiques.

CHAPITRE XLIV. 323

Fin de la Table des Chapitres du Tome III.

HISTOIRE CRITIQUE DE LA PHILOSOPHIE.

LIVRE SEPTIÈME.

DES PHILOSOPHES QUI ONT FLEURI A ROME.

CHAPITRE XXX.

I. *Commencemens de Rome.* II. *Rapport de la Philosophie de Numa Pompilius avec celle de Pythagore.* III. *Décret contre les Philosophes.* IV. *Ambassa-*

de des Grecs à Rome. V. *Comparaison des Grecs & des Romains.*

I.

Commencemens de Rome.

LEs commencemens de la République Romaine n'ont rien que de commun, & même de bas. Elle dut son origine à une troupe de gens rassemblés sans choix & au hazard, que l'amour de la nouveauté, ou la crainte d'éviter une juste punition, arrachoient des lieux de leur naissance. Une pareille Colonie qui ne respiroit qu'une liberté effrénée, qui ne vivoit que de pillages & de butin, n'eut d'abord d'autres loix que celles qui peuvent subsister entre des hommes méchans, & suspects les uns aux autres. Romulus, dont toutes les ressources étoient l'audace, toute la politique l'envie de dominer, ramena insensiblement des hommes si fiers de leur indépendance, à un genre de vie fixe & arrêté. Il profita avec adresse de l'idée qu'on avoit de sa naissance fabuleuse, pour s'attirer une considération que son propre mérite ne pouvoit lui donner, ou qu'il ne lui auroit donnée que bien tard. Mais ce qu'il y a en cela de plus surprenant, c'est que d'une troupe de débauchés

& de brigands, tels que je viens de les dépeindre, il se forma un Empire que la vertu a rendu encore plus illustre que la valeur, & les conquêtes innombrables.

Romulus jetta les fondemens de la ville de Rome, de cette ville qui n'étoit d'abord qu'un amas de quelques maisons mal bâties, mal alignées, & qui devint dans la suite la Capitale de l'Univers entier. Parmi les réglemens qu'on attribuë à ce nouveau fondateur, Denys d'Halicarnasse remarque qu'il rejetta tout le systéme de la Théologie poëtique des Grecs. Il trouva que leurs fables contenoient des choses basses, puériles, injurieuses à la Divinité, capables en un mot de corrompre les esprits foibles & vulgaires. De simples mortels, ajoutoit Romulus, auroient honte qu'on leur reprochât ce qu'on impute aux Dieux sans aucun ménagement; ou qu'on voulût les honorer d'une maniere aussi licencieuse & aussi dissoluë, qu'on honore ces mêmes Dieux. Ainsi, plus Philosophe qu'on ne devoit se le promettre de son éducation, il accoutuma ses nouveaux Sujets à n'avoir que des idées magnifiques de l'Etre suprême, & à dédaigner toutes ces fictions qui entretiennent l'Ignorance & la Crédulité, sa compagne inséparable.

Antiq. Rom. l. 2.

De-là vint apparemment le mépris enraciné que les premiers Romains eurent pour les Grecs ; mépris qui s'accordoit & avec la dureté de leurs mœurs, & avec leur aversion pour toute espece de servitude.

Denys d'Halicarnasse ajoute que de son tems, on avoit plus d'indulgence pour l'Histoire fabuleuse des Grecs. On prétend même, dit-il malignement, que sous des figures énigmatiques, elle cache les plus rares merveilles & renferme des choses très sensées. Je n'examinerai point, continuë-t'il, si cette opinion est fondée sur de bons titres, & si ceux qui la font valoir, ne cherchent point à s'éblouir eux-mêmes. Je me reserve seulement à soutenir ici, que tout le monde n'est point en état de pénétrer ce sens mystérieux & reculé. Croira-t'on sur-tout, que le peuple ait le talent de deviner ? Quand on lui retrace l'Histoire des Dieux adorez dans la Grece, ou il les méprise, à la vuë des miseres & des foiblesses qui les environnent, ou il se porte aux plus grands déréglemens, encouragé par leur exemple.

Les Romains, comme on le voit, ne furent pas toujours aussi sages & aussi circonspects, qu'ils l'avoient été pendant l'enfance de leur République. Ils se livrerent dans la suite, & par une pente assez naturelle, à une infinité d'opinions absurdes : ils renchérirent même sur les Grecs. Varron assure qu'il y avoit de son tems 30000 Dieux à Rome ; & le Philosophe Bruxillus, dans sa derniere harangue au Sénat, dit qu'il en laissoit 280000. C'est ce qui donna lieu à cette piquante raillerie de Petrone : *L'Italie est maintenant si sacrée, qu'il est plus facile d'y trouver un Dieu, qu'un homme.* (V. Juven. sat. 13.)

II.

(Rapport de la Philosophie de Numa Pompilius avec celle de Pythagore. Plut. in Num. Cic. Tuscul. l. 1. & 4.)

Le regne de Romulus fut guerrier : celui de Numa Pompilius, qu'on choisit pour le remplacer, fut plus doux & plus tranquille. Quelques Auteurs ont prétendu que ce Prince avoit été disciple de Pythagore ; mais ils se sont certainement trompés. Pythagore ne vint en Italie que sur la fin du regne de Tarquin le Superbe, & il s'y fit en peu de tems une réputation très-brillante. Les peuples pénétrés de sa vertu, & naturellement tournés à l'admiration, le regardoient comme une Divinité. Ciceron croit que les Romains, pour relever davantage la haute sagesse & l'exacte probité de Numa Pompilius, confondirent exprès les tems, & supposerent avec plaisir qu'il avoit été instruit par le fonda- (L. 2. de Leg.)

teur de la Secte Italique. Un si grand Maître ne pouvoit former que des Ecoliers dignes de lui.

Ubi supra

Quoiqu'il en soit : Plutarque a trouvé que les loix établies par Numa Pompilius avoient beaucoup de ressemblance avec les sentimens de Pythagore. On pourroit conclure de-là que le Monarque & le Philosophe auroient tous deux puisé dans la même source, je veux dire, dans la doctrine des Sabins. L'un avoit pris naissance parmi eux, & il devoit être informé de leurs mœurs & de leurs coutumes : sans doute que l'autre à son arrivée en Italie s'appropria les connoissances qui y étoient répanduës, & se contenta, pour les déguiser adroitement, de leur donner un air de liaison & de systéme. Les Savans sont bien sujets à ces sortes de larcins. Numa Pompilius faisoit accroire au peuple qu'il étoit inspiré par les Muses, & sur-tout par une Nymphe qu'il nommoit la secrette ou la cachée. Il avoit ordonné que dans les cérémonies de Religion, il y auroit toujours un Heraut qui crieroit à haute voix : *Peuples, gardez un profond silence.* Pythagore, charmé de la même maxime, en avoit fait un des principaux points de sa Philosophie. On sait qu'il étoit fort délicat sur le choix de ses Disciples, & qu'il ne leur dévoi-

V. Ovid. Fast. l. 2

soit le fin, le mystérieux de son systême, qu'après plusieurs années d'un silence très-rigoureux. Le prémier, convaincu de l'existence & de la nécessité d'un Etre immuable, infini, en convainquit aisement ses Sujets. Il leur persuada sans peine, que cet Etre n'avoit point de figure corporelle, & que rien n'étoit plus absurde que de vouloir le représenter par des statues ou par des peintures, n'y aiant aucune proportion entre les choses spirituelles & les matérielles. Le second soutenoit aussi que la prémiére Cause, le Dieu suprême, étoit impassible & invisible; qu'on ne pouvoit l'apercevoir ni par les sens, par l'imagination; enfin, que la seule voie pour parvenir à sa connoissance étoit l'entendement pur. Tous deux, comme d'intelligence, défendoient qu'on profanât les autels par des sacrifices & des meurtres, jugeant bien qu'il y avoit une sorte d'indécence à s'en aprocher les mains encore teintes du sang des animaux. On connoîtra par ce parallele combien étoit pure, droite, sensée, la Religion de Numa Pompilius. Cependant les Romains n'y restérent attachés qu'environ soixante & dix ans. Ils s'abandonnérent ensuite à toute sorte de superstitions; & cela avec un tel excés de fureur, que souvent ils en rougissoient eux-mêmes, & n'en rougissoient jamais assez. Vers le tems de Cicéron & de César, parut Nigidus Figulus, homme de qualité & de grande réputation, qui voulut remettre en vogue l'ancienne Philosophie de Numa Pompilius. Mais tous ses efforts furent inutiles ; & les différens Ouvrages qu'il composa, quoique pleins de choses sublimes & recherchées, tombérent bientôt, tant à cause de leur obscurité, que parce que cette Philosophie n'étoit plus sur le ton des esprits. Réellement chaque siécle en a une qui lui est propre & affectée, & qui se ressent des maniéres, des goûts, des travers mêmes de ce siécle.

Aul. Gell. l. 4.

Cic. de Univ.

III.

Décret contre les Philosophes.

Si l'esprit pacifique de Numa Pompilius eût gagné les Romains, il y a apparence qu'ils auroient été bouleversés dès leur origine, & que, jaloux du nouvel établissement qu'ils se procuroient, leurs voisins les auroient anéantis sans ressource. Mais Rome étoit née pour la guerre, pour les combats ; & la plus décidée de ses inclinations fut toujours de s'agrandir, & de ne se rendre pas moins formidable au dehors qu'elle étoit bien unie, bien réglée au dedans. Les Arts & les Sciences n'entroient point dans le plan de sa politique : elle les regarda long-tems comme des choses frivoles, & même dangereuses. L'amour de la liberté, qui rend les hommes aussi forts & aussi généreux que la servitude les rend mous & complaisans, étouffoit presque à Rome les sentimens de la Nature. Le Citoyen renonçoit à être Pere, Mari ou Frére : & chacun attentif aux besoins de l'Etat ; & désintéressé pour lui-même, ne connoissoit d'autre bien que le Bien public. De cette disposition générale des esprits, de cette grande austérité de mœurs, se forma je ne sai quoi de rude & de farouche, qui ne pouvoit guéres s'accorder avec l'amour des Sciences. En voici quelques preuves choisies.

Pline raporte qu'un homme Consulaire, faisant fouiller dans un champ qui lui appartenoit, y trouva un coffre de bois où étoient renfermez plusieurs Manuscrits, qui traitoient des mystéres de la Philosophie Pythagoricienne. Ces Manuscrits étoient de papier d'Egypte, & on avoit eu soin de les couvrir de feuilles de citronnier, pour empêcher que les vers ne leur fissent quelque dommage. A peine Q. Petilius, qui se trouvoit alors Préteur, fut-il informé de cette découverte, qu'il ordonna que tous les Manuscrits fussent jettez au feu : L. 13.

tant il s'exageroit les suites que la Philosophie, pouvoit avoir dans une ville toute occupée de la Guerre.

Sous le Consulat de C. Fannius Strabon & de M. Valerius Messala, ceux qui amoureux d'un loisir tranquille & éloigné des affaires, cultivoient à Rome les Sciences, se virent contraints d'en sortir. On nous a conservé le Decret trop rigoureux, qui fut rendu à cette occasion, & que je cite ici avec quelque répugnance. » M. Pomponius » Préteur ayant consulté le Sénat sur le » chapitre des Philosophes & des Rhé» teurs, & lui ayant représenté que » c'étoient des gens inutiles & perni» cieux; le Sénat l'a prié très-fortement » de veiller sur leur conduite & de point » souffrir qu'ils demeurent plus long» tems à Rome, persuadé que cette atten» tion est du devoir de sa charge & con» forme à l'ordre public. Que ce Décret dût ensevelir de talens, qui tombent s'ils ne sont encouragez & languissent bien-tôt! Qu'il dût faire triompher l'ignorance, qui n'est par-tout que trop bien apuyée!

Aul. Gell. l. 13.

IV.

Ambassade des Grecs à Rome

Six ans après, & sous le Consulat de Publius Scipion & de Marcus Marcellus, vinrent à Rome trois Ambaſſadeurs Grecs, qui étoient en même tems d'illuſtres Philoſophes, pour négocier une affaire délicate, & qui intéreſſoit fort les Athéniens. Ces trois Ambaſſadeurs curieux de ſe faire connoître, & plus curieux encore de s'inſinuer dans les eſprits, commencérent à haranguer, à prononcer des diſcours de parade, ſuivant la maniére des Grecs. Leur deſſein étoit de s'eſſayer par le peuple à vaincre le Sénat. Carnéade l'un d'eux enlevoit ſur-tout d'illuſtres ſuffrages. On ne pouvoit lui réſiſter : on ſe laiſſoit gagner ſans peine par ſes diſcours étudiés & perſuaſifs. Sa phyſionomie ouvroit les cœurs aux charmes de ſon éloquence. Les vieux Romains, & particuliérement Caton le Cenſeur, s'oppoſérent de toutes leurs forces à ces nouveautés brillantes. Ils engagérent le Sénat à donner une prompte audience aux Ambaſſadeurs Grecs, & à les renvoyer ſans délai dans leur Patrie. » Qu'ils se » contentent, diſoit Caton, de gâter » & de ſéduire les jeunes Athéniens! » qu'ils leur apprennent l'art de diſputer, & de parler ſans meſure ſur toute ſorte de matiéres! Mais qu'ils laiſſent à nos enfans la ſeule ſcience qui » leur convient, la ſeule que nous leur » avons montrée : qui eſt d'obéir aux

Cic. Acad. Quæſt l. 4.

Plut. in Cat.

» Loix, de respecter les Magistrats, de » s'enhardir de bonne heure aux travaux » de la Guerre !

Le même Caton, toujours zélé pour l'ordre ancien, pour les choses établies, fit encore chasser de Rome tous les Médecins, qu'il appelloit une peste publique & le fleau de la Société. » Une » preuve qu'ils sont inutiles, ajoutoit-il » sérieusement, c'est que je suis parve- » nu sans leur secours à une extrême » vieillesse, & que j'ai préservé toute » ma famille d'une infinité de maux » qu'ils trainent d'ordinaire à leur suite. Il paroit que la Médecine a toujours été fort suspecte aux Romains. En effet, un de leurs meilleurs Auteurs dit agréa- glement : » Cet art est le plus dangéreux » de tous, & celui où l'on s'instruit à » nos périls. Les Médecins passent pour » habiles, si-tôt qu'ils assurent opiniâtré- » ment qu'ils le sont. On n'oseroit les » accuser, ni même les soupçonner de » faux. Cependant ils se trompent, & » chacune de leurs expériences coute la » vie à quelque malade. Cela même » leur réussit : car loin de leur rien im- » puter, c'est sur le mort que tombent » tous les reproches, c'est lui seul qu'on » condamne.

Plin. l. 19

Il faut avouer pourtant, que si les Médecins sont presque toujours inutiles,

& très-souvent dangéreux, du moins la Médecine est salutaire, & d'un usage favorable dans les différens périodes de la vie. J'entends par la Médecine, ce qu'entendoit Hippocrate lui-même : l'art de rappeller la santé, quand par malheur on se trouve malade; & l'art d'éloigner la maladie, quand on se trouve en pleine santé. Dans le prémier cas, il faut des remédes, mais en petit nombre & à peu de frais : dans le second, il faut moins de remédes que de précautions, & encore des précautions qui ne soient point trop gênantes ni trop importunes, car elles rendroient la vie extrémement triste. La Médecine; remarque Cicéron, qu'est-elle autre chose qu'une connoissance réfléchie des principaux ressorts qui animent le corps humain, & qu'une suite d'observations que chacun peut faire sur ce qui a altéré, ou raffermi sa propre santé? On est sur cela son juge, son ami, son conseil : & qu'on a d'intérêt de ne se point tromper!

V.

On peut s'appuyer de tout ce que je viens de dire, pour faire un parallèle des Grecs & des Romains. Les prémiers étoient en général plus adroits & | Comparaison des Grecs & des Romains.

plus industrieux, ils embrasſérent tous les Arts & toutes les Sciences, ils excellérent dans la plûpart. Les ſeconds cherchoient moins à briller : mais ils penſoient avec plus de droiture & de ſolidité, ils ſe conſacroient entiérement à la gloire de la République, ils ne ſe laiſſoient toucher que de ſes avantages. Quint. l. 12. *Romanum quidem velim ſapientem, qui non ſecretis diſputationibus, ſed rerum experimentis atque operibus vere civilem virum exhibeat.* On s'entretenoit curieuſement dans la Grece : on agiſſoit à Rome. Là, on enſeignoit ce qu'il faut faire : ici, on le pratiquoit religieuſement: Là, on s'enivroit de toute ſorte de plaiſirs : ici, on ne connoiſſoit d'autre plaiſir que le devoir. Tuſcul. l. 1. Jugez par-là, dit Cicéron, combien la République Romaine devoit l'emporter ſur toutes celles de la Gréce : combien ſon gouvernement étoit plus ſage, plus modéré; ſa politique plus ferme, plus prévoyante; ſes maximes plus utiles, plus vertueuſes !

Il vrai que toute cette auſtérité nuiſit à l'accroiſſement des Sciences. Elles aiment à reſpirer un air plus libre & plus agréable. Auſſi, dès l'origine de leur Monarchie, les Grecs eurent-ils d'excellens Poëtes, tels qu'Homere, Héſiode, Archiloque. Pour les Romains, ils ne cultivérent que fort tard la Poësie : car ce fut 410 ans après la fondation de leur Empire, que Livius Andronicus fit représenter à Rome la prémiere Piéce de theâtre. Parmi les Grecs, on estimoit infiniment la beauté de la voix & la souplesse du corps : cette estime leur procura aussi de bons Musiciens & d'habiles Athlétes. Ces mêmes Grecs récompensoient libéralement tous ceux qui s'appliquoient aux Mathématiques : l'attrait des récompenses leur offrit aussi une infinité de Mathématiciens. Les Romains au contraire ont toujours été fort pauvres de ce côté-là : & la véritable raison de cette disette, c'est qu'ils bornoient toute leur estime à la Géométrie pratique, la seule qui leur fût nécessaire.

A l'égard des autres parties qui composent les Mathématiques, & des Arts qui en dépendent, sinon pour le détail toujours varié, du moins pour les principes toujours fixes ; les Romains n'y eurent aucune attention : & le plus grand de leurs Poëtes, celui qui a paru s'intéresser davantage à la gloire de sa Patrie, leur en a même fait honneur. » Qu'on trouve, dit-il, dans les autres » Nations, & des Fondeurs plus habiles, » & des Sculpteurs qui donnent une » sorte de vie au marbre, & des Ora-

Virg. Æneid. l. 6.

» teurs plus persuasifs, & des Astronomes qui aient une connoissance plus nette du Ciel : je ne m'en étonne point. Pour toi, ô Romain, tu négligeras toutes ces superfluités. Ta seule occupation est de t'assujettir, de régler le Monde; de pardonner à ceux qui plient devant toi, & de dompter ceux qui osent te résister. Mais cette Rome si fière, si méprisante, sentit le besoin de ce qu'elle avoit rejetté avec tant de hauteur. Après les conquêtes si distinguées qu'elle fit en Asie & dans la Grèce, elle s'appropria tout ce qui avoit rendu si recommandables & la Grèce & l'Asie : peut-être même alla-t'elle plus loin. Toutes les Sciences, tous les Arts s'introduisirent à Rome : & si ce ne furent pas toujours des Romains qui se piquèrent d'y briller, ils s'acquirent au moins des hommes de choix, ils s'attachérent tous les illustres malheureux, dont le mérite & les talens étoient payés avec usure. Rien ne prouve mieux la supériorité d'un Royaume, que de voir les Etrangers qui se sentent, y accourir avec joie, & y recevoir tous des récompenses proportionnées à l'utilité dont ils se trouvent à leur nouvelle Patrie.

Je ne parle point de l'Eloquence. Elle est trop d'usage dans tout gouvernement populaire, pour s'être refusée aux Romains dès leur origine, pour leur avoir manqué. Mais cette Eloquence, dans les commencemens, n'avoit rien de superbe ni d'ambitieux : elle ne connoissoit ni art ni méthode. Celui qui vouloit haranguer devant le Public, sans se piquer de donner aucun ordre à ses pensées ni à ses paroles, laissoit agir son esprit & suivoit impétueusement la pente de la Nature, toujours avide de persuader, jamais curieux de plaire. Mais après avoir entendu les Philosophes Grecs & démêlé les prémieres régles de l'Eloquence, les Romains s'enflâmérent pour elle, & s'enflâmérent d'autant plus vivement, que par le nombre, l'importance & la diversité des affaires qui leur survinrent, ils apperçurent sans peine que la facilité de parler est un don frivole, si des connoissances & des réflexions approfondies ne la nourrissent. Galba, Scipion l'Afriquain, Lælius, étoient des hommes d'un grand sens & qui avoient beaucoup médité. » Les » Orateurs qui les suivirent, avouë Cicéron, furent encore plus habiles, » plus éclairés : ils saisirent mieux l'art » de remuer les passions, de faire agir » ces ressorts cachés que la Nature a » mis dans le cœur humain. Et aujour- » d'hui, continuë Ciceron, nous éga-

Ubi supra.

» lons les Grecs, si même nous ne les » surpassons point. Ce langage sieoit bien dans la bouche d'un tel personnage; & pour parler ainsi, il n'avoit qu'à se tâter, qu'à se sonder lui-même. *Oportet unumquemque*, dit si ingénieusement Pline le jeune, *de mortalitate aut immortalitate suâ sentire.*

Il ne restoit plus aux Romains qu'à cultiver la Philosophie. M. Terent. Varron, le plus fort génie de son tems, leur en montra l'exemple. Cet homme qui avoit tout lu, & dont le nom paroissoit encore à la tête de plusieurs Ouvrages, entreprit de mettre en Latin ce qu'il y avoit de plus curieux dans la Philosophie Grecque. Il ajouta l'agrément à l'instruction, pour s'attirer un plus grand nombre de lecteurs, pour plaire aux gens habiles & à ceux qui ne l'étoient point. Le même goût anima Cicéron. Quand il vit, après la bataille de Pharsale, que la Liberté Romaine étoit entierément perduë, & que le Peuple énervé s'apprivoisoit avec la servitude, il rompit toutes ses chaines; & après un si long travail dans le Barreau, joint à l'exercice de tant de Magistratures, il se jetta entre les bras de la Philosophie. C'étoit un port tranquille, & éloigné de la mer tumultueuse des affaires. D'abord Ciceron, que la fortune

Aug. de Civit. Dei l. 6.

Cicero ipse de se, l. 1. de Nat. Deor & 2. de Offic.

Id. l. 2 epist. 8. ad Attic.

avoit jusques-là empêché de s'abandonner au goût qu'il se sentoit pour les beaux-Arts, se plût à former un certain nombre de jeunes Eléves. Il leur aplanissoit le chemin des Sciences : & que ce chemin devoit paroître doux & agréable, à la suite d'un pareil Instituteur ! Mais s'étant dégoûté d'un emploi si pénible, & plus ingrat encore, il sortit de Rome pour toûjours, & se partagea entre ses différentes maisons de campagne. Là, il s'abandonnoit à de profondes réflexions, en se rappellant toute la suite de sa vie passée, & tous les périls qu'il avoit essuyez, soit pendant son Consulat, soit dans les efforts qu'il avoit faits pour arrêter ceux qui vouloient perdre la République. Quelquefois il traduisoit en Latin des Ouvrages Grecs : plus souvent il composoit des Dialogues sur les matiéres les plus intéressantes, qu'offre la Philosophie. *Je me flatte*, écrivoit-il dans un de ces Dialogues, *que mon loisir sera aussi fructueux & aussi utile au public, que l'ont été mes occupations : d'autant plus que je ne porte point les livrées d'aucun Philosophe, & que j'emprunte de chacun ce qu'il a de meilleur, ou du moins ce qui me paroît tel.*

Plut. in Cicer.

Cic. Tusc. l. 1.

Ce n'étoit point alors un travail médiocre, que de parler dignement de la

Philoſophie. Le fond de la langue Latine, comme l'a démontré Philippe Cluvier dans ſes Ecrits Géographiques, venoit de l'ancien langage des Oſques, des Sabins, des Samnites, des Etruſques: & il y a aparence que tous ces peuples n'avoient pas une forte teinture de la Philoſophie. Ainſi, lorſque les Romains réſolurent de s'y apliquer à l'exemple de Varron, ils ſe virent contraints d'employer des expreſſions Grecques & Phéniciennes, qui avoient déja ſervi à faire connoître ce que la Philoſophie renfermoit de plus ſublime. On ne pouvoit mieux remplacer une diſette auſſi grande, que celle où étoient alors les Romains.

L. 1. de Nat. Rerum.

» Notre langue, dit Lucréce, manque » de termes propres & d'expreſſions énergiques. La nouveauté des choſes demande néceſſairement des mots nouveaux. Il falut donc en créer, ou les tirer des Etrangers, & enſuite les naturaliſer à Rome. Il falut prévenir les reproches des Critiques ignorans, & par-là même plus hardis à décider. Que de peines, ſouvent encore mal récompenſées!

CHAPITRE XXXI.

I. *Que presque tous les illustres Romains qui ont fleuri depuis le premier Consulat de Pompée, se sont adonnez à la Philosophie.* II. *De Lucréce.* III. *Abrégé de sa doctrine.* IV. *De Cicéron.* V. *Réflexions sur ses Ouvrages Philosophiques.*

J'Ai fait voir que la Philosophie, trop disproportionnée aux premieres inclinations de Rome, n'y entra que vers le tems de César & de Cicéron. Ce fut aussi le plus beau siécle de l'Empire Romain, celui où les talens & les vertus parurent dans tout leur éclat; & au moyen de ces vertus & de ces talens, certains vices qui de loin imposent, qui se font même estimer. On vit alors, suivant la remarque d'un fin connoisseur, briller une foule d'hommes illustres, qui, quoique d'âge différent, sembloient s'être réunis pour se prêter mutuellement la main, pour se rendre plus illustres encore. Le contraste servoit à mettre chacun mieux dans son jour. Et quoique la gloire de la Patrie fût le grand motif qui les fit tous agir, qui animât

Que presque tous les illustres Romains qui ont fleuri depuis le premier Consulat de Pompée, se sont adonnez à la Philosophie. *Vell. Paterc. l. 2.*

leurs projets ou feignît de les animer, ils ne laissoient pas de donner à l'étude une partie considérable de leur tems : persuadez que les Affaires mêlées aux Sciences font trouver aux Sciences mêmes des attraits, que d'ordinaire elles n'ont point. De-là venoit que l'homme de Guerre parmi les Romains étoit tout ensemble homme de Lettres; & que celui qui avoit harangué devant le Sénat, qui avoit cité un grand nombre de loix & de coutumes, qui avoit développé les plus secrets ressorts de la politique, celui-là même passoit au commandement des Armées, gagnoit des Batailles, disposoit des Royaumes. Cet air de dignité que donne l'intelligence seule, l'accompagnoit partout. Je n'en raporterai point d'exemples: ils sont assez connus.

Cic. Acad Quæst. l. 4.

Quand la Philosophie se naturalisa à Rome, il n'y eut plus d'éducation bien entenduë sans son secours. Cela, joint à quelques autres circonstances, lui acquit beaucoup de vogue & d'autorité. Car tout dépend d'une certaine faveur : & les Muses mêmes, ce qu'on auroit de la peine à croire, y sont sujettes. César & Cicéron, l'un & l'autre d'un génie vaste, & parvenu aux premiers honneurs de leur profession, avoient étudié à Rhodes sous Apollonius Molon ; & c'étoit-là que leur amitié, peu sincére au fond du cœur, (des hommes de cette trempe, des rivaux de gloire peuvent-ils s'aimer ?) avoit pris naissance. Cicéron s'étoit encore arrêté à Athénes, où se trouvoit alors Pomponius Atticus. A l'envie l'un de l'autre, ils s'attachérent beaucoup aux leçons qu'on faisoit dans l'ancien Jardin d'Epicure : ils repassoient ensuite sur ces leçons, & se proposoient réciproquement des difficultés pour avoir le plaisir de les résoudre. Un pareil combat méne toûjours à la perfection. *Id. l. 1. de Fin.*

Quelques autres Romains, non contens de leurs premiers exercices, voulurent encore avoir des Philosophes auprès d'eux : ils les regardoient comme des confidens utiles, des amis de toutes les heures. Tels furent Marcus Crassus qui se servit long-tems d'un nommé Alexandre, fort versé dans la doctrine d'Aristote & de Platon : M. Brutus, le généreux assassin de Jules-César, qui appella à ses travaux littéraires & politiques le Philosophe Ariston : Marc-Antoine, qui malgré un luxe curieux & son penchant pour les plaisirs de l'amour, s'associa Aristocrate & Lucilius, l'un Grec, & l'autre Romain, & tous deux très-savans en Philosophie : L. Lucullus, qui reçut dans son Palais & à sa table *Plut. in Crass.* *Id. in Lucull.*

Antiochus, frere d'Ariston & fondateur de la cinquiéme Académie. Ce Lucullus avoit beaucoup de goût & de politesse: on le nommoit agréablement le Xerxès d'Italie. Il introduisit le premier à Rome cet air agréable & galant qui se communique à tout, aux bâtimens, aux meubles, aux habits, aux repas. Il avoit acheté un grand nombre de Livres, & les avoit rangez fort proprement dans sa gallerie. Là, tous les honnêtes-gens étoient bien traitez: là, on passoit une grande partie de la journée, & on s'entretenoit de matiéres utiles & intéressantes. Lucullus ordinairement faisoit les frais de la conversation: & chacun s'étonnoit avec juste cause, comment il avoit pu acquérir tant de connoissances, malgré les distractions perpétuelles où l'avoient plongé les affaires & les plaisirs, qui en un sens ne sont pas l'emploi le moins important de la vie.

Qu'on ne dise donc plus qu'il y a de l'antipathie, de l'oposition entre les Lettres & les affaires, & que peu susceptible d'accommodement, elles ont de la répugnance à s'associer ensemble. La vie des Romains, qui se trouvoient d'autant plus propres aux affaires qu'ils avoient acquis plus de connoissances utiles, qu'ils savoient davantage, prouve bien

bien le contraire. Et s'il se rencontre aujourd'hui des hommes en place, qui ne peuvent lier les affaires avec les Lettres, & qui les regardent comme étant d'une nature différente, d'un caractére mal-assorti les unes aux autres, cela ne vient que de deux causes : ou d'une grande dépravation de mœurs qui les empêche de sentir le vrai dans toute son étenduë, ou du peu d'étoffe dont est composé le fond de leur esprit. Un tel défaut, s'il ne devient contagieux, est pour le moins irréparable.

II. *De Lucréce.*

Nous n'avons de cet Auteur, Poëte par goût & Philosophe par réflexion, qu'un seul Ouvrage en vers qui traite de la Nature des choses. Il le composa à plusieurs reprises, & pendant les intervalles de raison que lui laissoit une longue maladie de fureur, dont il étoit attaqué. Cette maladie venoit d'un philtre amoureux que lui avoit fait prendre sa femme, ou plutôt une maîtresse jalouse. Car le mariage qui laisse & rassasie, sans attendre qu'il se forme de nouveaux desirs, dispense les femmes de recourir à des remédes si violens. Quoiqu'il en soit, le Poëme de Lucréce est écrit d'une maniére serrée, quelquefois

De Lucréce.

Cic. ad Quint. Frat. l. 2. délicate, rarement agréable. Pour moi, je trouve que l'art s'y fait trop sentir: ce qui répand sur tout l'ouvrage je ne sai quoi de sombre & d'obscur. Je trouve encore que les matiéres n'y sont point assez bien nouées les unes avec les autres, & que les prémiéres preuves ne préparent point à celles qui les doivent suivre. L'abondance même des pensées est un défaut, quand elle nuit au choix. Pour former une preuve sensible & complette, il faut que toutes les parties d'un discours se touchent immédiatement.

L. 1. Comme Lucréce se fait honneur de marcher sur les traces d'Epicure, il commence, à l'exemple de son Maître, par nier la Providence divine. Aucune considération ne l'arrête, aucune peur ne le retient. Il veut que tout le monde l'écoute, & il hausse la voix: il se félicite même d'être le prémier à Rome, qui ait osé secouer le joug de la Religion. *C'est la seule récompense*, ajoute-t'il, *que je me promette de mon travail.* O homme, qui parlez ainsi, ignorez-vous combien cette Religion est nécessaire pour entretenir la paix & le bonheur des Societés; combien elle console dans les disgraces & les malheurs inséparables de la vie; combien elle a de force & de puissance sur ces esprits rebelles & intraitables, que l'impunité porteroit encore au crime ? Quand même ce que vous osez dire seroit vrai, nous dévrions, & pour notre repos & pour l'intérêt du genre-humain, nous dévrions, tous unanimement souhaiter le contraire.

L'impie, quoiqu'il entreprenne, n'est pas long-tems d'accord avec lui-même. Souvent, il lui échape des aveux de sa foiblesse : souvent, ses yeux éblouis s'ouvrent à la vérité, qu'il voudroit se dérober. Ainsi Lucréce, en niant la Providence, admet une certaine force dans la Nature qui remplit sa place. C'est elle qui agit sans mesure; c'est elle qui se jouë de nos projets & de nos desirs; qui éléve, qui abaisse, qui anéantit enfin toutes les grandeurs humaines. Quelques vers auparavant, Lucréce parloit de la destruction du Monde, & de la facilité qu'auront les atomes à se séparer les uns des autres. Cela même, s'écrie-t'il, arrivera peut-être sous nos yeux. Plaise cependant à la Nature qui remue & gouverne toutes choses, de nous préserver d'une si horrible catastrophe ! *L. 2.*

J'ajouterai à cela, que les maximes les plus sévéres de la Morale, en passant par les mains de Lucréce, prennent un air touchant & persuasif. Il les débite, non à titre de parure & d'ornement, mais comme l'essentiel & le fond même *Th. Creech in Præf. Lucret.*

de son Ouvrage. Heureusement pour la Religion, ses plus grands ennemis n'osent se montrer; ils n'osent paroitre qu'en empruntant son langage, c'est-à-dire, en donnant mille éloges aux bonnes mœurs.

III.

Abrégé de sa doctrine.

Pour le systême de Lucréce, il est tout semblable à celui de Démocrite & d'Epicure. Mais le Philosophe Romain ne se contente point de suposer l'existence du vuide & des atomes, il s'attache particuliérement à la prouver, & il élude avec assez d'adresse les objections qu'il ne peut résoudre. » J'avouë, dit-

L. 1.

» il, que les atomes ne sont ni visibles » ni palpables : mais pour cela devez-» vous douter de leur existence ? Apercevez-vous le froid & le chaud ? » touchez-vous les vents, le bruit & » les odeurs ? Qu'y-a-t'il cependant de » plus réel & d'une expérience plus con-» vainquante ? J'ajoute que ces atomes » sont encore indivisibles & impénétra-» bles. Car la Nature aiant donné à » chaque Etre des propriétés & des per-» fections différentes, elles auroient été » sujettes à une infinité de changemens, » si les prémiers corps y avoient aussi » été sujets. Ce sont eux qui depuis

» tant de siécles rendent uniformes & » le plumage de certains oiseaux, & les » couleurs de certaines fleurs : ce sont » eux qui font que tous les arbres d'une » certaine espéce, les lauriers par exem- » ple, se ressemblent, & se ressemble- » ront jusqu'à l'âge le plus reculé, &c.

L'existence des atomes ainsi prouvée, Lucréce prouve la nécessité du vuide. C'est, selon lui, un espace immatériel, une étenduë infinie & propre à recevoir toute sorte de corps. *S'il n'y a point de vuide*, continue-t-il, *comment peut-il y avoir du mouvement ? Le plein suppose par-tout une égale pression & une égale résistance : tout sera donc en repos ; un corps n'en déplacera jamais un autre. Le vuide par conséquent est nécessaire, & lui seul explique la plus grande partie des phénoménes de la Nature.* Ces phénoménes assez connus sont la pesanteur & la légéreté, la propagation momentanée du bruit & de la lumiére, l'égale distribution du suc nourricier, & l'action par laquelle certains corps paroissent en pénétrer d'autres & passer au travers de leur substance. De-là encore se déduit l'idée de l'Infini, que les Epicuriens proposent hautement. Ce qui termine les atomes, disent-ils, c'est le vuide : & ce qui termine le vuide, ce sont les atomes. L'une de ces deux choses supose indiſpenſablement l'autre, & en fait naître l'idée. Par conſéquent, on ne peut leur aſſigner aucunes bornes, ni fixer leur nombre à quelque ſomme que ce ſoit. On pourroit apeller cet Infini, un Infini de ſucceſſion, &, pour ainſi parler, d'aſſortiment.

Je ne ſuivrai point Lucréce dans le détail des figures qu'il attribuë aux atomes, & des corps qui réſultent de ces différentes figures. J'obſerverai ſeulement que ſa Philoſophie eſt toute méchanique, & par conſequent d'une beauté de recherche qui revient ſouvent. Rien n'exiſte, remarque-t'il, que le vuide & les atomes. Le vuide eſt quelque choſe de paſſif: toute l'activité réſide dans les atomes. Au moyen de leurs mouvemens, de leurs maſſes, de leurs figures, s'exécute l'ouvrage immenſe & laborieux de la Nature. Cet ouvrage, éternel ſujet d'admiration, ne renferme que des corps dont toutes les proportions & toutes les richeſſes dépendent du hazard, qui ſeul forme leurs aſſemblages, & cauſe enſuite leurs dérangemens. Les Epicuriens ne pouvoient croire que Dieu eût créé le Monde, ni qu'il le conſervât par une attention toujours renaiſſante. L'indolence & le repos leur paroiſſoient l'apanage de l'Etre ſuprême, ſon unique félicité. Quel apanage monſtrueux ! Quelle félicité imparfaite ! Et combien les Diſciples de Platon raiſonnoient-ils plus ſenſément, eux, qui penſoient que le repos ſeul ne pouvoit rendre heureux les Sages & les Philoſophes, dont la récompenſe aprés cette vie étoit un ſéjour paiſible dans les Iſles des Bienheureux ; & qui joignoient à ce repos une connoiſſance approfondie de tout ce qui regarde les merveilles de la Nature, connoiſſance qui encore chaque jour alloit en augmentant ! Car la curioſité ne ſe raſſaſie point, & elle devient d'autant plus vive, qu'elle trouve plus d'occaſions de ſe ſatisfaire.

IV. *De Ciceron.*

On n'eſtimera jamais ce Grand-homme autant qu'il le mérite. Son eſprit, ſi je l'oſe dire, contenoit tous les eſprits, ceux-mêmes qu'il eſt ſi rare de rencontrer ſéparément. Politique habile : qui a jamais eu plus de zéle pour ſa patrie, plus de talens pour percer dans l'avenir, plus de ſagacité pour les grandes affaires ? Orateur ſublime : qui a jamais loué avec plus d'adreſſe, & repris avec plus d'amertume ? Philoſophe ſenſé : qui a mieux connu les devoirs de l'homme ? qui a mieux développé toutes les opinions des Grecs & De Ciceron.

même celles des Barbares ? Le Philosophe cependant (je fais ici l'aveu sincere de mon goût) l'emporte & sur le Politique & sur l'Orateur.

Vell. Paterc. l. 2. Ciceron ne dût sa fortune qu'à son seul mérite ; & il la conduisit heureusement, à travers une infinité de périls & de jalousies. La premiere fois qu'il parut dans le public, il s'attira l'inimitié de Sylla, qu'on n'offensoit point impunément. *Plut. in Cicer.* Mais ce qui devoit ruïner toutes ses espérances, lui servit dans la suite : il fut connu, avant même que d'avoir travaillé à se faire connoître. Le chemin de la gloire est bien doux & bien agréable, à qui commence avec tant d'éclat & de bonheur. *V. F. Fabric. in vitâ Cicer.* Aussi Ciceron surmonta-t'il tous les obstacles, ou plutôt il n'en trouva que ce qu'il faloit, pour mettre ses talens dans leur véritable jour. Chaque année voyoit croître sa réputation ; & les graces qu'il obtenoit rapidement, paroissoient toujours au-dessous de celles qu'il devoit obtenir. Malgré un merite si rare, je trouve deux grandes taches dans la vie de Ciceron : une vanité trop grande ; & je ne sai quelle *Dio Cass. Hist. l. 39* lâcheté d'ame, qui deshonore toujours celui qui se trouve à la tête des affaires. Il est impossible que l'homme en place ne se décele par quelque endroit : tous ſes yeux ſont tournés ſur ſa conduite.

La victoire ineſpérée de Ceſar changea toute la face des affaires. On ne vit plus que des malheureux, qui imploroient triſtement ſa protection. On traveſtit en louanges, en applaudiſſemens, le mépris & la haine qu'on devoit avoir pour l'uſurpateur. Ciceron s'abbaiſſa encore plus que tous les autres. La crainte & la défiance, compagnes ordinaires de la vieilleſſe, le jetterent dans un long excès de flatteries. Quel étrange langage, pour une ame Romaine! Peut-être en eut-il honte lui-même: car je remarque, que depuis ce moment ſon irréſolution augmenta, & qu'il ne parut plus touché que de l'étude de la Philoſophie. Elle avoit été ſa premiere inclination: elle ſervit encore à le conſoler dans ce déclin de l'âge, où l'on revient naturellement à ſoi. Heureux, qui ſe prépare un tel ſecours!

Cic. epiſt. 15. ad Brut.

V.

Réfléxions ſur ſes Ouvrages philoſophiques.

Pendant ſa jeuneſſe, Ciceron s'étoit fixé à la troiſiéme Académie. *Nous ne ſommes pas*, dit-il, *de ces rigides Platoniciens qui s'imaginent qu'il n'y a rien de vrai: nous croyons ſimplement que le vrai & le faux ſont confondus, incorporés enſemble, & que l'œil humain n'a point la*

L. 1 de Nat Deor. V. etiam l. 1. & 5. Quæſt. Acad.

force de les démêler. Il suit de-là, que tout n'est que probable dans l'Univers : mais ces probabilités adroitement ménagées suffisent pour conduire le Sage, pour l'empêcher de s'égarer pendant le court trajet de cette vie. On juge bien qu'avec de tels principes, Ciceron ne prend jamais un air décisif, ni un ton imposant. Il se moque même de ceux qui se passionnent pour quelque Auteur, qui le regardent comme leur oracle, qui cedent aveuglement à toutes ses décisions, qui ne font aucun usage de leur esprit. *Vivere*, c'étoit sa devise, *cogitare est* : on ne vit en effet qu'autant qu'on pense. » Sur cela, continuë-t'il, je ne » puis m'empêcher de rire de l'entête- » ment des Pythagoriciens. Si on leur » conteste quelque proposition, ils ne » daignent point l'expliquer, & ils ré- » pondent avec une folle assûrance, » *C'est lui qui l'a dit.* Ainsi, on accorde à l'autorité le droit de convaincre, qui n'apartient qu'à elle seule. Ciceron gardoit la même conduite dans le cours ordinaire de la vie. Il ne jugeoit point des hommes sur les aparences, ni à la premiere vuë. Il étoit toujours en garde contre leurs subtilités, & leurs tromperies. Rien au fond ne lui paroissoit sublime ni abjet, loüable ni répréhensible. *Non soleo, mi Brute, (quod*

Epist. 1.

tibi notum esse arbitror) temere affirmare de altero. Est enim periculosum, propter occultas hominum voluntates, multiplicesque naturas.

V. etiam ad Attic. epist. plurimas, & praef. l. 14

Le premier Ouvrage que composa Ciceron depuis sa retraite, fut un Discours vif & pathétique pour exhorter à l'étude de la Philosophie. Comme on n'a aujourd'hui que quelques fragmens de ce Discours, on n'en peut juger que par la rapide impression qu'il fit sur le cœur de Saint Augustin, & par les mouvemens de vertu qu'il avoit excités à Rome. L'Auteur qui se rend aimable, & dont le cœur est d'intelligence avec la main, persuade infailliblement. Je trouve le même art, les mêmes délicatesses de style, dans tous les Ouvrages philosophiques de Ciceron. Il ne cherche point à s'assujettir le lecteur : il le conduit avec prudence, il le ménage en se cachant de lui, il l'échauffe par degrés. Souvent on ne prévoit point la route qu'il veut tenir, pour frapper au but : mais il y frappe sûrement. Tant de fleurs, & des fleurs si belles, naissent sous ses pas, qu'il s'amuse d'ordinaire à les cueillir. Il ne se hâte point. Tout lui devient un sujet de digression. Mais l'accessoire n'est jamais inutile : & même s'il manquoit, quelque chose manqueroit au principal.

C'est-là tout ce que peut faire le plus habile Maître.

De Fin. l. 5. Ici, Ciceron reconnoit que la véritable Science de l'homme est de se procurer le bien, & de fuïr persévéramment le mal, tant par raport à l'esprit que par raport au corps. Il réduit à des notions générales tout ce que les Anciens avoient dit sur cette matiere : & ce qu'il *Tuscul. l. 5.* y ajoute, quoiqu'un peu long & un peu diffus, me semble trenchant. Là, Ciceron étale les principes les plus sûrs & les regles les plus invariables pour bien vivre. Il commence par le mépris de la mort, qui est certainement la plus rude de toutes les épreuves, & celle qui humilie davantage notre amour propre. Il montre ensuite que la douleur & les maladies ne doivent point abbattre un homme de courage, ni le porter à des plaintes ridicules ; que les revers & les disgraces de la fortune sont, à tout prendre, plus aisés à soutenir, que ses faveurs, ses bienfaits ; qu'on tombe dans un abîme de maux, en écoutant trop ses passions, elles, qui se déguisent de tant de manieres differentes & qui changent si souvent d'allure & de physionomie. Enfin, il conclud que rien ne peut nous rendre heureux, que l'exercice constant de toutes les vertus. Car elles forment une étroite chaine, & ne se détachent l'une de l'autre, qu'à leur ruïne entiére & à notre pure perte.

Mais ce qui accrédite davantage l'Orateur Philosophe, ce sont les Livres de la Nature des Dieux, & principalement le second. On y trouve un amas prodigieux de connoissances & de réflexions, plus encore de ces derniéres que n'en offrent les principaux Ouvrages des Anciens. Souvent, lorsqu'on a trop de matériaux à employer, on hésite & on se trompe sur le choix. Mais Cicéron réussit encore de ce côté-là. Son goût le distingue autant que ses vastes recherches. Dirai-je qu'à tant de beautés se joint une expression noble & élégante ? ce mérite est ordinaire à Ciceron, & ne demande point à être relevé.

CHAPITRE XXXII.

I. De la Philosophie qui s'introduisit à la Cour d'Auguste. II. De celle qui s'introduisit à la Cour de ses Successeurs. III. Mort de Thraséas Pœtus. IV. Prémier Exil des Philosophes sous Néron. V. Second Exil sous Vespasien. VI. Troisiéme Exil sous Domitien.

I.

De la Philosophie qui s'introduisit à la Cour d'Auguste.

APrès les fureurs inouïes de la guerre civile, après les meurtres & les proscriptions du Triumvirat, Rome parut goûter les douceurs de la paix. Une main propice essuia les larmes, qu'elle avoit si souvent répanduës sur le tombeau de ses enfans animés à leur perte mutuelle. Ce fut Auguste, qui ramena de si beaux jours. Devenu Maître de l'Empire, il ne songea plus qu'à se faire aimer : & à force de bienfaits, il s'attacha le peuple Romain desaccoutumé de l'ancienne liberté, mais qui vouloit une tyrannie douce & déguisée. Quoique le pouvoir supréme fût remis entre ses mains, il ne s'en servoit qu'avec prudence & modération, souvent même avec un regret affecté qui donnoit espérance du rétablissement de la République. Il vouloit gagner les esprits, avant que d'exiger les humbles devoirs. La félicité publique augmentoit la sienne, ou plutôt, il confondoit l'une avec l'autre. Au milieu de tout cela, la vie d'Auguste étoit celle d'un Empereur, mais d'un Empereur qui commande à une nation magnanime. Sa Cour, moins brillante à la vérité que polie & spirituelle, sembloit être la patrie de tous les honnêtes-gens. Il se

Hist. du second Triumv. l. 3.

Suet. in Aug.

dépouilloit parmi eux de l'orgueil du trône, & ne gardoit que le titre d'homme d'esprit. Qu'alors il devoit paroître délicieux ! Son mérite personnel agissoit seul ; & plus on l'avoit admiré, plus encore on l'aimoit, & presque sans s'en appercevoir. Il disoit souvent, que c'étoit la marque d'un esprit léger & glorieux, que de troubler le repos de ses citoyens, pour se procurer l'honneur du triomphe & une couronne de laurier, *qui à la bien priser*, disoit-il en riant, *n'est après tout qu'un amas de feuilles inutiles*. *Aur. Victor.*

Cette vie molle & oisive, ce rafinement de conduite ; ce goût délicat qui préféroit la réputation de bien écrire à la volupté, & la volupté à tout le reste ; d'autres raisons encore, mirent à la mode la Philosophie d'Epicure. Tel fut Auguste lui-même : tels furent ses meilleurs amis, & précisément ceux qui méritoient le plus de l'être ; Mécénas, Agrippa, Statilius Taurus, Horace, Virgile, Rabirius, Tite-Live, Tibulle, Ovide, &c. Quels hommes ! & qui a jamais eu plus qu'eux de finesse, d'agrément, de pénétration d'esprit ? Autant qu'on les a admirés pendant leur vie, dit Velléius-Paterculus, autant est-il difficile de les blâmer après leur mort. Les *L. 2.* Ouvrages des uns sont remplis de ces traits brillans, qui ont paré presque tous les Ecrits des siécles suivans: les autres, par leur générosité & leurs bienfaits, ont enhardi les Auteurs de ces Ouvrages & les ont mis en état de travailler. Enfin le mérite malheureux, & quelquefois ignoré de lui-même, trouvoit en ce siécle des amis & des protecteurs : il n'avoit pas même besoin de se faire connoitre.

Ubi supra. Au rapport de Suétone, Auguste fit bâtir un Temple à Apollon, & l'orna d'une Bibliothéque magnifique. Souvent il venoit s'y renfermer avec ses meilleurs amis : & dans sa vieillesse, il y donnoit audience aux principaux de sa Cour & aux Ambassadeurs étrangers, qui ne rougissoient point de voir ainsi les Lettres se marier à l'Empire. Quoique son goût le portât aux choses d'agrément, il ne négligeoit point la Philosophie. Il eut même plusieurs personnes à sa Cour, qui en faisoient une étude sérieuse. Je ne nommerai qu'Apollodore de Pergame, Aréus & ses deux fils, Nicolas de Damas, & Athénodore de Tarse, qui publia un Commentaire sur les Catégories d'Aristote. Leur exemple anima l'Empereur à composer lui-même des Discours judicieux, pour inspirer l'amour de la Philosophie. Sans doute qu'il entendoit cette Philosophie sensée & toute d'usage, cet air de mo-

Rapin, Réflex. sur la Philos.

dération & de douceur, qui l'avoit fait régner assez paisiblement, dans une révolution aussi violente que le fût alors celle de l'Empire Romain.

II.

La Philosophie Epicurienne, qui s'étoit introduite à la Cour d'Auguste, s'abolit entiérement sous ses successeurs. Il en faloit une plus forte & plus courageuse, pour supporter les excès & les bizarreries du nouveau gouvernement. Tibére fraya le chemin à la tyrannie. Tout devenoit criminel sous un Empereur, qui se sentoit toujours coupable. Il punissoit aussi sévérement les plaintes & les soupirs, que les crimes; & d'ordinaire il déguisoit les punitions les plus violentes, sous un air d'amitié. Il défendoit aux malheureux ce qu'on ne peut leur ravir sans injustice, le sentiment de leurs peines & de leurs disgraces. Cela fut cause que tous les honnêtes-gens de Rome embrassérent le Stoïcisme, & se firent une Philosophie conforme à l'état douloureux où ils se trouvoient. Contrainte amére, mais plus propre que la prospérité, à inspirer le goût de la vertu!

De celle qui s'introduisit à la Cour de ses successeurs.

Suet. in Tib.

Tibére s'étoit fort attaché à l'Astrologie, pendant le séjour qu'il avoit fait à

Tac. Annal. l. 6. Rhodes. Un certain Thrasylle ou Thrasulle l'entretenoit dans cette folie, qu'autorisoient par malheur quelques essais de prédictions qui réüssirent à Tibére, & dont la principale étoit son élévation à l'Empire. J'ai remarqué que non-seulement les hommes vicieux se deshonorent par une conduite choquante & dissolue, mais encore qu'ils recherchent *Aug. de Civit. Dei l. 6.* dans le cours de leurs études ce qu'il y a de plus frivole & de plus chimérique. Néron aussi méchant que Tibére, & qui s'essayoit pendant les cinq années qu'il parut vertueux à ne plus l'être tout *Phil. l. 4.* à coup : Néron, dis-je, remplit Rome & sa Cour de Magiciens Arabes & Syriens. Il se fit dès-lors initier à leurs Mystéres ténébreux & insensés, par le moyen de Tiridate Roi d'Arménie & *Plin. l. 30.* lui-même grand Magicien. Ce Tiridate étoit venu à Rome pour recevoir l'investiture de ses Etats, & pour s'acquérir de nouveaux amis. Il poussa la superstition pendant son voyage, jusqu'à n'oser cracher dans la mer : tant les élémens lui paroissoient sacrés & dignes de ce ménagement.

III.

Mort de Thraséas Pœtus.

Mais, ô légéreté, ô foiblesse extrême de l'esprit humain ! Néron se dégoûta bien-tôt des Imposteurs qui brilloient à sa Cour. Sous prétexte d'annoncer l'avenir, ils excitoient secrettement à la révolte & à la sédition : ils favorisoient tous les conspirateurs. Aussi leur chûte ne surprit-elle personne ; & Néron entre autres fit charger de fers Musonius le Babylonien. Pendant qu'il étoit en prison, Apollone de Thyanes vint à Rome pour le voir : & comme ils ne purent l'un & l'autre s'entretenir de vive voix, ils écrivirent par adresse les lettres suivantes. *Philost. ubi supra.*

Apollone au Philosophe Musonius.

» J'avois dessein de vous aller voir, » pour admirer & votre éloquence, & » la fermeté avec laquelle vous soutenez » vos malheurs. J'aurois aussi examiné » s'il n'y a point quelque moyen de les » adoucir. Peut-être qu'on vous aura dit, » que mon art peut aussi facilement vous » tirer de prison, qu'Hercule tira au» trefois Thésée des Enfers. Mandez» moi qu'elles sont là-dessus vos inten» tions. Adieu.

Musonius au Philosophe Apollone.

» Je vous suis extrêmement obligé de » votre générosité. Mais un homme qui

» n'attend que l'heure favorable pour » se justifier, & qui ne se reproche au- » cun crime, doit suporter ses chaînes » jusqu'à ce que son innocence éclate. » Adieu.

Ce fut pendant ce voyage qu'Apollon fit une si belle réponse à Télésin, qui avoit à Rome la principale Intendance des choses sacrées. Cet homme, qui étoit plus politique encore que Prêtre, l'avoit prié de lui dire naïvement ce qu'il demandoit aux Dieux dans ses longues prieres. » Je leur demande, re- » prit Apollone ; que la paix & la ju- » stice régnent entre les hommes ; que » les loix ne perdent point de leur for- » ce ni de leur vigueur ; que les sages » soient toûjours indigens, & que les » sots s'enrichissent seuls, de maniere » cependant qu'ils n'ayent point le pou- » voir de nuire. Je demande encore aux » Dieux, continua-t'il, qu'Apollone ne » souhaite que ce qui convient à son » état & à sa condition ; que son bon- » heur dépende de son attachement à la » vertu ; qu'il soit enfin le plus malheu- » reux de tous les hommes, s'il s'écar- » te de son devoir.

Outre les prétendus Magiciens sur qui tomba l'implacable colére de Néron, il s'attaqua à tous ceux qui cultivoient la

Philosophie Stoïcienne. *Son dessein*, dit Tacite, *étoit d'étouffer toute la vertu qui restoit sur la Terre, & de montrer que les autres Empereurs avoient bien pu faire mourir des hommes, mais que lui seul faisoit mourir des hommes vertueux.* Tels furent Rubellius Plautus, Lucius Vétus, Antéius Ostorius, Annæus Mella, Baréas Soranus, Thraséas Pœtus, &c. Ce dernier sur-tout avoit une haute réputation de sagesse. Quand l'Empereur l'eut condamné à la mort, il lui envoya un Officier de ses Gardes pour l'instruire de son arrêt. Thraséas se reposoit alors dans ses jardins, environné de tout ce qu'il y avoit à Rome de plus illustre & de plus savant. Le Philosophe Démétrius étoit assis à sa droite ; & ils s'entretenoient l'un & l'autre des prérogatives de l'ame raisonnable, de sa nature, de la maniére dont elle se sépare du corps. Un des amis de Thraséas vint, les larmes aux yeux, lui aprendre le rigoureux jugement de l'Empereur. Il l'écouta sans aucune émotion, & ayant annoncé cette triste nouvelle à ceux qui l'accompagnoient, il les pria de se retirer promptement, de peur que sa disgrace ne leur devînt fatale. Il conjura en même tems sa femme qui étoit fille de l'illustre Arrie, & qui vouloit suivre l'exemple de sa Me-

Annal. l. 16.

re, de ne point se tuer & de se conserver pour l'instruction d'une famille malheureuse. Après quelques momens de solitude, & sans se permettre aucune plainte contre l'injustice des Dieux, Thraséas se fit couper les veines : genre de mort qu'il avoit choisi par préférence. Comme son sang couloit abondamment, il appella l'Officier de Néron, & lui dit d'une voix affoiblie : » Vous » voyez qu'elle est ma fermeté. Je souhaite que les Dieux immortels vous » préservent d'une mort si violente ; mais » les tems sont fâcheux, & il est à propos d'avoir devant les yeux des exemples forts, qu'on puisse suivre.

IV.

Prémier Exil des Philosophes sous Néron.

J'ai raporté d'autant plus volontiers tout le détail de la mort de Thraséas Pœtus, que ce fut comme le signal de la persécution qui s'éleva à Rome contre les Philosophes, & en général contre tous les honnêtes-gens. Ceux qui échappérent aux traits meurtiers de Néron ou s'exilérent eux-mêmes, ou furent transportés par ordre de l'Empereur dans des lieux écartés & solitaires. Jamais on ne vit une plus odieuse calamité. D'ailleurs, cette mort peut servir de modéle. Personne n'est à l'abri des malheurs les plus effrayans : mais on est maître de les soutenir avec courage, & de regarder la mort comme la seule action d'importance, qu'on ait à faire pendant toute la vie. *Hoc quotidie meditare, ut possis æquo animo vitam relinquere.* *Sen. de brev. vitæ.*

V.

Il y a grande apparence que les Philosophes maltraités revinrent à Rome, ou sous Galba, ou sous Othon. Car à peine Vitellius eut-il la couronne sur la tête, qu'il donna la charge d'Intendant-général des Vivres à Caius Musonius Rufus, Chevalier Romain, qui se trouva en cette qualité au fameux siége de Jérusalem. Or Musonius Rufus avoit été enveloppé dans la disgrace commune des Philosophes, arrivée par les ordres de Néron ; & même il s'étoit retiré à la campagne, pour éviter l'orage qui le menaçoit. Il faut donc que son retour dans la Capitale ait précédé le régne de Vitellius. La conséquence est palpable.

Second Exil sous Vespasien.

V. Jos. l. 3.

Une autre raison encore, c'est que Vespasien jaloux de son autorité, éloigna de Rome une seconde fois tous les Philosophes. Il vouloit par-là se venger des traits injurieux & satiriques,

Suet. in Vesp.

dont ces Philosophes l'accabloient chaque jour. Souvent même ils refusoient de se lever, lorsque l'Empereur se présentoit aux spectacles ou aux promenades publiques, lui reprochant par ce dédain affecté, & la bassesse de son origine, & les commencemens honteux de sa fortune. J'ajoûterai à cela, que L. Mucianus, qui avoit été Gouverneur de Syrie, contribua beaucoup à fomenter dans le cœur de Vespasien cette aversion pour les Philosophes. Leur conduite trop réguliére étoit une critique suivie, & par-là même plus insultante, des désordres qui régnoient parmi les Courtisans, & que Mucianus, homme vain & naturellement voluptueux, autorisoit de son exemple. On peut assûrer que d'ordinaire les défauts des Princes & des Rois sont moins leurs défauts propres, que ceux des personnes qui les aprochent, & qui par leurs indignes flatteries, par une complaisance étudiée les enhardissent au crime, ou du moins à une vie toute pleine de bagatelles & noyée dans les plaisirs.

Tillem. Hist. des Emp. t. 2.

VI.

Troisiéme Exil sous Domitien.

Le nouveau régne de Titus ramena les Philosophes à Rome, qui sentoient bien

bien le mérite de se retrouver dans une Ville, où abondoit tout ce qui peut nourrir & fertiliser l'esprit. On dit même que cet Empereur si doux, si bienfaisant, ne dédaignoit pas de converser, de s'instruire avec eux; & que ce fut Apollone de Thyanes qui les lui avoit recommandées. En passant par la Gréce, Titus s'étoit fait un mérite de l'aller voir, & de l'interroger sur la maniere dont il devoit se conduire, pour regner avec sagesse, avec gloire. Apollone lui répondit : *Aimez qu'on vous dise la vérité, & recherchez ceux qui oseront vous la dire. Je connois à Rome un Démétrius, Philosophe Cynique, avec qui vous ferez bien de vous familiariser. S'il apperçoit quelque tache dans votre vie, s'il trouve quelque défaut dans la conduite que vous tiendrez, soyez sûr que ce Philosophe vous en avertira sans détour, sans user d'aucun déguisement.*

Aur. Victor.

A Titus succéda Domitien son frere; mais comme il étoit aussi corrompu, aussi gâté dans ses mœurs, que son prédécesseur avoit été vertueux, il attaqua pour la troisiéme fois les Philosophes & les exila de Rome. » Je suis fatigué, disoit-il, d'entendre louer sans » cesse Thraséas Pœtus & Helvidius » Priscus. Je suis las de voir que dans » une corruption générale, il y ait en-

Aul. Gell. l. 15.

Suet. in Dom.

Plin. epist. l. 3.

» core des ames privilégiées qui s'ab-
» stiennent du crime.

Les Philosophes que Domitien avoit bannis, se retirerent tous, les uns dans les Gaules, les autres en Espagne, quelques-uns même dans les cavernes & les deserts d'Afrique, sans autre secours que le travail de leurs mains, & sans autre adoucissement que les Ouvrages de Platon, qu'ils emportoient avec eux. Mais ce qui mit le comble à la tyrannie qu'exerçoit l'Empereur, c'est qu'il vouloit impérieusement qu'on trouvât criminels tous ceux qu'il haïssoit : & il auroit cru perdre le mérite du châtiment, si quelqu'un avoit plaint les malheureux qu'il châtioit avec le plus de rigueur, & le moins de justice.

Tillem. Hist. des Emp. t. 2.

On croit qu'Epictète sortit de Rome avec les autres Philosophes, que chassa l'impétueux Domitien. Cet Epictète, le plus disgracié de tous les hommes, soutint ses malheurs avec un courage inflexible. Il brava les fers, les maladies, la pauvreté même, si honteuse à ceux qui aiment l'indépendance. Il croyoit avec les Stoïciens, que les Dieux qui ont tout arrangé dans le meilleur ordre possible, tiroient une partie de leur gloire des desagrémens de sa condition : & cela considéré, il en étoit satisfait, il s'en applaudissoit même d'une maniere très-sincere. Qu'il seroit heureux, pour le soulagement de la vertu maltraitée & avilie, que tous les hommes pensassent ainsi ! Nous avons encore sous le nom d'Epictète, un Traité rempli certainement de grands traits de morale, mais d'une morale trop outrée & hors du commun usage. Il recommande le vrai, d'une maniére à le faire haïr. J'avouerai naïvement, que c'est faire tort à la vertu & à la Religion, que de leur donner un air triste & rembruni : c'est vouloir persuader aux autres que le Monde est gouverné par un Principe envieux & jaloux ; que Dieu témoigne de l'amertume, qu'il aime à se venger, qu'il punit par goût & sans ressource ; que le zèle consiste à se refuser les soulagemens & les douceurs de la vie : comme si la vie qui nous est donnée pour nous avancer dans la piété, devoit être un ennui continuel ! Je voudrois qu'il ne fût permis d'écrire sur la Religion, qu'à ceux qui savent la rendre aimable.

Une Dame Romaine, mais Philosophe d'inclination, composa une Satire très-vive contre l'Edit de Domitien, & ne l'épargna point lui-même. » O » Muse, disoit-elle, à quoi pense le Maî- » tre des Dieux ? Veut-il changer bizar- » rement ce que nos péres ont établi ?

Tr. Sulpitiæ Sat.

J. C. Scalig. in Hypecritico.

„Veut-il nous dépouiller de tous les présens, que sa bonté ingénieuse nous a faits? Son dessein seroit-il, après nous avoir arraché la raison & même l'usage de la parole, de nous réduire à vivre de gland & à ne boire que de l'eau? Peut-être qu'il abandonne le gouvernement de Rome, pour veiller de plus prés à celui des autres Nations.... Un Empereur qu'avilit une longue débauche, ose proscrire tous ceux qui se plaisent à l'étude de la Sagesse. Quel est notre malheur! Nous avons quitté Corinthe & Athènes, pour donner un nouveau lustre à la ville de Rome. Et cependant Rome ingrate bannit aujourd'hui ces mêmes hommes, qui l'honoroient davantage. Ils fuient, ils n'ont pas seulement la liberté d'emporter le peu qui leur apartient.

In vitâ Agric.

Tacite remarque, que sous les prémiers Empereurs, ou plutôt les prémiers Tyrans de Rome, on fit bruler un grand nombre d'Ouvrages curieux & de Livres importans. Sans doute, ajoûte Tacite, que ces Empereus s'imaginoient que le même feu qui réduisoit en cendres les travaux de tant d'excellens esprits, anéantiroit les justes plaintes du peuple Romain, la liberté du Sénat, le sentiment intérieur de tout le genre-humain. Ce fut pour cela qu'ils exilérent les Philosophes, & tous ceux qui avoient raport aux beaux-Arts, afin de ne plus trouver à Rome ni vertu ni honnêteté.

CHAPITRE XXXIII.

I. *Réflexions sur les differens Exils où les Philosophes ont été exposés à Rome.* II. *De Séneque.* III. *De Pline.* IV. *De Plutarque.*

I.

Réflexions sur les différens Exils où les Philosophes ont été exposés à Rome.

LA Philosophie, comme je l'ai fait voir, fut très-maltraitée à Rome depuis le régne d'Auguste jusqu'à celui de Nerva, & de Trajan. Aussi y eut-il alors plus de Philosophes de mœurs & de sentimens, que d'érudition & de génie : c'est-à-dire, plus d'hommes d'une trempe forte, qui s'étayérent des leçons du Portique pour braver tout ce que la tyrannie avoit de menaçant, que d'hommes féconds en recherches, & qui s'unirent pour percer dans les énigmes de la Nature. Je trouve cependant trois Philosophes, qu'à certains égards, on peut honorer du titre d'Inventeurs, & dont les Ouvrages offrent des beautés, qui, loin d'avoir été effacées par le tems, croissent encore chaque jour & flattent les vrais connoisseurs.

II. *De Sénéque.*

De Sénéque.

Sénéque avoit de l'esprit infiniment, & de cet esprit fin qui touche & qui impose tout ensemble. Ses Traités, ses Lettres, en sont la preuve continuelle. Tout y est serré, exact & réfléchi : tout y est sur le ton instructif des Sentences, peut-être même ce qui ne dévroit point y être. Sénéque n'oublie jamais qu'il parle devant le Public, & il tâche de se surpasser lui-même. Aucun trait foible ne sort de ses mains, aucune négligence de pinceau ne lui échape. C'est un Ami zélé & intrépide, qui ne prie point qu'on l'écoute, mais qui l'ordonne impérieusement. Son art, qu'il met sans cesse à découvert, consiste moins à faire aimer la vertu, qu'à faire haïr le vice. Sans doute qu'il ne croyoit pas les hommes capables d'un plus grand effort. Et d'ailleurs, comment inspireroit-il l'amour de la vertu, lui qui l'exagére jusqu'au dégoût, lui qui rend impraticable tout ce qu'il propose ? Le parfait même, à force de l'orner, il le porte bien-loin au-delà des bornes. Qu'est-ce en effet que son Sage, qu'une idée ambitieuse & chimérique, qu'un masque de raison, qu'un homme qui est toujours en contradiction avec lui-même? Dès qu'on l'approche, on sent qu'il veut se dérober à ce qu'il y a de plus vif dans la vie, aux sentimens. Quelle follie plus grande, que d'ajouter aux maux réels & cuisans que nous font la Nature & la Fortune, la ridicule vanité de croire que tant de maux ne nous touchent point!

J'avouerai cependant, que l'austérité dont se pare Sénéque, est toute sur ses lévres. Sa conduite n'étoit point sans nuage. On l'accusoit, dit Tacite, d'a- *Ann. l. 13.*
voir partagé le lit d'Agrippine, & d'avoir été dans la suite un des principaux instrumens de sa mort. Son avarice étoit prodigieuse: & quoiqu'il possédât de grands biens, il ne cessoit d'en amasser par des voies illégitimes, par des usures criantes. Enfin, on lui reprocha plus d'une fois de prétendre secrettement à l'Empire. Il me semble que les actions des hommes ne démentent que trop souvent leurs discours: ils nous effrayent par leur morale, ils nous rassurent par leurs actions.

Les sept Livres que Sénéque a composés sous le titre de *Questions naturelles*, renferment une Physique assez étendue & assez spécieuse: non qu'il fonde tous ses raisonnemens sur des expériences certaines, mais parce qu'il détourne ces mêmes raisonnemens à des remarques utiles & agréables. On trouve toujours à gagner avec un Auteur, qui sait une foule d'anecdotes & qui les place à propos. Ce qu'il ajoute à sa matiére, interesse plus que la matiére même. Suivant la doctrine des Stoïciens, Sénéque croyoit que Dieu est l'ame du Monde, & que cette ame également répanduë agite & vivifie tout l'Univers. Il suit de-là, disoit-il, que chaque élément a une vie qui lui est propre; que l'air se meut de lui-même, & que tantôt il se dilate, tantôt il se resserre & occupe moins d'espace; que l'eau se nourrit à sa maniére & en s'imbibant de toutes les vapeurs; que le feu qui dévore & consume les choses les plus dures, produit cependant une infinité de plantes & d'animaux, &c. Ainsi la matiére agit par elle-même, & le mouvement lui est essentiel. Peut-on douter, ajoute Sénéque, que la terre n'ait une ame qui s'échappe & se répand par tous ses pores? Sans cela, comment suffiroit-elle à nourrir tant d'arbres & tant de plantes; à faire éclorre tant de fleurs & tant de fruits, à produire dans ses entrailles ces métaux si précieux, & si recherchés des hommes?

Il y a plus. Le Ciel qui nous environne, le Soleil qui nous éclaire, les Astres qui brillent sur nos têtes & paroissent si bien arrangés : tous ces corps ne reçoivent-ils pas de la terre leur force & leur éclat ? n'est-ce pas son souffle qui les fait vivre ? Or il seroit impossible que la terre pût se conserver elle-même, & fournir à tous les besoins de la Nature, si elle n'étoit impregnée d'une ame subtile & toute-puissante, qui se rétablit & se renouvelle sans cesse, &c. Que peut-on conclure de ces remarques générales, sinon qu'il y a dans le sein de la terre de grands réservoirs, qui ne sont remplis que d'air ? Et c'est cet air souterrain, mu avec rapidité & diférent selon les canaux par où il passe, selon les filiéres par où il se modifie, que Séneque appelle l'ame de Monde. Il lui attribue tout le jeu & tout le méchanisme de la Nature ; les tremblemens de terre, les volcans qui jettent une pluïe de souphre, les couleurs de l'arc-en-ciel, les parélies, les cercles lumineux qui paroissent autour du Soleil, mille autres phénomenes encore plus rares & plus difficiles à expliquer. Enfin Sénéque a sans cesse recours à cet air agité qui circule dans tout l'intérieur de la terre, & qui est capable en se resserrant de résister aux corps les plus durs, & même de les soutenir.

L'opinion qui suppose à l'air je ne sai quelle teinture de Divinité, est très-ancienne. Anaximandre & Diogène d'Apollonie l'avoient enseignée dans la Gréce : à leur exemple, Séneque l'enseigna parmi les Romains, mais en y apportant beaucoup d'adoucissemens. Il auroit dû y en apporter davantage, & convenir seulement que l'air par ses deux grandes propriétés, sa pesanteur & son ressort, est le prémier mobile de tous les changemens qui arrivent sur la terre, & qui y produisent sans cesse des phénomenes nouveaux.

De la partie physique dont Séneque a composé ses Questions naturelles, je passe à la partie historique : & c'est, à mon avis, ce qu'il y a de plus intéressant dans son Ouvrage. Par exemple, il nous aprend que les Romains avoient des Miroirs qui grossissoient extrêmement les objets; des Miroirs qui multiplioient un même objet plusieurs fois; d'autres qui enlaidissoient, jusqu'à ne pouvoir se souffrir; des Miroirs enfin d'une hauteur prodigieuse. On sait qu'ils étoient anciennement de quelque métal fondu; & non de crystal, comme sont les nôtres, ou de verre preparé. Séneque raconte ailleurs que les Gourmets à Rome étoient si friands & si délicats, qu'ils faisoient servir sur table le poisson tout en vie, & renfermé dans des vases transparens. Ainsi les yeux se contentoient avant le goût : & parmi les Convives, aucun ne pouvoit craindre d'être surpris. Le grand art de la volupté est de faire en sorte que tous les sens y participent en même tems.

Voici deux autres remarques, qui paroîtroient incroyables, si des expériences modernes ne les confirmoient. La premiére regarde une riviere qui se forma tout-à-coup dans la Carie. *Elle étoit pleine de poissons inconnus*, dit Sénéque, *mais si dangereux, que tous ceux qui en mangérent, moururent empoisonnés.* On éprouve quelque chose de semblable dans la Louisiane, ce pays infertile & presque de niveau avec la Mer : on ne sauroit y fouiller, même à 20 & 30 pieds de profondeur, qu'on ne rencontre des amas d'eau salée où se nourrissent des poissons & des coquillages souterrains, qui sont un mêts empoisonné. La seconde remarque tombe sur une entreprise de Philippe, Roi de Macédoine. Il fit descendre plusieurs ouvriers dans une mine abandonnée, & il leur promit de grandes récompenses, s'ils pouvoient la parcourir entiérement. Mais ces ouvriers pensérent se noyer, & revinrent bientôt sur leurs pas. On ne

V. Miscell Curios. sive Ephem. Phys. annom tert.

put les obliger par les plus grandes menaces à y retourner. Toutes les mines du Pérou ſont ſujettes à de pareilles crues d'eau, ſi ſubites quelquefois, qu'une infinité d'ouvriers y périſſent : & ce qui coûte le plus, c'eſt le ſoin continuel qu'il faut prendre pour les épuiſer. Les frais en ſont immenſes.

Au reſte, Sénéque a connu pluſieurs grands principes de la Méchanique des liqueurs ; témoin celui-ci : Tout corps qui flotte, péſe autant qu'il déplace d'eau. Là-deſſus, il explique la formation de certaines Iſles mouvantes, telles qu'il s'en trouve en pluſieurs lieux. Il fait voir qu'elles ne ſont qu'un amas de vieilles ſouches & de racines entremêlées de terre, & liées enſemble par la viſcoſité de l'eau. Ces Iſles ont très-peu d'épaiſſeur, quoique ſouvent on y voye croître des ſaules & d'autres arbres ſemblables. Il paroit auſſi que Sénéque a eu quelque idée de cette propoſition : Que la ligne de la plus vîte deſcente n'eſt point la ligne droite.

Dans le Traité qu'il a fait de la Providence, il parle ainſi du flux & reflux. » Faites-y attention, vous verrez que » les rivages demeurent à ſec, lorſque la » mer ſe retire ; & au contraire qu'ils ſe » couvrent d'eau, lorſqu'elle revient ſur » ſes pas. Raiſonnez maintenant ſur ce

» jeu de la Nature, vous croirez que
» tantôt la mer se resserre en elle-même,
» & tantôt qu'elle étend ses bornes
» & se ressaisit des lieux qu'elle a abandonnés.
» Cependant toutes ces alternatives
» de marées qui arrivent précisément
» à certains jours & à certaines
» heures, dépendent de la Lune, qui
» est cause qu'elles sont plus ou moins
» grandes. Car enfin tout l'Océan est
» sous sa domination, & ne déborde
» que par ses ordres.

III. *De Pline.*

Pline nâquit à Vérone, comme tous les Critiques en conviennent aujourd'hui. L'ambition n'avoit pas encore mis à la mode ce préjugé fatal aux Sciences, & trop souvent répété, que les gens de Lettres ne sont propres qu'à vivre dans l'obscurité de leur cabinet. Pline exerça des emplois très-considérables, & il eut avec cela le loisir de publier un grand nombre d'Ouvrages. Personne n'a été plus convaincu que lui de la nécessité de l'étude : il regardoit tout le tems qu'on lui dérobe, comme un tems perdu, & dont la perte doit causer des regrets infinis. » Je donne tout le
» jour aux affaires, dit-il agréablement à Titus, depuis Empereur & alors Con-

De Pline.

Plin. in proœm.

Plin. junior epist. l. 3.

ſul pour la ſixiéme fois, » & je me ré-
» ſerve la nuit afin de l'employer à la
» lecture & à la compoſition. Ne ſe-
» rois-je pas trop heureux encore,
» quand cette conduite ne me procu-
» reroit d'autre avantage, que celui de
» vivre plus long-tems? Le ſommeil ôte
» la moitié de la vie; & c'eſt un gain
» infaillible, plus ſûr & plus légitime
» que tous les autres, que de s'y livrer
» le moins qu'on peut.

Voſſius de Hiſtor. Lat. Hiſt. Nat. l. 1.

Les ſuperſtitions que Rome avoit conſacrées par un uſage immémorial, devinrent odieuſes à Pline. Il dédaigna ces ſtatues de bronze & de marbre, dont la crédulité publique avoit orné le Capitole. Mais par un excès contraire, il ſe rendit juge de ſes propres penſées: il tomba dans l'Athéïſme. *Je ne connois d'autre Dieu*, avouoit-il hautement, *que ce vaſte Univers: il n'a point commencé, & il n'aura point de fin: il contient tout en lui-même, & rien n'eſt au-delà: il gouverne tout par des loix certaines & immuables, quoique tout paroiſſe ſe gouverner au hazard: il reſſemble parfaitement à l'infini, quoiqu'il ſoit compoſé de parties dégagées l'une de l'autre: enfin, c'eſt l'ouvrage & l'ouvrier, c'eſt la Nature univerſelle.*

Pline croyoit outre cela que l'homme meurt tout entier, & qu'il n'y a après cette vie, ni châtimens à craindre, ni récompenses à espérer. Une pareille doctrine pousse ordinairement au libertinage. Mais je ne le dissimulerai point : Pline étoit irréprochable du côté des mœurs, il paroissoit en public tel qu'il étoit dans le deshabillé. Rien n'est plus touchant ni plus ingénieux, que les peintures qu'il fait des vices de son tems. On voit bien que son langage est celui de la sincérité, & qu'il n'affecte point de blâmer.

Je dois observer à la louange des Anciens, qu'ils ne faisoient point de la liberté de leurs sentimens, le prix de la débauche & de la dissolution. L'Orateur Philosophe ayant avoué, que plusieurs Grands-hommes s'étoient livrés à des doutes sur l'immortalité de l'âme & les promesses d'une vie future, se reprend en ces termes : » J'ai presque » honte de ce que je viens de dire, car » on pourroit s'en autoriser pour com- » mettre plus hardiment des actions » mauvaises, des crimes. Cela seroit vrai, si au deffaut de la crainte des Dieux, la conscience n'étoit point un tribunal assez sévére pour juger des vertus & des vices. Et peut-être, sans le reproche intérieur de cette conscience, toutes les autres raisons s'évanouiroient-elles. *Nihil est enim tam occupatum, tam mul-*

De Nat. Deor. l. 3.

V. Quintil. l. 12.

tiforme, tot ac tam variis affectibus concisum atque laceratum, quam mala mens.

L'Histoire Naturelle demande des recherches infinies & des connoissances profondes; avec cela un grand amour du travail, & ce courage d'esprit qui ne se rebute point des difficultés. Pline osa essayer ses forces sur une matiére si épineuse, & à peine connue. Rien ne se dérobe à ses regards perçans, ou du moins, rien ne paroît s'y dérober. Il parle des métaux, des minéraux, des plantes, des drogues, des pierres; de ce qui croît en Italie, & de ce qu'on aporte des Royaumes éloignés: il entre dans le détail des Arts; il remarque les industries particuliéres, qu'on néglige si ordinairement; il assure la réputation des Ouvriers fameux & à qui l'on doit tant, sans presque les connoître. S'étonnera-t'on que dans une si grande abondance de choses, il lui échape quelques fautes & quelques manquemens? Peut-être même que ce qui nous semble tel, vient des causes suivantes: ou de la perte irréparable que nous avons faites de plusieurs adresses, de plusieurs secrets connus des Anciens; ou des changemens terribles & des bouleversemens que la Terre a soufferts, & qu'elle souffre encore de siécle en siécle, ou de certaines expériences que nous

Salmas. in Prof. ad Exercitat. Plinianas.

traitons avec dédain, parce que nous ne les avons pas encore assez vérifiées. Pline, par exemple, a été censuré pour avoir dit que le jour de la mort de Denys le Tyran, toute l'eau de mer du port de Syracuse devint douce. La chose n'est point si extraordinaire, que je ne l'aye éprouvée cent fois. Après plusieurs jours d'une pluye forte, telle qu'il en fait vers les Equinoxes, toute l'eau de mer change le long des côtes, & de couleur, & de goût : on ne la trouve plus salée. Aparemment, que Denys mourut dans une de ces conjonctures de tems.

Au reste, Pline savoit admirer l'immense fécondité de la Nature: il croyoit qu'elle n'a rien produit ni rien tiré de son sein, qui n'ait quelque propriété, quelque utilité, quelque bonté. Cette idée, qui est si sublime & si vraie en même tems, a fait pourtant un tort infini aux Anciens. Elle les a portés à deviner, lorsque les connoissances leur manquoient. De-là sont venus tant d'Ouvrages qu'ils ont publié inconsidérément sous les titres de Choses admirables, de Choses incroyables, de Choses inouïes, &c. Le tems a fait périr un Traité de Ciceron, écrit dans ce goût-là.

V. præsertim. Hist. Nat. l. 22.

J'ajouterai à l'honneur de Pline, que son Histoire-Naturelle est remplie de traits : que non content d'instruire, il donne encore à la curiosité. Il y en a un qui regarde Jules-César, & qui marque bien que les ames de la plus forte trempe s'oublient, & se démentent en certaines occasions. Le char du Dictateur pensa un jour se renverser. Depuis cet accident, il n'osoit y monter, ni s'y asseoir, qu'il n'eût trois fois récité un certain vers, destiné ridiculement à sa sûreté. Plusieurs imitérent cet exemple : tant les sottises d'éclat sont contagieuses, & se répandent de proche en proche !

Pour détourner les sortiléges & les maléfices, les Anciens attachoient une tête de Loup à l'entrée de leur maisons de campagne. Cette pratique, si frivole dans sa naissance, a duré très-long-tems ; & je m'imagine qu'elle a donné lieu à ces têtes d'animaux & à ces oiseaux de proie, qu'on cloue avec tant de soin aux portes de presque tous nos Châteaux. Il n'est point surprenant qu'un usage superstitieux soit devenu un droit honorifique. Les Anglois font mettre un fer à cheval ; mais en dedans de la porte de leurs chambres : ils croyent par-là se préserver de tous les enchantemens.

Qu'on me permette encore une remarque très-courte. Pline reproche aux gens de guerre de son tems, que non-seulement ils se trouvent surchargés de leurs armes, mais encore de leurs vêtemens. *Et c'est pour cela*, leur dit-il, *que vous vous donnez des habits de soie, qu'on pardonnoit à la mollesse des femmes.* Comme il est à propos quelquefois de comparer les choses anciennes aux modernes, je raporterai ce que disoit il n'y a pas plus d'un siécle le généreux Duc de Rohan, dans son Traité de la Guerre. *Nous sommes aujourd'hui si délicats, qu'à peine voulons-nous porter nos armes : tant s'en faut que nous veulions porter sur nous pour huit jours de vivres.* Combien la Milice Françoise a-t'elle encore dégénéré ! Combien le luxe, la bonne chére, le faste & un certain amour de la décoration, ont-ils augmenté ! Serions-nous reconnus de nos Ancêtres, eux, qui n'aimoient que la gloire qui s'acquiert par les travaux les plus pénibles ?

Ch. 14.

IV. *De Plutarque.*

De Plutarque.

Aux deux Philosophes dont j'ai déja parlé, un troisiéme vint s'unir ; & c'est le fameux Plutarque. Il connut de bonne heure que la Science n'est qu'un vain ornement, si la droiture des sentimens & la probité ne l'accompagnent. Il remercie sans cesse & son pére & son aieul, de lui avoir procuré une éducation excellente. Il regarde l'amitié que lui portoit son frére, comme un bienfait & une faveur précieuse des Dieux. Que je suis touché de ces effusions de cœur! que l'honnête-homme me paroit au-dessus du savant! Le chef-d'œuvre de Plutarque, & peut-être celui de l'Antiquité, ce sont les Vies des Hommes illustres. J'y trouve les grands exemples mêlés aux solides instructions, l'utilité jointe à l'agrément. La méthode de l'Auteur est d'étayer ses discours de traits mémorables, & de comparaisons ingénieuses. Il gagne, à la vérité, peu de terrein par cette voie: mais sa marche en est plus ferme & plus assurée. On arrive certainement au but, quand on ménage ses forces dès l'entrée de la carriére. Je découvre le même goût de composition dans les autres Ouvrages de Plutarque: mais soit qu'il se néglige, soit qu'il apréhende de décider, sa maniere d'écrire est moins agréable & moins soutenue. On sent qu'il ne s'est point assujetti ses lectures, & que l'abondance le flatte plus que le choix & la perfection.

Plutarque avoit embrassé la Secte des Académiciens, où toutes les autres venoient faire naufrage. Il déguise avec beaucoup d'adresse le parti qu'il prend,

& se ménage par-là le droit de changer. Il blâme plus qu'il n'aprouve, & rarement aprouve-t-il sans quelque restriction, sans un petit air de raillerie. L'objet perpétuel de ses satires & de ses insultes, ce sont les Stoïciens & les Epicuriens. Il leur porte des coups redoublés; & son triomphe, qu'il diminue par une louable modestie, me paroit complet.

Plutarque auroit dû se contenir dans ces bornes, qui lui laissoient encore un champ assez libre: sa réputation aujourd'hui seroit en sûreté. Mais qu'il est différent de lui-même, quand il donne dans des sens mystiques & qu'il se livre à des allégories forcées! On ne l'entend point: on n'ose le suivre. Ce n'est plus cet homme presque Chrétien au milieu des ténébres du Paganisme, ce Philosophe sensé qui fait voir la différence de l'ami & du flateur; qui recommande l'éducation des enfans; qui entretient les Rois & ceux qui sont destinés au maniment des affaires; qui blâme hautement le desir insatiable d'amasser; qui met le repos de l'esprit au rang des plus grands biens, &c; c'est une imagination vive & effrénée, que tout accommode, à qui tout plaît. J'en apelle au jugement de ceux qui ont lu ses Traités sur la Création de l'ame, sur le Démon familier de Socra-

Erasm. in Conv Relig.

te, sur le silence des Oracles, sur la Destinée toute-puissante, sur l'Inscription qu'on voyoit à la porte du Temple de Delphes, &c. J'ignore si l'Auteur a voulu tromper les lecteurs, ou si lui-même a été trompé le prémier: pareil égarement des deux côtés. Un seul endroit de Plutarque m'a paru convenir à la nouvelle Physique. C'est celui où il assûre que chaque Plante est renfermée dans sa graine, ou dans sa semence. *Ce qui étoit caché sous un petit volume*, dit-il, *acquiert une grande étendue: & elle rend sensible avec le tems, ce que les yeux ne pouvoient apercevoir dans l'origine.*

Plut. de comm. notion. adv. Stoices.

On croit que Plutarque vint s'établir à Rome, sur la fin du regne de Domitien. Les Sciences, qu'avoit proscrit cet Empereur souillé de tant d'autres crimes, refleurirent par les soins & les libéralités de Nerva. Plutarque même tint sous ses yeux des Conférences de Philosophie: on peut juger avec assez d'aparence, que l'éclat repondit au succès. Car il s'attira l'estime de tous les honnêtes de Rome: & ce qui met le sceau à cette estime, Trajan successeur de Nerva le prit sous sa protection, & l'honora même d'une tendre amitié, tant qu'il vécut. Un si fin connoisseur du mérite des hommes aprouvoit sobrement: mais son aproba-

V. Plut. Vitam ad calcem ejus Operum.

tion, ainsi que l'avoue Pline dans le fameux Panégyrique qu'il lui a consacré, étoit la marque la plus certaine, & au même tems la récompense la plus flatteuse, de l'érudition & de la vertu. Ce fut après sa mort que Plutarque, rassasié de distinctions, prit le parti de s'en retourner dans la Gréce. Là, il passa au milieu d'un doux repos les dernieres années de sa vie, & ce repos étoit accompagné de dignité. Car les Magistrats de tous les lieux où pouvoit séjourner Plutarque, avoient ordre de ne rien faire sans prendre son avis, & de lui rendre les mêmes honneurs qu'on rendoit aux hommes Consulaires.

Je ne saurois trop louër ceux qui, ayant servi le public de tous leurs talens, & long-tems joui des faveurs de la fortune, se retirent à propos, & soutiennent dans une vie privée la gloire & la réputation qu'ils ont acquise dans des emplois laborieux. Par ce moyen ils survivent à eux-mêmes & s'aprochent sans effroi de la mort. Malheur (peut-on trop le répéter ?) malheur à celui qui s'en laisse surprendre! *Optimus virtutis finis est antequam deficias, desinere.* Sen. de brev. vita.

HISTOIRE CRITIQUE DE LA PHILOSOPHIE.

LIVRE HUITIE'ME.

DES PHILOSOPHES QUI ONT FLEURI DEPUIS LE REGNE DE TRAJAN JUSQU'A LA DECADENCE DE L'EMPIRE ROMAIN, ET DEPUIS SA DECADENCE JUSQU'A LA CHUTE DE L'EMPIRE D'ORIENT.

CHA-

CHAPITRE XXXIV.

I. *Naissance de Jesus-Christ.* II. *Des changemens que sa doctrine a apportés dans le monde.* III. *De Potamon d'Alexandrie.* IV. *Des Eclectiques.*

I.

Es hommes nés méchans, & abandonnés à leur propre foiblesse, n'avoient marché depuis l'origine du monde que pour s'égarer. Chaque siécle enfantoit de nouveaux desordres; & les erreurs préjudiciables s'accumuloient les unes sur les autres, à la honte de la raison & au décri des bonnes mœurs. La lumiére naturelle s'affoiblissant de jour en jour, ne se montroit plus que par échapées, & à la fin elle s'éteignit tout-à-fait. Sous le nom & la généalogie des Dieux que la Fable avoit créés, c'étoit le vice lui-même qu'on adoroit : les passions honteuses, & dont on rougissoit en secret, avoient des Prêtres & des Autels : les Temples étoient devenus des Lieux de prostitution & de débauche : on alla enfin jusqu'à prodiguer l'encens aux Ma-

Naissance de Jesus-Christ.

Aug. de Civit. Dei l. 2. 3. & 4.

ladies cruelles, aux Fleaux qui ravagent la terre, à la Mort même. Que dirai-je de plus? les hommes aveuglés se défioient les uns les autres; & les plus coupables, ceux à qui on auroit eu honte de ressembler, n'étoient point exclus de cet honneur. Sur cela, s'écrie amérement l'Apôtre Saint Paul: » Ils se sont » tous détournés du droit chemin; ils » sont tous devenus inutiles; il n'y en a » point qui fasse le bien, non, il n'y en » a point un seul.

Epist. ad Rom. c. 3.

Une partie de ce reproche humiliant tombe aussi sur les Juifs. Quoique toute leur histoire ne fut qu'un bienfait continuel de Dieu, ils commencerent à le méconnoitre & même à l'oublier, sous le régne des Asmonéens & vers le tems de Jonatas. Les superstitions s'accrurent du penchant invincible, que la nation avoit toujours eu à l'Idolatrie; & ce penchant étoit encore fortifié par les leçons vaines & ambitieuses de ceux qui vouloient étendre leur empire sur les consciences. Déja le véritable esprit de la Loi se perdoit: déja les Prophéties ne s'expliquoient plus selon l'usage antique, & les passions séduisantes les détournoient à un nouveau sens. On aimoit à se flater d'une maniere artificieuse, & non à suivre la verité connue.

Dans ce renversement général de l'esprit humain, dans cette défaillance de toutes les vertus, Jesus-Christ est envoyé sur la terre. A cette clarté qui commence de luire en Israël, toutes les ombres se dissipent & tous les doutes s'évanouissent. Un beau jour s'éleve, pour ne plus finir. Les nations voisines & les nations éloignées, les barbares & celles qui sont plus polies, toutes en un mot y ont part. Plus de choix, plus de distinction, plus de préférence. Les dons se communiquent abondamment; & la main libérale qui les verse, ne se retire plus.

§ I.

Des changemens que sa doctrine a apportés dans le monde.
Grot. de verit Rel. Christ l. 1, 2. & 3.

Ici, je ferai deux réflexions; & ce sera en marchant sur les traces de l'Auteur le plus exact & le plus modéré, qui ait jamais écrit sur ce sujet. Ma premiere réflexion regarde ce prodigieux & funeste égarement, où le genre-humain étoit plongé avant la naissance de Jesus-Christ. Que de variations & d'incertitudes sur les points les plus importans? Quel desordre d'opinions sur l'existence de Dieu, sur l'immortalité de l'ame, sur la nature du souverain bien! La Philosophie n'en parloit que d'une maniére foible & chancelante. Elle se contrediſoit ſans ceſſe ; & même à force de raiſonnemens ſubtils & captieux, en jettant un voile obſcur ſur les prémieres notions, elle réduiſit toutes choſes à de ſimples conjectures. On aprenoit à douter avec les anciens Philoſophes : mais ce n'étoit point un doute ſage & réfléchi, qui aidât à trouver la vérité.

J'ajouterai encore, que dans la Gréce & à Rome, l'on pouvoit dire impunément : *Il n'y a point de Dieu, la ruïne du corps entraine celle de l'ame, l'homme doit chercher ſa félicité dans les joies & les plaiſirs ſenſibles.* Des Sectes entiéres l'ont ſoutenu & l'ont même enſeigné, ſans que le Magiſtrat punit leur audace, ou que le peuple effrayé jettât un cri d'indignation. J'avoue que d'autres Sectes combattoient perſévéremment cette doctrine : mais elles le faiſoient de la même maniere, qu'elles auroient combattu une erreur de Phyſique ou une fauſſe démonſtration de Géométrie. Toute liberté étoit permiſe ſur une matiere qui n'en ſouffre point. On jouiſſoit du ſpectacle que donnoient les contradicteurs, ſans faire aucun retour ſur ſoi-même. Il faloit qu'une Autorité ſupérieure vint fixer toutes les incertitudes des eſprits flottans, & aprit à l'Univers ce qu'il devoit penſer. Autorité ſublime & efficace, qui pouvoit la ſoutenir plus dignement que celui à qui le Pere la confioit ? Jesus-Christ est donc le premier qui ait établi des connoissances sûres & invariables. Il n'a point parlé en hésitant, ou sur des traditions douteuses. Tout ce qui lui arrive, a été prévu plusieurs siécles auparavant. Sa parole se fait clairement entendre : & il a encore employé tout ce qui pouvoit servir à la confirmer, prodiges étonnans, miracles exposés à tous les yeux & au-dessus de tout soupçon, nouvelles idées de vertu, pratiques & maximes plus parfaites. *Ainsi nous sommes dans sa main, nous & nos discours, avec toute la science d'agir & le réglement de la vie.*

Joan. Epist. 1. c. 4.

Sapient. c. 7.

Ma seconde refléxion donnera plus de poids & de clarté à la premiére. Parmi les Anciens & principalement dans la Gréce, les Philosophes, les gens d'esprit, reconnoissoient que tout étoit si dépravé, si mêlé de vrai & de faux, qu'ils ne pouvoient se conduire par leurs seules lumiéres. Ils demandoient un Maître, qui les guidât au milieu des doutes & des inquiétudes dont ils se trouvoient surchargés. Platon tombe d'accord qu'il faut une révélation divine, pour parler sûrement de la Divinité ; ce qui se raporte à cette pensée de Salomon : *J'ai apris tout ce qui étoit caché & qui n'avoit pas encore été découvert, parce que*

Sap. in Epis. c. 7.

la Sagesse même qui a tout créé, m'en a heureusement instruit. Aristote reconnoit en plusieurs endroits de sa Métaphysique, qu'il manquoit à l'homme une Science supérieure, dont les principes de toutes les autres doivent dépendre: & c'est cette Science, que quelques-uns de ses Commentateurs apellent *Desiderata Aristotelis.*

Les Philosophes, comme on voit, sentoient parfaitement tous leurs besoins: mais ils ne pouvoient y remédier que par quelque coup d'éclat, par quelque lumiére imprévue & surnaturelle. De-là vient qu'ils disoient unanimement: *On ne doit jamais rien changer à la Religion qu'on trouve établie, & dont l'origine se confond avec celle du Monde.* Et ce qu'ils entendoient par ces paroles, c'est que les hommes n'ont point droit de toucher aux choses autorisées par un usage immémorial; ou du moins que pour y toucher, il faloit être plus qu'homme. Socrate ayant demandé à l'Oracle de Delphes ce qu'il pouvoit faire de plus agréable aux Dieux, l'Oracle lui répondit, que c'étoit de vivre tranquillement, en suivant les mœurs & la Religion du pays où il étoit né. A cette occasion Erasme, dans une Préface qu'il a mise à la tête des Questions Tusculanes, avoue que Cicéron & les autres Sages du Pa-

Plat. de Leg. l. 5. Cic. l. 3. Nat. Deor.

Apud Plat. l. 2. de Rep.

ganisme ne pouvoient se dispenser de sacrifier aux Idoles, parce qu'ils ne pouvoient se dispenser d'obéir aux loix, les loix étant, pour ainsi dire, le suplément de la Religion. Cette ouverture, ajoute Erasme, suffit pour excuser ceux qui ont vécu au milieu de l'Idolatrie, & même pour les justifier.

La nécessité d'un secours surnaturel & divin, au milieu de l'horrible corruption qui avoit tout gagné, étoit donc connue des anciens Sages : & plus on aprochoit du siécle où devoit naître Jesus-Christ, plus on voyoit croître, plus on sentoit la nécessité de ce secours. Le savant Isaac Vossius soupçonne que les oracles des Sibylles, ou du moins ce qui en est cité par les Auteurs qui ont vécu avant Jesus-Chist, sont d'heureuses fictions, produites exprès par les Juifs vers le tems que Pompée s'empara de Jérusalem. Le but de ces Juifs étoit de concilier parmi les Payens quelque autorité aux Prophêtes, & de disposer le Monde presque aveugle à la venue du Messie, qu'ils jugeoient devoir bientôt paroître, suivant la fameuse prédiction de Daniel. Et véritablement, le bruit s'étoit répandu à Rome & dans les principales villes de l'Empire, que les Juifs attendoient un Libérateur, qui changeroit toute la face de l'Univers. Cette es-

De Sibyl. c. 4.

pérance devoit flatter & surprendre les Payens, & en même tems diminuer la peine qu'ils se sentoient à avouer le déplorable état où ils étoient réduits.

Je ne sai si je dois ajouter ici, que plusieurs Auteurs d'une foi irréprochable, ont pensé que lorsque Jesus-Christ est descendu sur la Terre, il étoit impossible qu'il n'y descendit. Toutes les voies de l'homme se trouvoient pervertis : le vrai ne se montroit plus à ses yeux ; & le faux, même donné pour tel, occupoit sa place. Il n'y avoit plus aucun principe de conduite, aucune régle de mœurs. Les hommes étoient trop gâtés, trop vicieux, pour pouvoir être ramenés par un autre homme : il faloit quelqu'un qui fût revêtu de l'autorité Divine, ou un Dieu lui-même. Le Cardinal Pierre d'Ailli, si célébre dans le XIV. Siécle, a été encore plus loin. Car dans le Livre qu'il a publié *de Concordia Historiæ & Astrologiæ Divinatricis*, il a établi comme un principe certain, qu'on a pu prévoir, qu'on a pu même prédire le Déluge de Noé & la naissance de Jesus-Christ ; que ces deux prodiges & tous ceux qui s'en sont ensuivis, étoient nécessaires au monde, & qu'ils entroient dans le plan détaillé de sa formation ; que les hommes ayant péché, les hommes devoient être rachetés d'une maniére ineffable; enfin, que tout le systême de la Rédemption est écrit dans les Astres, suivant le raport que Dieu a mis entre le spirituel & le matériel. D'où le Cardinal d'Ailli déduisoit une espece de Théologie Astrologique, dont il étoit sérieusement persuadé, quoiqu'au fond rien ne fût plus vain ni plus frivole.

Bellarm. de Script. Eccles.

A l'égard des Juifs, un Prophête leur avoit été promis expressément de leur nation, & choisi d'entre leurs fréres; & c'est ce Prophête qu'ils devoient écouter avec soumission & respect. Mais avant sa venue, foibles encore & peu éclairés, ils ne voyoient les choses qu'à travers des voiles épais: ils ne desiroient que des biens sensibles & des félicités temporelles. Il étoit donc indispensable que la Loi ancienne s'abolît, & qu'une nouvelle prît sa place, au soulagement & à l'instruction de tous les peuples. Quel bonheur pour eux, de se voir sincérement réunis, & de marcher avec une noble ambition dans les mêmes routes! Car après tout, Dieu, en préférant les Juifs, n'avoit pas totalement abandonné les autres nations. Il vouloit qu'on les regardât avec douceur & humanité, parce que lui-même il les regardoit avec des yeux de Pere commun. Quelque jaloux que fussent les Juifs de leur vocation, plusieurs d'entre-eux

Deut. c 18.

avouoient sans peine qu'on pouvoit parvenir au Salut par la seule Religion Naturelle, c'est-à-dire, en observant les usages, les préceptes que Noé & sa famille dispersée observerent jusqu'à Abraham.

En faisant réflexion sur ce que je viens de dire, je trouve le point de ralliment où les deux Alliances viennent se rendre. Dans la prémiere, le Seigneur
C. 6. dit par la bouche du Prophête Osée : *Le bien que vous faites aux hommes m'est plus agréable que le sacrifice, & j'aime mieux la connoissance de Dieu que tous les holocaustes.* Dans la seconde, l'Apôtre Saint Jean établit ce principe :
Ep. 1. c. 3. *Le commandement qu'il nous a fait est de croire au nom de son Fils Jesus-Christ, & de nous aimer les uns les autres, comme il nous l'a commandé.* Voilà ce qui forme le partage des siécles écoulés, & le lien immuable de paix qui doit régner entre les hommes. Toujours on a pu remonter à la connoissance du souverain Auteur de l'Univers. Les Cieux & la Terre, le jour qui brille & la nuit sombre, publient son pouvoir & ses merveilles. Cette persuasion générale qui faisoit tout le mérite de nos Ancêtres, ne suffit plus aujourd'hui : il y faut ajouter de surcroît la particuliere d'un Médiateur donné. Avant lui, l'homme

pouvoit, aidé & secouru de sa raison, reconnoître un Créateur, l'adorer humblement : mais depuis sa naissance, la foi au Réparateur est devenuë nécessaire. Et c'est par cette foi seule qu'on peut aspirer à une vie plus glorieuse, & mériter des récompenses qui sont sans mesure, comme elles seront sans bornes.

III.

Sur la fin du regne d'Auguste, & lorsque Jesus-Christ étoit prêt à descendre sur la Terre, il s'éleva une nouvelle méthode d'étudier, dont le Christianisme se prévalut dans sa naissance. L'Auteur de cette méthode étoit Potamon d'Alexandrie. Egalement éloignée de l'incertitude des Pyrrhoniens & de la présomption des Dogmatiques, elle consistoit à emprunter de chaque Philosophe ce qu'il avoit dit de plus raisonnable. Par ce moyen l'esprit jouissoit de toute son indépendance, & victorieux des préventions, il ne tendoit qu'à l'éclaircissement de la vérité. *La Philosophie*, remarquoit alors un homme habile, *n'est l'ouvrage ni de Zénon, ni d'Epicure, ni de Platon, ni d'Aristote. Chacun d'eux y a travaillé constamment : mais elle ne s'approprie que ce*

Le Potamon d'Alexandrie.

Clem. Alex. Strom. l. 1.

petit nombre de choses excellentes, qu'on trouve dans leurs Ecrits.

J'avouerai ici, que la méthode introduite par Potamon renferme beaucoup de justesse & de discernement. Mais il a dû toujours être bien facile de s'en aviser. Quel homme ignore que le vrai doit être reçû, quelque main qui nous le représente; & qu'il faut renoncer à l'erreur, malgré le crédit & la réputation de ceux qui l'apuyent? *Soyez libre, ingénu & sincere dans vos jugemens*, ordonne Cicéron: *ne vous faites jamais un merite de soutenir des sentimens dont vous n'êtes point convaincu.* Puissai-je, disoit Socrate, me conserver dans cette situation d'esprit, de n'écouter jamais mes Maîtres ni mes Amis plus que ma Raison, & de la prendre toujours pour ma meilleure conseillere.

L. 1 de Nat. Deor.

V. Plat in charm.

IV.

Des Eclectiques.

Il ne paroit pas que Potamon ait présidé à aucune Ecole, ni qu'il ait donné naissance à aucune Secte. Mais sa maniere de philosopher se répandit de proche en proche dans tout le Monde savant. Ceux qui l'embrasserent, soit à Alexandrie, soit à Rome, furent nommés *Eclectiques. Depuis long-tems*, observe Saint Augustin, *personne ne prend plus le titre*

Epist. ad Dio.

d'Académicien, ni d'Epicurien, ni de Stoïcien. Il s'est formé une nouvelle Philosophie du debris de toutes les anciennes; & c'est celle qu'on suit aujourd'hui. Les premiers Péres de l'Eglise, qu'éclairoit une Raison perfectionnée par la Grace, s'y attachérent encore plus que tous les autres. Leur dessein étoit d'instruire les Païëns, & de les préparer insensiblement à la connoissance de Jesus-Christ. Ouvrage laborieux, & pour lequel il faloit deux choses : prémiérement, les détromper de l'idée trop avantageuse qu'ils avoient des anciens Philosophes; & secondement, les prévenir en faveur de la nouvelle Philosophie qui étoit descendue du Ciel. C'est où Clément Alexandrin, Origéne, Grégoire Thaumaturge, Arnobe & Lactance, ont parfaitement réussi. Je vais sur cela raporter un passage admirable du dernier. Dans les choses, dit-il, où il s'agit de la conduite & de l'instruction de la vie humaine, il faut se fier à soi-même, & faire tous ses efforts pour découvrir la vérité. Car ceux qui ne se servent point de leur esprit, mais de celui des autres, ressemblent aux animaux qui sont privés du bienfait de la raison. Il est certain que Dieu a donné assez de discernement à chaque homme, pour saisir les choses qui lui sont nécessaires, *Lact. l. 2.*

& pour distinguer celles qu'il doit croire. Nos Ancêtres avoient à peu près le même fond de génie & les mêmes talens, que nous avons aujourd'hui. La Nature, également liberale, ne partage pas un siécle, aux dépens des autres. La vérité ressemble à la lumiere du soleil : elle frappe tous les esprits attentifs. C'est pourquoi le desir le plus naturel à l'homme étant l'amour de la sagesse, il étouffe ce desir d'une maniére honteuse, en se laissant aller aux opinions reçues, sans les examiner auparavant. Cette lâcheté d'esprit vient de ce qu'on se persuade indiscrettement deux choses ; & que les Anciens ne se sont point trompés ; & que les Modernes ne peuvent les égaler du côté de l'esprit.

Est-ce que les titres d'Anciens & de Modernes mettent quelque différence parmi les hommes? Les uns sont-ils infaillibles, par préférence aux autres? A tout balancer, dit Cicéron, les choses trouvées par ceux qui viennent les derniers, sont d'ordinaire plus exactes & plus correctes, que celles qu'on attribue à leurs prédécesseurs.

V. Cic. Acad Quæst. l. 1.

CHAPITRE. XXXV.

I. De l'Empereur Hadrien. II. *De Marc-Aurele-Antonin.* III. *Du manteau que portoient alors les Philosophes.* IV. *De l'Impératrice Julie.* V. *De la ressemblance avec Alexandre le Grand.* VI. *Du rétablissement des Repas philosophiques.* VII. *Noms des principaux Philosophes qui ont fleuri depuis Marc-Aurèle jusqu'à la fin du III. Siécle.*

I.

LEs Sciences s'étoient heureusement rétablies à Rome, lorsqu'Hadrien monta sur le trône. Ce Prince, d'un esprit ardent & curieux, né également pour avoir de grands vices & de grandes vertus, se portoit volontiers aux choses où il y avoit de l'éclat & de la réputation à acquerir. Il vouloit tout voir par ses propres yeux; & il entreprit de longs voyages, seulement afin de s'instruire plus à fond de diverses singularités dont il avoit ouï parler. Son successeur étoit en cela plus circonspect & plus réservé : car il disoit que les

De l'Empereur Hadrien.

Aur. Victor.

Spart in Adr.

J. Capit. in Anton. Pio.

Empereurs ne voyageoient jamais, qu'à la ruïne & à l'oppression des Provinces. Dans sa jeunesse, Hadrien s'étoit beaucoup apliqué, non-seulement à l'étude de la langue Grecque, mais encore à la culture des Arts. Il y avoit même réussi avec tant de promtitude & tant d'adresse, qu'on disoit communément, que si la Nature ne l'avoit point destiné à être le Maître du monde, il seroit devenu le plus célébre artisan de son siécle. Ce qu'il retint de ses prémiers travaux, ce fut de composer une Légion de toute sorte d'ouvriers; & il s'en faisoit suivre dans ses différentes courses. Une attention exacte & bienfaisante le portoit à examiner tous les Ouvrages publics. Il les faisoit réparer en sa présence, où il en faisoit construire de nouveaux, charmé de remplir par lui-même les fonctions d'Ingénieur-général de l'Empire: ce qui l'a fait apeller dans plusieurs de ses Médailles, l'Hercule Romain.

Comme cet Empereur étoit extrêmement libéral, (il déchargea les Provinces de plus de vingt millions d'écus d'or, qu'elles devoient au Fisc,) ses libéralités s'étendirent à tous les Savans. Il bâtit même à Rome en faveur de la Jeunesse, un Lieu d'exercices qu'il nomma *Athenæum* : il prit soin d'embellir son Palais d'Antium d'une Bibliothéque magnifi-

Suidas in Adr.

que, où se trouvoient plusieurs Ouvrages rares, & entre autres les Lettres d'Apollone de Thyanes. Mais la passion chérie d'Hadrien étoit de passer pour habile, & même pour beaucoup plus habile que ceux qu'il récompensoit. Sa jalousie n'avoit point de bornes. Un jour l'Empereur disputoit avec Favorin, un de ses Secrétaires. Celui-ci céda poliment, quoiqu'il sentît bien qu'il avoit raison. Ses amis cherchérent à l'en railler; mais il leur répondit avec beaucoup de présence d'esprit : Eh quoi! vouliez-vous que je l'emportasse sur un homme qui commande à trente Légions?

Aul. Gell. l. 17.

II.

De Marc-Aurèle-Antonin.

Tout ce qu'on avoit fait à l'avantage des Sciences, fut aprouvé par Antonin Pius: & l'Empereur Marc-Aurèle-Antonin, qui fut son gendre & son successeur, joignit à ses autres titres celui de Philosophe. On croit que les prémiers qui le lui donnérent, furent Aristide & Quadrat, dans la généreuse Apologie qu'ils lui présenterent pour justifier les Chrétiens. Formé par d'excellens Maitres & sous les yeux d'un beau-pére vertueux, Marc-Aurèle devint lui-même un des plus honnêtes hommes du monde. Cependant, je le dirai sans crainte

Jul. Capit. in Marco Anton.

de déplaire : quelque idée avantageuse qu'on se forme de sa droiture & de son équité, il ne passera jamais pour un adroit Politique ni pour un grand Capitaine. *Qu'est devenu L. Cassius*, disoit un homme qui portoit le même nom? *Qu'est devenu Caton le Censeur? Comment l'ancienne sévérité de nos mœurs s'est-elle éclipsée? On en voyoit encore quelques restes chez nos Péres. Aujourd'hui, l'Empereur se cache & se renferme, pour philosopher : il parle de la Clémence, de l'Ame, du Juste, de l'Honnête : mais pour ce qui regarde le gouvernement de la République, il n'en a aucune connoissance.* Aussi, lui reprochoit-on malignement qu'il vouloit rendre tous ses Sujets Philosophes : & cette plaisanterie fut principalement en vogue, lorsqu'il retranchoit les spectacles publics & les combats de Gladiateurs dont les Romains étoient si affamés.

Vulc. Gallic. in Avid. Cassio.

Au reste, Marc-Aurèle avoit beaucoup d'esprit, & de cet esprit froid qui est propre à l'étude. Je n'en donnerai d'autre preuve, que ce Recueil de Maximes & de Réflexions qu'il nous a laissé, & où il s'entretien si naïvement avec lui-même. Tout y est compassé, & de niveau : mais il semble qu'on devoit attendre quelque chose de plus fort d'un homme né pour commander

V. la Traduct. de Mr. & Mad. Dacier.

aux autres. *Aliud in Imperatore quæritur, aliud in oratore vel poëta flagitatur.* Treb. Pollio. En effet, il ne sied qu'à un Philosophe isolé de débiter les maximes suivantes. » Le tems ressemble à un » fleuve impétueux. Dès qu'une chose paroît, on la perd aussi-tôt de » vuë; & celle qui prend sa place est » entraînée avec la même légereté. La » vie s'écoule donc trop rapidement, » & pour former tant de projets, & » pour se charger de tant d'entreprises. » C'est bien-tôt fait. Quelque bonheur » qu'on goûte, hélas! on ne le goûte » qu'un instant..... Le soin d'acquérir de la réputation est vain & frivole : ce soin méne à l'hypocrisie. » On ne doit vivre que pour soi, sans » trop s'embarrasser de ce que les autres jugent de nos actions, de ce » qu'ils pensent de notre conduite.... » Le repos est préférable aux emplois » les plus brillans..... La faveur des » Princes ne mérite point les peines » qu'on se donne pour l'obtenir. Plus » on s'aproche d'eux, plus on se livre à des chaînes, qui pour être dorées, n'en sont pas moins pesantes. De pareilles maximes, ce me semble, nuissent au but que doit avoir un Empereur, d'engager tous ses Sujets à se rendre utile à la Patrie, à lui dévouer ce qu'ils ont de connoissances & de talens.

J'aprouve beaucoup plus le discours judicieux, que Marc-Aurèle recommande à chaque homme de se tenir en mourant. *Tu t'est embarqué, tu as fait ta course, tu abordes au lieu où tu devois aller : sors courageusement du vaisseau. Si tu en sors pour arriver à une autre vie, tu y trouveras des Dieux rémunérateurs : & si tu es privé de tout sentiment, tu cesseras d'être sous le joug des passions & de servir à un corps, qui est si fort au-dessous de ton ame, &c.* Ce langage étoit celui des Stoïciens les plus rigides. Marc-Aurèle croyoit avec eux, que toutes les ames étoient des écoulemens de la Divinité, & qu'après la mort elles s'y rejoignoient intimement. Cela posé, ajoutoit-il, combien les hommes ne doivent-ils pas s'aimer, se secourir & même se respecter les uns les autres ? Combien leur amitié ne doit-elle pas être vive, agissante & sincére ? Ils sont parens, avant même que de naître dans telle ou telle famille.

Pour ce qui regarde la Physique, l'Empereur Romain n'en avoit aucune teinture. Il croyoit en général que tous les Etres ont une inclination, une pente secrette à s'unir avec leurs semblables, & que plus ces Etres sont parfaits, plus cette inclination & cette pente se font sentir. Quelle hardiesse, de rapeller tout le méchanisme de la Nature à une sympathie imaginaire! Ce n'est que dans la bouche des Poëtes, par exemple, dans celle de l'agréable Auteur du *Pastor Fido* qu'un pareil systême peut se faire écouter.

Mira d'intorno, Silvio, Atto 1.
Quanto il mondo hà di vago, e di Scena 1.
gentile:
Opra è d'amore: amante è il cielo, amante
La Terra, amante il mare, &c.

La fameuse imposture de Jaques Aimar, dont la baguette trompoit les meilleurs yeux, fut cause dans le dernier siécle qu'on renouvella ce sistême des sympathies & des antipathies, qui paroissoit très-commode pour expliquer des effets aussi surprenans, que peu attendus. Mais l'imposture une fois découverte, les preuves dont on l'avoit étayée, quoiqu'elles parussent spécieuses tombérent en même tems. Et à cette occasion, je remarquerai que s'il est triste à l'homme de ne pouvoir découvrir les causes d'un très-grand nombre de faits, qui s'offrent continuelle-

V. l'Hist. crit. des Pratiq. Superst. 1. & 3. partie.

ment à ses yeux ; il lui est encore plus triste de s'imaginer découvrir la raison de ce qui n'est point, & ne sera peut-être jamais.

III.

Du manteau que portoient alors les Philosophes.

La faveur que les Antonins accordérent aux Sciences, accrut considérablement le nombre des Philosophes. Plusieurs mêmes, amorcés par l'espoir des récompenses, feignirent de le paroître au dehors, quoiqu'au dedans ils ne fussent qu'ambitieux. L'habillement qu'ils portoient alors, par préférence à la robe longue dont se servoient les autres Romains, étoit un manteau, tel que l'avoient porté parmi les anciens Grecs, ceux qui se piquoient de Littérature. Cette espéce d'habillement fut même affecté aux Philosophes, de maniére qu'on les reconnoissoit tous sans peine : & il arriva que d'autres le prirent en quelques occasions d'éclat, pour se mieux distinguer de la foule. Témoin ce qui se passa sous l'Empereur Commode, fils indigne de Marc-Auréle, & qui avoit lâchement abandonné le soin des affaires à Perennis, devenu à force de crimes Préfet du Prétoire. La foiblesse de l'Empereur, ce qui n'est que trop ordinaire, augmenta l'insolence du

Herodian. l. 1. Hist.

Ministre. Tout le monde souffroit de sa tyrannie, & personne n'osoit s'en plaindre. Un jour que Commode assistoit avec tout le peuple aux Jeux Capitolins, un inconnu qui portoit le manteau de Philosophe, s'avança au milieu du théâtre, & lui dit : *Prince mou & efféminé, tandis que vous vous prêtez à ces vains divertissemens, Perennis est tout disposé à vous ravir l'Empire.* Chacun resta dans un profond silence, & admira le sublime courage du Philosophe. Cette action inespérée commença la chute de Perennis, qui fut peu après assassiné, & le fut avec quelque ombre de justice, si cependant il est jamais permis d'assassiner.

Le manteau Grec conserva l'air de distinction jusqu'au milieu du IV. Siécle, que l'Empereur Valens se vit fortuitement attaché au trône. On informa ce Prince qu'il s'étoit tenu une Assemblée secrette, composée de quelques personnes de qualité, & d'un grand nombre de Philosophes tous Payens. Là, sous prétexte d'une curiosité savante, on s'étoit servi de cérémonies magiques, pour savoir la destinée de l'Empereur, & le nom de celui qui devoit remplir sa place. La réponse fut, que l'Empereur périroit bien-tôt d'un horrible genre de mort; que le nom de son

Ammian. Marc. l. 29

V. l'Hist. de Théod. l. 1.

successeur commençoit par ces cinq lettres, THEOD, & qu'enfin tous ceux qui s'étoient trouvés à cette Assemblée, payeroient cette curiosité de la vie. La chose arriva en gros, ainsi qu'elle avoit été prévûë. Mais Valens, qui prit toute cette intrigue pour ce qu'elle étoit en effet, pour un signal, un essai de conjuration, s'attaqua aux Philosophes. La plûpart d'entr'eux périrent, les uns au milieu des plus cruelles tortures, les autres en se procurant une mort volontaire. La vengeance fut encore portée plus loin : car sous le voile spécieux de bruler tous les livres de Magie, qui s'étoient extrêmement multipliés depuis le régne de Julien, on en brûla un grand nombre qui traitoient du Droit & des Belles-Lettres. Depuis cette éxécution, remarque Ammien Marcellin, personne n'osa paroître en manteau dans les grandes villes : tant on craignoit de passer pour Philosophe, & d'être arrêté sous la ressemblance d'un habit devenu si dangereux & si funeste.

Outre le manteau, les Philosophes laissoient croître encore leurs barbes, pour se donner un maintien plus grave & plus imposant. Chacun sait l'histoire de Julien l'Apostat, ou, comme l'apellent quelques Péres de l'Eglise, de Julien l'Athée. Constantius avoit fait raser

ſer ſa barbe : mais lui, piqué de ſe voir enlever un pareil ornement, ſe le rendit auſſi-tôt qu'il fut élevé à l'Empire: La folie de Julien étoit de vouloir en toutes choſes imiter les anciens Grecs : il copioit juſqu'à leurs vices & à leurs diſparates, s'aviliſſant par-là & ne conſervant des prérogatives du trône, que le pouvoir de nuire. Cette affectation ridicule (y en a-t-il qui ne le ſoient point?) lui attira de choquantes railleries de la part des habitans d'Antioche. Mais l'Empereur, d'autant plus irrité qu'il vouloit moins le paroître, ne ſe vengea qu'en Philoſophe : & peut-être trouvoit-il plus de goût, plus de raſinement dans cette eſpece de vengeance. Il compoſa une Satire aſſez ingénieuſe, ſous le titre de *Miſopogon*. Là, en faiſant d'une maniere détournée l'apologie de ſa barbe, il inſulte au peuple d'Antioche, le reprend de ſa molleſſe, de ſon amour pour les plaiſirs, des débauches qui régnoient dans le fauxbourg de Daphné. Aucun Prince depuis Julien n'a châtié ſi ſavamment, &, j'oſe l'aſſurer, ſi utilement.

IV.

De l'Impératric Julie.

L'honneur que Marc-Aurèle avoit fait à la Philoſophie, de l'aſſocier, pour ainsi dire, au trône, fut suivi d'un honneur encore plus grand que lui procura l'Impératrice Julie, en la faisant présider à tous les jeux, à tous les divertissemens de sa Cour : & elle mérita par cette conduite peu ordinaire, d'être surnommée la Philosophe. Les Astres avoient promis l'Empire à Julie : mais, ce qui étoit plus décisif que les Astres, l'amour de Septime Sévére, ou plutôt sa politique, l'y éleva. Ce Prince, quoiqu'il n'eût l'esprit tourné que du côté de la guerre, aimoit cependant les Philosophes : & peut-être que ce fut la guerre elle-même qui les lui fit aimer. Je m'explique. Dans une occasion où l'Armée Romaine que commandoit Sévère, mal vétuë & presque transie de froid, commençoit à se débander, un Philosophe appellé Antiochus, qui par hazard se trouvoit à la suite de cette Armée, se dépouilla tout nud & regardant les soldats découragés, se jetta dans un grand monceau de neige, où il se tint assez longtems. Cette action surprit le Général, & ramena les Troupes ébranlées à leur devoir. Elles ne sentirent plus ce que le froid avoit d'âpre & de rigoureux.

Dio in Sev. A l'égard de l'Impératrice, si elle cultiva les Sciences, ce ne fut point pour réparer les défauts d'un visage disgracié: ce fut au contraire pour se procurer de nouveaux agrémens. Car elle savoit combien l'esprit ajoute à la beauté, combien une intelligence fine est un sûr avantage pour plaire, & encore pour plaire long-tems. Julie entretenoit une Cour spirituelle & délicate, une Cour que distinguoient les talens & les connoissances; où, malgré leur air réservé, les Astronomes, les Géométres même étoient reçus. On briguoit son aprobation toûjours judicieuse, & qui répondoit de celle du Public. Il y avoit plus: elle nommoit aux chaires de Philosophie qui venoient à vaquer dans tous les lieux, où le malheur des tems n'avoit point encore anéanti les Ecoles publiques: & c'étoit toûjours quelqu'un de sa Cour, qu'elle choisissoit. Je m'imagine que, quoique son sexe & son rang la dûssent exposer à mille surprises, elle choisissoit bien, & donnoit la préférence, autant qu'il se pouvoit, au mérite.

Spart. in Sev.

V. aut. Libell. de Ther. ad Pisones.

Ce fut sans doute pour flatter son goût & tâcher de lui plaire, que deux Savans recueillirent alors l'histoire des Femmes Philosophes. Cette histoire ne subsiste plus; & c'est une vraie perte pour notre siécle, qui y verroit de grands exemples de vertu, lui, qui ne voit presque que des femmes avides de plaisir, se

V. Jons. l. 3. c. 11. & 12.

passionner par caprice, & aimer par inconstance.

V.

De la ressemblance avec Alexandre le Grand.

Après la mort de Sévère, tant souhaitée de l'odieux Caracalla son fils, le sceptre passa dans des mains si indignes de le porter. C'étoit un monstre de débauche & de cruauté, toûjours prêt à nuire, & dont les bras toûjours ensanglantés cherchoient à abattre les plus illustres têtes. Les crimes vulgaires ne le touchoient pas. Comme on n'est guéres vicieux à un certain point, qu'on ne soit en même tems fou, la dépravation du cœur entrainant celle de l'esprit; Caracalla, au milieu de ses crimes, se figura qu'il ressembloit à Alexandre le Grand, & voulut de surcroît que tous les autres en fussent persuadés. Cent fois le jour, il répétoit le nom du Vainqueur de l'Asie, & il le contrefaisoit d'une maniére basse & puérile, penchant sur-tout sa tête de côté. Cette imagination, qui d'abord ne sembloit qu'un jeu, alla si loin dans la suite, que Caracalla fit défenses à tous ceux qui suivoient la doctrine d'Aristote, de paroître en public, & même de prononcer son nom. » Le Chef du Lycée, disoit,

Spart. in Ant. Ca-

Xiphil ad Diom. l. 77.

» il, a trempé dans la conjuration d'Antipater : il a été un des principaux auteurs de la mort de son Disciple. Ne souffrons point que le nom du meurtrier se conserve parmi les hommes. Et sur cela, l'Empereur faisoit bruler tous les exemplaires qu'il pouvoit rencontrer, des Ouvrages d'Aristote.

Beaucoup d'autres Princes se sont aussi imaginés qu'ils ressembloient à Alexandre le Grand, & un savant Jesuite a pris plaisir à recueillir les noms de ces Princes, & à détailler les folies qu'une prétendue ressemblance leur a fait faire. Mais ce qui paroîtra beaucoup plus ridicule & plus condamnable, c'est ce que reproche Saint Jean Chrysostome aux Chrétiens d'Asie, que par je ne sai quelle tradition ils portoient sur eux des médailles d'Alexandre, comme si elles avoient quelque vertu secrette pour les préserver des périls & des maladies. Quelques-uns même de ces Chrétiens avoient des médailles, où l'on voyoit d'un côté la tête d'Alexandre, & de l'autre le nom de Jesus-Christ entouré d'une couronne de laurier : assemblage qu'on auroit de la peine à concevoir, si l'on ne savoit que la superstition allie tout, le sacré & le profane, le serieux & le puérile.

V. Ant. Schottum Observ. Hum. III.

VI.

Du rétablissement des Repas philosophiques.

J'ai parlé des Repas philosophiques, qu'avoit fondé chaque Secte dans la Grece. Ces repas, véritablement dignes de ce nom, sans excès & d'une joie tranquille, furent long-tems hors d'usage. Mais le fameux Longin se rencontrant à Athênes peu après la mort de l'Empereur Philippe, & charmé de faire revivre les anciennes coutumes de la Grece, rassembla chez lui un grand nombre de gens de Lettres : & là, tous ensemble, dans un festin où regnoient la délicatesse & la propreté, ils célébrerent l'anniversaire de la naissance & de la mort de Platon. En effet, suivant la remarque de Marsile Ficin, ce grand Philosophe mourut à 81 ans, au milieu de ses Disciples chéris, le jour même qu'ils se réjouissoient de sa naissance. Au reste, Longin avoit invité à son repas de Orateurs, des Philosophes & des Géometres : sans doute pour faire honneur aux trois principales Facultés, où avoit réussi Platon.

Flav. Vopisc. in Aurel.

Quelques années après, ce même Longin fut pris dans la ville de Palmyre, qu'assiégeoit Aurélien : & l'Empereur irrité d'une lettre trop libre, dont il le soupçonnoit auteur, le sacrifia à son ressentiment. Pour la malheureuse Zénobie, elle fut réservée aux affronts du Triomphe, moins pour la punir de sa résistance, que par un triste ressouvenir de son mari Odénat.

VII.

Comme la suite du discours m'a fait omettre plusieurs Philosophes, qui demandoient cependant à être aplaudis, je vais rapeller ici leurs noms, & marquer à peu près le tems où ils ont vécu.

Noms des principaux Philosophes qui ont fleuri depuis Marc-Aurèle jusqu'à la fin du III siécle

Sous Hadrien, parurent Héliodore, Epictete & Arrien son Disciple, Agathobule, & Oenomaüs de Gadare qui avoit jetté sur les Prêtres occupés à faire valoir les Oracles, un Livre intitulé : *Les Fourbes découverts*.

Euseb Præp. Evang. l. 5.

Sous Antonin, fleurirent Calvisius Taurus de Béryte, Apollone de Chalcis en Syrie, & Claude Maxime de Tyr.

Sous Marc-Aurèle & Commode son fils, Crescent & Celse, deux des plus grands ennemis du Christianisme; Démonax, Sextus de Chéronée, Sextus l'Empirique, & Numénius d'Apamée, qui, quoique Païen, avoit nommé Platon un nouveau Moïse, un Moïse parlant Grec.

Luc. in Dem. elegio.

Sous Sévére, parurent Galien si illustre entre les Médecins, & qui avoit été très considéré à la Cour de Marc-Aurele; Diogène de Laërce, petite ville ou Château dans la Cilicie; & Philostrate, un des ornemens du Cabinet de l'Impératrice Julie, & dont nous avons plusieurs Traités curieux, outre la Vie d'Apollone de Thyanes.

Sous Gallien & sa femme Salonine, vécurent Ammonius Saccas & Plotin, dont les Ecrits, au jugement des plus habiles connoisseurs, étoient les seuls qui méritassent d'être lus, par préférence aux Ecrits des autres Philosophes qui vivoient en même tems.

Sous Aurélien, se distingua Longin, plus apliqué cependant aux Belles-Lettres qu'aux Sciences exactes; & peu après, se distinguérent Porphyre & Amélius Gentilianus, tous deux Disciples & admirateurs zêlés de Plotin.

Mais de cette foule de Philosophes, dont je n'ai encore cité que les principaux, aucun n'a donné de nouveau systême, aucun n'a mérité le titre d'Inventeur. Tous leurs efforts se bornoient à éclaircir & à expliquer ce que les Grecs avoient dit. Les uns se tournerent vers une Philosophie superstitieuse, & Magique: ils établirent je ne sai quel raport entre Dieu & les hommes, par le moyen des Démons & des Génies qu'ils regardoient comme des substances intermédiaires : ils eurent recours aux expressions sublimes de Pythagore & de Platon, ne parlant que de Dieu, du Monde intelligible, & proposant diverses manieres de purifier l'ame & de la rendre propre au commerce des Génies. Les autres se contentoient de lire servilement les Philosophes Grecs, & se félicitoient de les pouvoir concilier ensemble. C'étoit-là une suite, un accroissement de la méthode des Eclectiques. Il paroît qu'on s'y attacha principalement dans le troisiéme siécle. Porphyre avoit composé un long Ouvrage, pour montrer que Platon & Aristote convenoient ensemble dans les points essentiels; qu'ils étoient de même avis. Enfin les derniers n'étoient guéres Philosophes que par une conduite serrée & circonspecte. Comme ils ne vouloient blesser personne, ni s'attirer des querelles, ils se tenoient à un petit nombre de dogmes spécieux & vraisemblables, que chaque parti admettoit sans dispute. Tout le reste, ils le traitoient d'opinions vaines & problématiques, qu'on pouvoit soutenir & rejetter tour à tour. Qu'il me soit permis d'apliquer ici la maxime si connuë des Italiens, qu'un fameux Ministre, le Cardinal Mazarin, aporta en France : *Intus ut libet, extra ut moris est.*

Tout cela posé, je vais faire quelques réflexions sur ceux des Philosophes que j'ai ci-dessus nommés, dont les Ouvrages se sont conservés jusqu'à nos jours.

Arrien de Nicomédie étale dans ses Dissertations morales toute la sévérité, toute la rigueur, &, pour ainsi dire, la véritable ame d'Epictete, dont il avoit été le Disciple favori. Son Ouvrage même est intitulé, *Des Entretiens d'Epictete*, & il assure qu'il ne l'a composé que des choses qu'il a oüi dire à son Maître, & presque dans les mêmes termes dont son Maître les a dites. Cet air de reconnoissance frape & plaît sur toutes choses ; & l'on peut avancer qu'Arrien ne persuade pas moins par l'estime sincére que s'attire sa vertu, que par le degré de force qu'il donne à ses raisonnemens. On aime à suivre un guide, qui lui-même suit toujours les grandes régles qu'il propose. Au reste, les dignitez éminentes où le mérite d'Arrien le fit monter, ne changerent point ses mœurs, ni son caractére. Il fut toûjours vrai, toujours juste : il ne s'attribua jamais par vanité, ce que les autres lui avoient communiqué sans défiance : il avouoit, ce qui est si rare dans les personnes en place, & qu'il pouvoit se tromper, & qu'effectivement il s'étoit trompé en plusieurs occasions. Par-là même il reparoit noblement ses fautes, si cependant des fautes avoués méritent encore ce nom.

Maxime de Tyr, sur-tout de l'édition & avec les notes de Daniel Heinsius, peut utilement servir à l'intelligence de Platon. C'est le plus net, & le moins frivole de tous ses Commentateurs. Il n'a point le défaut si marqué des jeunes Platoniciens, qui est d'écrire d'une maniére séche & ennuyeuse, de rebuter par des métaphores & des allégories continuelles. L'éloquence de Maxime de Tyr est douce, coulante, agréable. On croit qu'il composa la plus grande partie de ses discours à Rome, où il avoit été apellé avec les plus beaux esprits de son tems, pour concourir à l'excellente éducation qu'on y donnoit à Marc-Auréle-Antonin.

Vog. de Phil. sect. c. 16.

Diogéne de Laërce, ou, comme il est plus ordinairement apellé, Diogéne Laërce, a servi avantageusement la postérité. Quoiqu'il soit un guide infidéle & assez sujet à s'égarer, on le respecte encore, parce qu'il est presque le seul guide que nous ayons pour l'histoire des anciens Philosophes. Son Ouvrage a survécu à une infinité d'autres, & par-là même il nous est d'un plus grand prix. Souvent on est fâché de lui voir si peu d'exactitude & de discernement :

V. Casaub in Diog. l. prim.

mais on seroit encore plus fâché qu'il se fût tout à fait abstenu d'écrire. Combien de choses nous a-t'il conservées, que sans lui nous n'aurions jamais sûës? Au reste, l'Ouvrage de Diogéne Laërce est adressé à une femme, qui faisoit beaucoup de cas de la doctrine de Platon; & l'on juge que c'est la fameuse Arrie qui vivoit à la Cour de Sévére, & à qui cet Empereur envoya de la Thériaque pour quelque incommodités dont elle se plaignoit.

Sextus l'Empirique met dans un beau jour la doctrine des Pyrrhoniens; & même lorsqu'elle paroît outrée, qu'elle choque les notions communes, on a beaucoup de peine à n'être point de son avis. Il rassemble, il échaffaude avec art tout ce qui peut favoriser sa cause: il s'en saisit heureusement, quelque détourné, quelque caché qu'il puisse être. J'observerai ici, que tous les Médecins Empiriques embrassoient volontiers la Secte de Pyrrhon. Comme ils se défioient des raisonnemens ausquels on donne le pli, la tournure qu'on veut, & que l'expérience seule étoit leur conseillere dans le traitement des maladies, ils s'accommodoient volontiers d'une doctrine qui ne se soumet point aux decisions d'autrui, & qui ose, par une généreuse liberté, révoquer toutes choses en doute, ou du moins les déplier afin de les mieux connoître.

Claude Gallien de Pérgame acquit de grandes connoissances dans la Médecine, & il se servit de ces connoissances, non pour son intérêt, mais pour en acquérir encore de plus grandes dans la Théologie Naturelle. La foiblesse de sa complexion le porta à un genre de vie sobre, & non moins exemt d'ambition & d'avarice, que de chagrin & d'inquiétude : & le double avantage qu'il en tira, fut 1º. de parvenir à une extrême vieillesse, sans infirmitez, sans affoiblissement d'esprit : 2º. de se tenir uni & lié à la vertu, en retranchant tout ce qui peut allumer les passions. La hardiesse des Empiriques, quoique souvent heureuse, avoit choqué Gallien. Il lui préféra une conduite plus timide, mais égale & uniforme : il aima mieux que le succès dépendît des principes d'une méthode générale, que de ses réflexions sur les cas particuliers. Quoi qu'il en soit cependant & des Empiriques & des Méthodiques, aucun ne guérit que par le même hazard, aucun ne conserve ni ne prolonge la vie sujette à certains maux, & bornée à un certain terme. Telle étoit aussi la pensée de Gallien. Car se trouvant à Rome dans un tems de peste, où son secours devenoit si nécessaire, il s'enfuit avec précipitation & ne voulut nullement se fier à la bonté de ses remedes : tant il craignoit dans la pratique toujours dangereuse, ce qu'il avoit aprouvé dans la spéculation, qui impose si facilement. A l'égard de ses sentimens particuliers, il les rapelloit à ce principe : Qu'on ne doit jamais sacrifier ses lumieres propres à celles d'autrui, ni croire avec une lâche déférence qu'on n'a point goûté, ni compris après un mur examen.

CHAPITRE XXXVI.

I. *Origine de la Philosophie Théurgique.* II. *Combien le Christianisme accrut cette Philosophie.* III. *Que tous les jeunes Platoniciens ont été accusez de Magie.* IV. *D'Apollone de Tyanes.* V. *D'Apulée de Madaure.* VI. *De Plotin.* VII. *De Porphyre.* VIII. *De Jamblique.* IX. *Des Disciples de Jamblique.*

I.

Origine de la Philosophie Théurgique.

PEndant que le Christianisme se répandoit d'une maniere si merveilleuse, & qu'il triomphoit des difficultez renaissantes à chaque instant, il s'éleva une nouvelle Philosophie qui dans la ſuite, & par la protection des Empereurs, & par les artifices de quelques Savans, devint l'affaire la plus ſérieuſe de la Religion Payenne. Tout ceci mérite d'être expliqué plus au long.

Les Romains pour ſe conſerver dans une paix profonde & victorieuſe des intérêts particuliers, avoient proſcrit toute ſorte de ſuperſtitions & de Divinitez étrangeres. Ils regardoient les ouvrages où l'art & l'induſtrie avoient quelque part, comme indignes de faire honneur à la Religion, comme étant infiniment au-deſſous de ceux de la Nature. Ils défendoient même de conſulter les Oracles, ſur-tout ceux qui avoient une réputation équivoque, & qu'on pouvoit corrompre à prix d'argent. Car pour ce qui regarde les Livres de la Sibylle, qu'on gardoit avec tant de myſtére au fond du Capitole, c'étoit un artifice politique, une fraude ſecrettement tiſſue, afin d'impoſer au peuple dans les occaſions preſſantes, d'encourager les Armées. Qu'y a-t'il de plus propre, que les ſentimens de crainte ou de confiance, que fait naître la Religion? *Tertull. in Apolog.*

Mais enfin Rome tomba dans les mêmes excès, dont elle s'étoit ſi long-tems défendue, & elle y tomba avec tant de goût & tant d'ardeur, que Tite-Live avouoit qu'il n'y avoit plus aucun lieu *Decad. 1. l. 5.*

dans cette grande ville qui ne fût consacré à quelque Divinité, ni aucun jour qui ne fût relevé par quelque sacrifice. Les superstitions Egyptiennes s'y répandirent sur-tout. Isis, Osiris, Harpocrate, Serapis, & ce vain simulacre qui a une tête de chien, eurent des autels & des Prêtres. D'abord, tout cela se fit avec quelque sorte de ménagement, avec quelque décence. Avant que de commencer les cérémonies Egyptiennes, un Prêtre en demandoit la permission aux anciens Dieux de la République, aux protecteurs secrets de la ville. Mais cet usage, qui n'étoit au fond que de parade, s'abolit lui-même, & tout fût inondé du culte étranger; mais du culte le plus indécent que l'homme abandonné à sa propre foiblesse ait pu établir.

Il est vrai qu'on s'efforça en quelques occasions de le réprimer. Agrippa, gendre d'Auguste & Gouverneur de Rome, ne permit la pratique de ces cérémonies qu'à 500 pas hors des murs de la ville. Tibere alla plus loin, & il exila de l'Italie tous ceux qui ne vouloient pas y renoncer. Mais, soit qu'il changeât d'avis dans la suite, soit que son ordonnance fût mal executée, toutes ces cérémonies se renouvellerent sous les regnes suivans. Il y eut même des

Tacit. Annal l. 5. Suet. in Tib.

Empereurs qui ſe mêlérent parmi les Prêtres d'Iſis, & qui eurent part aux fêtes inſenſées & libertines qu'on célé-broit à l'honneur de cette Déeſſe. Une des principales conditions pour y aſſiſ-ter, étoit de ſe raſer la tête & de porter un long habit de lin. Et ce ne fut qu'à l'abri d'une telle parure que Domitien échapa aux ſoldats de Vitellius, qui ve-noient pour l'aſſaſſiner.

Hadrien, dont la curioſité étoit inſa-tiable, s'adonna pendant le ſéjour qu'il fit en Egypte, à toute ſorte de Divina-tions, & à la Magie la plus outrée. On croit même qu'il y immola ſon cher Antinoüs, parce qu'il avoit beſoin dans ſes odieux & ridicules ſacrifices, d'une victimes humaine, & qu'Antinoüs s'of-froit volontairement à la mort. Au re-tour de ſon voyage d'Egypte, Hadrien raporta ce goût de Magie à Rome, qui s'y accrut bien-tôt, & par l'iniquité des tems, & par la dépravation des mœurs. A meſure que les grands ſen-timens s'éteignent dans une nation, elle ſe porte à tout ce qu'il y de ſciences vaines & frivoles : elle ne fait plus que s'égarer, & s'égare ſans retour.

Marc-Auréle, quoique d'ailleurs ſi ennemi de la ſuperſtition, avoit toûjours à ſa ſuite un Philoſophe Egyptien nom-mé Arnuphis : & ce fut lui, dit-on, qui sauva l'Armée Romaine engagée témerairement dans des gorges de montagnes, & presque mourante de soif & de lassitude, en faisant pleuvoir sur elle avec profusion. Mais ce fait avancé par les Païens ne mérite pas plus de créance que le fait substitué par les Chrétiens; que c'est à la douziéme Légion, pour cela même nommée la Fulminante, que le prodige est dû. Il y avoit long-tems que cette Légion étoit ainsi nommée, & la pluïe qui tomba avec abondance, fut plus utile que miraculeuse. Qu'avoit en effet de surprenant un pareil météore, sinon de venir à propos?

Dans la suite, Marc-Aurèle se servit d'enchantemens & d'une consecration particuliere, pour assujettir à jamais les Marcomans au peuple Romain : ce qui n'eut d'autre succès, que d'être souvent imité. Car la Magie, avec ses prestiges & ses artifices, s'est toujours attiré un nombre infini de sectateurs, sur-tout parmi les Princes. Mais il faut avouer,
L. 30. dit Pline, qu'elle n'est soutenuë d'aucun témoignage, même aparent; que tout ce qu'elle presente est rempli de mensonges & d'adresses trompeuses; qu'enfin, ceux qui y ont recours, n'y cherchent que des facilités pour nuire aux autres. Témoin l'Empereur Caracalla, dont tout le commerce avec les plus

célebres Magiciens de son tems, ainsi qu'on le dévoila après sa mort, consistoit principalement à faire amas de diverses sortes de poisons, dont il se servoit pour faire mourir plus ou moins vîte ceux qui avoient le malheur de lui déplaire.

II.

Combien le Christianisme accrut cette Philosophie.

Il est certain que toutes ces superstitions se seroient anéanties d'elles-mêmes, sans la jalousie que le Christianisme inspira aux Païens. Ils firent les derniers efforts, pour s'oposer à une Réligion qui brilloit égallement par la sainteté de sa morale, & part une infinité de prodiges inexplicables à la raison humaine. Ils voulurent diminuer le merveilleux qui se trouvoit dans la vie de Jesus-Christ, & dans les succès rapides de ses Apôtres, en suposant un pareil merveilleux dans le Paganisme. Ce fut pour cela que tant d'Auteurs écrivirent la vie d'Apollone de Thyanes, & ensuite celle de Pythagore ; & qu'ils copiérent une partie des actions de Jesus-Christ, pour les leur attribuer. Mais en voyant un si indigne parallele, s'écrie Saint Augustin, peut-on retenir son courroux ? Quelle extravagance, de mettre en regard avec Jesus-Christ de simples Phi-

Lact. l. 5.

Epist. 5.

losophes ! Est-il possible de leur trouver aucun trait de ressemblance ?

Je soupçonne encore qu'on ne composa la Vie de Plotin, de Porphyre, de Proclus de Lycie & de quelques autres Sophistes, que pour avoir lieu de ternir le glorieux ministere de l'Apostolat. En effet, je ne remarque point que les plus grands ennemis du Christianisme naissant, un Celse, un Porphyre, un Jamblique, un Julien l'Apostat, les Juifs enfin dont la haine étoit encore plus envenimée que celles des Païens, aient jamais contesté les miracles de Jesus-Christ. Ils le traitoient lui-même d'homme pieux, savant & digne de l'immortalité : ils assuroient que son corps a cedé aux tourmens, mais que son ame pure & brillante est dans le Ciel avec les ames bienheureuses. Mais au même tems ils disoient à leurs adversaires : Ne vous prévalez point de l'aveu que nous vous faisons. Tous les miracles que vous vantez, sont réels & effectifs. Nous reconnoissons avec ingénuité que Jesus-Chr. a guéri les boiteux, les aveugles & ceux qu'agitoit un Esprit malfaisant. Mais nous nions que ce soient-là des preuves suffisantes de la divinité de votre Religion. N'avons-nous point des miracles semblables parmi nous, & peut-être des miracles plus surpre-

V. Orig. contra Cels. l. 3.

nans ? Par-là même notre condition est égale : nos preuves se fortifient mutuellement : nul de nous ne peut s'attribuer l'avantage. Voilà les propres paroles de Lactance. *Cum facta Jesu-Christi mirabilia destrueret, nec tamen negaret, voluit ostendere Apollonium vel paria vel etiam majora fecisse.* L. 5.

Les Juifs mêmes, du moins les plus sensés & ceux qui rendoient justice à la vérité, convenoient des miracles de Jésus-Christ. *Mais il ne les fait*, disoient les uns, *que par les enchantemens qu'il a apris en Egypte ; ou*, comme l'avouoient les autres, *que par le nom de Dieu, ce nom ineffable & tout-puissant, inconnu au peuple, & qu'il a découvert par surprise dans le Sanctuaire.* Voilà la mission de Jesus-Christ reconnuë, & en quelque maniere justifiée par ses plus grands adversaires. Il a fait des miracles. Leur mémoire d'ailleurs étoit si récente, qu'on ne pouvoit les révoquer en doute. Ceux de ses Apôtres se trouvoient dans le même cas. Le Talmud en a lui-même rapporté quelques-uns, qui devoient être bien répandus alors.

De pareils aveux soulageoient bien les prémiers Péres de l'Eglise. Ils n'avoient plus qu'à combattre, qu'à ruïner les différens prodiges qu'on leur opposoit ; & ils le firent de deux maniéres : 1°. en montrant que ces prodiges étoient mêlés de choses si basses, si puériles, quelles décréditoient l'idée que chacun apporte en naissant de l'Etre souverainement parfait, de celui qui peut tout, mais qui ne fait rien qu'avec une sagesse infinie : 3°. en insinuant que les expressions sublimes dont on envelopoit ces mêmes prodiges, étoient tirées des Auteurs sacrés & imitoient parfaitement leur langage. Témoin tout ce que Porphyre, Jamblique & Proclus disent de la fuite indispensable des objets extérieurs, du besoin continuel d'occuper l'esprit, de la mortification des sens pour vaincre les sens mêmes, de la purification de l'ame & de son union avec Dieu, &c. Qu'y a-t-il de plus magnifique que ces paroles, & de plus conforme au style de l'Ecriture ?

D'ailleurs, le dogme de la Métempsycose avoit engagé beaucoup de Païens à faire un crime de manger de la viande, & même des légumes. Ils regardoient comme une impiété de verser le sang des animaux ; & ils défendoient surtout de se nourrir de leur chair. Or cette défense n'avoit jamais eu lieu à Rome. Tant qu'elle se gouverna par ses propres loix, sans aucun mélange de culte étranger, il fut permis aux Romains de se servir indistinctement de toute sorte de mets : on n'en condamnoit aucun par principe de Religion. Et c'est une remarque importante que fait un Auteur Latin, en parlant de Didius Julianus. *Tout le monde s'étonnoit*, dit-il, *qu'un si grand Capitaine ne mangeât que des légumes. Car qu'elle raison pouvoit le contraindre à cette abstinence?* Mais lorsque l'Italie commença à être inondée par les superstitions Égiptiennes, on commença en divers lieux à se priver de la chair des animaux. Une pareille sobrieté attiroit l'estime & la considération du peuple, qui admire d'ordinaire tout ce qu'il ne pratique point. C'est l'aveu sincére que fait Sénéque. » Je fus trompé, dit-il, par » quelques Philosophes, qui me conseillerent de ne point manger de viande » ni de quelques autres ragoûts alors » en usage. Je continuai ce régime de » vivre pendant une année entiére; & » j'avoue que je ne m'en trouvai point » incommodé. Mais enfin je jugeai plus » à propos de m'en défaire, & ce fut » par la raison suivante. J'étois fort » jeune, lorsque Tibere monta sur le » trône; & alors on ne voyoit à Rome » que des Religions étrangeres. Une » de leurs principales pratiques étoit » l'abstinence de certains animaux, &c. Comme Tibère suspendit pour un tems

Spart. in Did. Jul.

Proph. de Abstin. l. 1. & 2.

Epist. 108.

toutes ces Religions folles, il y a aparence que Sénèque & plusieurs autres s'en dégoûtérent. On quitte volontiers par raison, un joug qu'on ne s'est imposé que par vanité. Il est vrai que la derniere année de sa vie, Sénèque se restreignit à ne vivre que de pain & d'eau, qu'il entremêloit de quelques fruits : mais ce n'étoit point par austérité de conduite qu'il agissoit ainsi, c'étoit par la crainte continuelle que Néron ne cherchât à l'empoisonner. Quelle foiblesse !

Lorsque la Syrie, la Palestine & l'Egypte se peuplerent de Solitaires & de Cénobites, & que pour mener une vie plus mortifiée, ils se réduisirent à ne manger que des légumes & quelques autres mets sauvages, on les accusa de conserver au fond du cœur un reste de Paganisme. En effet, leur disoit-on, il est utile de retrancher les viandes trop nourrissantes, celles qui échauffent & qui se digérent mal-aisement : c'est un principe où la Religion s'accorde avec le soin de sa santé. Mais pourquoi se faire une régle inviolable de ne prendre que d'une sorte de nourriture, & de se persuader encore que c'est un crime d'en prendre d'autre ? Saint Jean Climaque raporte cette objection, comme ayant été faite aux Moines qui l'avoient

voient précédé. Saint Paulin de Nole, qui vivoit dans le quatrieme siécle, eut des contradicteurs qui lui reprochérent qu'il regardoit la viande comme impure, & mauvaise par elle-même. Il se défendit de ce reproche, & fit voir qu'il s'en privoit par esprit de penitence, & non par aucune superstition. On peut apliquer la même chose à Saint Benoît, & à tout son Ordre Monastique. Il semble pourtant que cet homme celebre n'interdit que la chair des animaux à quatre pieds, & qu'il permit de manger de toute sorte de volailles: cela fondé sur une ancienne erreur de Physique dont on trouve des traces dans Saint Basile, dans Saint Ambroise & dans Saint Augustin, qui croyoient fermement que les oiseaux ayant été créés le cinquiéme jour ainsi que les poissons, ils devoient tous être de même genre.

Sallust de Diis & Mundo. Apul. de Deo Socr. Jambl. de Myst. Plot. passim.

Mais ce qui parut accréditer davantage le Paganisme, ce fut le systême des Démons & des Génies, que les Philosophes empruntérent de Platon, & qu'ils répandirent ensuite avec de nouveaux embellissemens. Ce systême consistoit à avouer trois choses: 1°. qu'il y a un Etre intelligent & souverain, auteur de tout ce qui brille & se montre à nos yeux, source unique de la lumiere: 2°. que les hommes sont dans un éloignement infini de ce prémier Etre, ne pouvant ni l'apercevoir ni s'en aprocher : 3°. que le vuide immense qui se trouve entre Dieu & les hommes, est remplacé par une multitude de substances intermédiaires, de Démons & de Génies, qui participent plus ou moins, & de la lumiere dont Dieu est le principe, & des ténèbres dont les hommes ne peuvent se dégager. Ces Démons, ces Génies, sont de deux sortes. Les supérieurs ou les plus voisins de l'Etre suprême, n'ont que des inclinations bienfaisantes, se laissent gagner par l'encens & les sacrifices, portent à Dieu les priéres des hommes, & raportent aux hommes les bienfaits, & les graces que Dieu leur accorde. Les inférieurs ou ceux qui tiennent à la terre, jaloux de ce commerce, s'y oposent vivement & n'ont pour but que de nuire. Or la Théurgie enseignoit à se lier d'une étroite amitié avec les Génies supérieurs, & à se rendre plus propices, plus favorables les inférieurs, à les engager de ne point troubler cette amitié. Et il faloit pour cela un long détail de cérémonies superstitieuses, des jeûnes & des expiations sans nombre, des sacrifices d'une certaine trempe : à moins qu'on n'eût trouvé par hazard quelques fragmens de la pierre cité dans les Oracles Chaldaïques, & qui sert comme de signal aux substances intelligentes, pour les faire descendre sur la Terre.

Il est aisé de voir que la plus grande difficulté de la Théurgie consistoit à gagner les Génies inférieurs, ou malfaisans, & à leur demander un passage libre. Tout le monde n'étoit pas assez favorisé pour l'obtenir. Ce bonheur n'apartenoit qu'aux seuls initiés, qui l'aiant aussi obtenu, pouvoient invoquer familiérement les Génies & traiter avec eux comme de plain-pied. Ils pouvoient encore en apeller un du caractére qu'ils vouloient, & l'attacher ou à un temple, ou à une statue, ou à une fontaine. C'étoit-là le dernier effort de la Théurgie.

Stanl. de Phil. Chald. S. 2.

Apul. de De. Socrati.

Pendant qu'elle faisoit le plus de bruit, Porphyre qu'on nommoit par distinction le Philosophe, écrivit une longue lettre à Anébon, Prêtre Egyptien. Cette lettre étoit fort savante, à la maniére de ce tems-là. Porphyre y fait plusieurs questions sur la nature de Dieu, qu'il apelle le Roi du monde; sur la différence des Anges & des Démons, & les rangs établis entre ces mêmes Démons; sur la Providence & le Destin; sur la Magie pratique; sur les Oracles & sur les Sacrifices.

Jamblique, autre Platonicien, mais

idolâtre par goût & superstitieux par systême, répondit à Porphyre sous le nom d'Abamon. Il intitula sa réponse, *Des Misteres.* Ce Livre, dont quelques Auteurs parlent avec admiration, n'est qu'un recueil informe d'idées Platoniciennes & de prestiges Magiques; dangéreux néanmoins, & tout propre à imposer aux esprits foibles & craintifs. Jamblique n'y parle que de la purification intérieure de l'ame, de sa parfaite délivrance, de je ne sai quelle transformation qui l'unit à toutes les Puissances célestes : il y dévelope la maniére d'attirer les Génies, & de les faire servir aux besoins des hommes : enfin, pour soutenir sa réputation, Jamblique tâche de donner un air de raison & de piété à l'idolatrie la plus vile & à la superstition la plus insensée. Il reconnoit sans cesse que les hommes ne sont heureux, qu'autant qu'ils entretiennent un commerce intime avec les Génies, & par leur moyen, avec Dieu même : ce qu'il apelloit en style Platonicien, se servir des nombres pour arriver à l'unité.

Voss. de Sectis Phil. c. 2. Th. Gale in L. de Myst.

Les Peres de l'Eglise, qui virent ce systême des Démons & des Génies autorisé parmi les Paiens, en tirerent de nouvelles preuves pour les combattre. » Suposons, leur disoient-ils, que le » merveilleux dont vous vous parez,

» soit véritable : à qui l'attribuerons-» nous, aux bons ou aux mauvais Gé-» nies, aux superieurs ou aux inférieurs ? » S'il étoit l'ouvrage des premiers, que » vous regardez comme inspirez de Dieu, » tout y porteroit à l'exacte vertu, à » la probité, à l'accomplissement des » principaux devoirs de l'homme. Mais » c'est le contraire. On ne voit dans » toute votre Religion, dans vos ora-» cles, dans vos fêtes, dans vos sacri-» fices, qu'un égarement prodigieux de » l'esprit, & qu'une corruption déplo-» rable du cœur. On ne peut donc » imputer cette Religion qu'aux mau-» vais Génies, dont tout l'emploi est » de faire illusion à l'homme, de le » porter au mal. *Dii gentium Dæmonia* » *sunt.* En parlant ainsi, les Peres de l'Eglise accabloient non-seulement les Payens, mais ils découvroient encore la partie la plus sublime de leur Théologie. Elle consistoit à assurer deux choses : 1°. que depuis le commencement du monde jusqu'à la naissance de Jesus-Christ, l'empire de Dieu avoit été borné au seul peuple Juif, & & celui du Démon avoit embrassé tout le reste de la terre : 2°. que depuis cette naissance, les Chrétiens étoient entrez par une faveur insigne dans le même empire de Dieu, & que les Idolâtres demeuroient perſévéramment ſous celui du Démon.

III.

Ainſi, tous les myſtéres Théurgiques furent ou rejettés, ou mis ſur le compte de la Magie. *Je ne vous demande point*, diſoit Arnobe aux Payens, *ſi vous avez des Génies qui vous inſpirent ; mais ſeulement ſi ces Génies ſont dignes de l'eſtime que vous en faites, & du culte que vous leur rendez.* De-là vinrent tant d'odieux ſoupçons, qui tomboient ſur les Platoniciens des quatre premiers ſiécles. Ces ſoupçons étoient nourris, & par la conduite artificieuſe qu'ils tenoient & par la réputation des Philoſophes adroits & ſubtils d'Enchanteurs, qu'ils tâchoient de ſe procurer. Mais le vrai de l'affaire étoit que pour décrier les miracles réels & effectifs de la Religion Chrétienne, ils en ſupoſoient de faux ; mais ajuſtés avec tant d'art, que le peuple qui ne s'arrête qu'à l'écorce, s'y laiſſoit aiſément ſurprendre. C'eſt-là tout ce que demandoient ces Philoſophes.

Que tous les jeunes Platoniciens ont été accuſés de Magie. *Lib. 7.*

Le régne de Julien l'Apoſtat fut plus expoſé que tout autre, au ſoupçon de Magie. Il répétoit ſouvent ce qui eſt preſcrit dans les Oracles Chaldaïques,

Theod. Hiſt. Eccl. l. 3.

Ne changez point le langage ancien, quoiqu'il soit barbare, & que vous ne l'entendiez plus. Sur cela, il se livroit à toutes les superstitions dont pouvoient s'aviser les hommes corrompus, qui l'environnoient sans cesse : & pourvu qu'on le flattât que ces superstitions étoient anciennes, il n'en demandoit pas davantage. Cela rendit long-tems toutes les Sciences odieuses, & on les accusa de conduire secrettement à la Magie. Le célébre Boëce s'en plaint amerement, lui qui survécut à l'Empire Romain, & que Théodoric sacrifia à d'injustes soupçons. *J'ai passé pour Magicien*, dit-il, *parce que je m'étois nourri de tes préceptes, ô divine Philosophie, & que je suivois tes loix.*

IV.

Comme les Païens essayoient de mettre Apollone de Thyanes à côté de Jesus-Christ, on juge bien que les éloges ne lui ont point manqué. » Dès » l'âge de sept ans, raporte Philostra- » te, il se donna pour un rigide ob- » servateur de la Philosophie Pythago- » ricienne. Il renonça dans sa jeunes- » se au vin, aux femmes, aux conversa- » tions inutiles, à toute sorte de vian- » des ; il ne porta point de souliers :

D'Apollone de Thyanes.

In vita Ap. Thyan.

» il laissa dans la suite croître ses cheveux & sa barbe ; il ne s'habilla que de toile, & même encore d'une maniere bizarre, & qui le faisoit montrer au doigt. Peu après, il s'érigea en réformateur du siecle, affectant de contredire tout le monde & de blâmer la danse, la musique & les autres divertissemens qu'on accorde à l'oisiveté publique. Avant que d'entreprendre ses longs voyages, Apollone passa cinq ans entiers sans parler ; & malgré un silence si rigoureux, il appaisa plusieurs séditions dans l'Asie mineure : sa seule présence suffisoit pour calmer les esprits. Il se vantoit encore de savoir toutes les langues, sans les avoir jamais étudiées ; de connoître les pensées les plus intimes & les résolutions les plus cachées des hommes ; enfin de saisir avec netteté les divers oracles, que rendent par leurs chants certains oiseaux privilegiez. Il avoit apris des secrets utiles de Medecine, pendant le séjour qu'il avoit fait dans le Temple d'Esculape à Egès, ville de Cilicie ; & il répandit ensuite ces secrets avec bonté & gratuitement. Les malades, les infirmes venoient en foule lui demander la santé.

V. Hieron. ep. 103.

Une Armée ennemie paroissant vouloir fondre sur la petite ville de Thyanes ; non-ſeulement Apollone raſſûra ſes compatriotes intimidés, mais encore il les préſerva comme par miracle, d'un péril ſi éminent. Dans ſa vieilleſſe, il ne reſſentit aucune des incommoditez que l'âge entraine après lui : il fut également ſain & de corps & d'eſprit. A l'égard de ſa mort, on n'a jamais ſû ni comment, ni dans quel lieu il avoit ceſſé de vivre : ſans doute que ſon ame nettoyée de toutes ſes taches s'envola tout-à-coup dans le ſéjour des Bienheureux. *Ce qu'il y a de certain*, ajoute Philoſtrate, *c'eſt que j'ai parcouru beaucoup de pays, en demandant où étoit ſon tombeau, ſans en avoir pu rien découvrir.*

Les premiers Chrétiens ne ſe méprirent point au faux merveilleux dont la vie d'Apollone ſe trouvoit revêtuë. Ils reconnurent ſans peine le deſſein inſenſé qu'on avoit eu de comparer Jeſus-Chriſt avec un Impoſteur, & même de donner à ce dernier une odieuſe préférence : *ce qui méritoit*, dit Euſèbe, *toute l'indignation des hommes attentifs, & qui ont encore quelque reſte de pudeur.* D'ailleurs, la vie d'Apollone eſt viſiblement copiée d'après celle de Jeſus-Chriſt. Ce ſont les mêmes traits & les mêmes deſtinées, c'eſt la même ſuite d'actions miraculeuſes ; autant cependant que la

V. Lact. l. 5.

In Hierocl. cap. ...

fraude & l'imposture peuvent contrefaire la vérité. Vers le commencement du V. siécle, le Philosophe Eunapius parloit d'Apollon comme d'un Génie, qui s'étoit masqué d'un corps visible & matériel ; & il assûroit que Philostrate auroit dû intituler son Histoire : *La descente d'un Dieu sur la Terre.*

Quelques Auteurs ont pris de-là occasion de révoquer en doute s'il y a eu dans le prémier siécle de l'Eglise un Apollone né à Thyanes. La chose, ce me semble, est décidée par une multitude de témoignages constans. Apollone fut un Philosophe Pythagoricien, distingué par la droiture & l'innocence de ses mœurs ; toujours accompagné d'une foule de disciples qui l'admiroient sincérement, célébre encore long-tems après sa mort. Mais celui qu'a dépeint Philostrate, est un personnage chimérique & indigne d'être compté au nombre des Philosophes. Toute sa vie n'est qu'un tissu de prodiges & de miracles puériles, où même les convenances de l'Histoire & de la Géographie ne sont point gardées. Philostrate ignore absolument l'art de louer. Il donne à son Héros un caractére foible, irrégulier, inquiet, téméraire, infiniment présomptueux : il le décrédite lui-même, & par toutes les fables qu'il en raporte, & par les voya-

Euseb. ubi supra.

Voss. de Hist. Græc l. 2.

Casaub. in Sgqt.

ges qu'il lui fait entreprendre sans aucune nécessité. *Plus je considere l'Apollone de Philostrate*, dit Eusèbe, *& plus je le dédaigne, plus je lui trouve un air de bassesse & de fausseté.* Qui osera apeller d'un jugement si respectable, & adopté par tous les Savans qui sont venus depuis.

Præp. Evang. l. 4.

V.

Les Païens, au raport de Saint Augustin, vantoient encore Apulée de Madaure, Colonie Romaine dans l'Afrique, & lui attribuoient une infinité de miracles. Cet Apulée eut dés sa jeunesse tout ce qui sert à donner une prémiere vogue ; & sa réputation se répandit en peu de tems, sans même qu'on le soupçonnât d'y avoir travaillé. Il voulut connoître toutes les dévotions, qui avoient cours dans un certain Paganisme rafiné : il se mêla parmi les Prêtres d'Isis, d'Osiris, de Cérés, & d'Esculape Son principal but étoit d'aprofondir tous leurs secrets, & de se distinguer des autres hommes par des connoissances mystérieuses & extraordinaires. Apulée y réüssit, peut-être même au-delà de ses vœux. Car on l'accusa hautement de Magie, on lui intenta un procès très-sérieux devant Claudius Maximus, Pro-

D'Apulée de Madaure.

Aug. ep. 5. Id. l. 8. de Civit. Dei.

Apul ipse de se Mat l. 1.

consul d'Afrique : & ce furent les enfans d'une riche veuve qu'il avoit épousée, qui en firent tous les fraix, & qui lui reprocherent d'avoir employé des sortileges & des philtres magiques pour gagner les bonnes graces de cette femme. Je n'entrerai point dans le détail de ce procès, où l'on juge bien que la vérité avoit moins de part qu'un desir aveugle & interressé de nuire.

V. Apul. Apologiam. La seule chose dont je m'étonne, c'est que pendant tout le cours de sa vie, Apulée se soit défendu d'être Magicien, disant qu'il l'étoit comme Circé, que les Poëtes avoient nommée la fille de la Persuasion ; & qu'on lui ait fait l'honneur de le croire tel après sa mort. Les prodiges mêmes (tant le penchant à la crédulité est exagératif) ne lui ont point été refusés. Voilà quels hommes le Paganisme jaloux de ses fausses merveilles osoit mettre en parallele avec Jesus-Christ : parallele odieux, & démenti par les faits mêmes dont on cherchoit à l'étayer ! Je rougis seulement de m'y être arrêté.

Au reste, les Ouvrages d'Apulée ne peuvent gueres servir pour entendre le fond de la doctrine de Platon, quoique ces Ouvrages aient leurs agrémens, & qu'ils affectionnent le lecteur par la beauté du style, & par un grand nombre de descriptions attachantes & fleuries. Apulée avoit encore l'esprit tourné du côté de la galanterie, & il convient lui-même que, quand il vouloit plaire, il plaisoit assez ordinairement. Les cœurs se laissoient gagner à son esprit, à sa bonne mine, à ses discours insinuans, à l'attention qu'il avoit de se mettre toujours d'une maniére décente. Et c'est en cela, disoit-il, que consiste toute ma Magie; crime équivoque, ou plutôt le crime de ceux qui n'en ont point.

V.I. *Des Platoniciens qui ont fleuri à Alexandrie depuis la naissance de Jesus-Christ.*

Ce fut dans cette grande ville, & sous les yeux d'Ammonius Saccas, que Plotin se livra sans partage aux recherches de la plus sublime Philosophie. Il y employa onze ans de suite, ne se permettant aucun plaisir, ni aucune distraction qui pût l'interrompre dans le cours de ses études. C'étoit-là son unique passion. Il dédaignoit même tout ce qui a raport aux besoins pressans du corps, il rougissoit quelque fois d'y être assujetti, & de ne pouvoir posséder son ame toute entiere. On avoit beau l'interroger sur son âge, ou lui demander des particularités de sa famille: il faisoit voir par un

De Plotin.

noble silence que tout cela l'interressoit fort peu. Après s'être ainsi caché jusqu'à l'âge de 40 ans, Plotin se rendit à Rome, & y établit une Ecole de Philosophie. Son habileté généralement reconnue, une présence d'esprit admirable, des mœurs simples & que la Nature avoit elle-même perfectionnées, lui attirérent bientôt un grand nombre de disciples. On parle sur-tout de Porphyre & d'Amélius Gentilianus.

La Philosophie, qui ne cherche d'ordinaire que le silence & l'obscurité, eut cependant le bonheur d'introduire Plotin à la Cour. Il y parut avec dignité, c'est-à-dire, sans faste & sans orgueil. Il obtint même de l'Empereur Gallien la permission de rebâtir une petite ville de la Campanie, que le tems avoit ruïnée. Son dessein étoit d'y mener une Colonie de Philosophes, & d'y établir une République sur le plan de celle que Platon a imaginée. Mais ce projet n'eut point d'exécution : peut-être même devoit-on se moquer de celui qui le proposoit. Où trouver assez d'hommes raisonnables, pour en former une Colonie ? Et quand même on y pourroit réussir, comment préserver cette colonie des surprises & des violences réitérées des autres peuples : Une République toute composée de Philosophes seroit anéantie en peu de tems, à moins qu'on ne lui donnât aussi des Philosophes pour voisins & pour alliés, sans aucun mélange.

Nous avons encore, & ce n'est pas un médiocre avantage pour la Philosophie Platonicienne, un morceau considérable de la main de Plotin: Mais il faut bien des veilles, une lecture opiniâtre & souvent répetée, pour le comprendre : encore ne peut-on point s'en flatter. C'est l'aveu fidéle que fait Marsile Ficin, celui de tous les Modernes qui a le plus étudié Plotin, & qui se l'est en quelque maniére approprié. Le Philosophe Grec a l'esprit profond, & de la trempe qui convient à la Métaphysique. Mais ses idées ne sont point nettes ni précises : & , ce qui en est la suite ordinaire, son discours se ressent de l'obscurité de ces idées. Il déclara en mourant, quel étoit l'article fondamental de sa Religion. *Je fais un dernier effort*, dit-il, *pour ramener ce qu'il y a en moi de divin, à ce qu'il y a de divin dans tout l'Univers.* On ne pouvoit mieux reconnoître que l'Ame du monde est quelque chose d'effectif, & qu'elle prend son origine dans la nature de Jupiter, qui, selon l'expression Platonicienne, est le Roi de toutes choses & le plus ancien des Dieux. *Cette ame*, ajoutoit Plotin, *nourrit & vivifie toute la*

Porph. in vita Plot.

Ennead. 2. l. 2. & 3.

Nature. Sans elle, il n'y auroit ni ordre, ni beauté, ni ſymmétrie dans l'Univers: le Ciel & la Terre, le feu même tout actif qu'il paroit à nos yeux, reſſembleroient à des corps privés de mouvement & plus mépriſables que le fumier: tout en un mot ſeroit abſorbé dans l'oubli, & dans la mort. L'Ame univerſelle étant ſi excellente, combien l'Intelligence doit-elle l'être davantage? Là, réſident tous les Etres: là, tout eſt Etre & Science: là, rien ne paſſe, rien ne change, rien ne ſe dément. Mais cette Intelligence a beſoin d'un principe fixe & immédiat, auquel elle ſe raporte & qui la reſſerre dans de juſtes bornes. Ce principe eſt le très-Parfait, la très-ſimple Unité: il eſt au-delà de l'être & dans une inaction générale: il ne voit rien, où ſes traits ne ſoient imprimés: il peut dire, Je ſuis une même choſe, & j'en ſuis plus d'une; je ſuis moi, & cependant je ſuis pluſieurs, &c.

V. Plat. epiſt. 2. ad Dion.

Porph. apud Cyr. contra Jul. l. 2.

Ces diſtinctions énigmatiques marquent ſeulement que le Dieu ſupréme eſt le Prémier, ou le prémier Etre, & que tout doit ſe rapeller à lui; que le Second, ou le ſecond Etre eſt l'Intelligence, qui renferme le plan, le modèle & toute l'œconomie du Monde viſible; enfin, que le Troiſiéme, ou le troiſiéme Etre eſt l'Ame du monde, qui s'aſſociant à l'Intelligence, gouverne heureuſement toute la Nature. *On voit par-là*, continue Plotin, *que la Divinité n'est pas restreinte au Dieu supréme : elle se communique dans la proportion marquée, & à l'Intelligence, & à l'Ame du monde.* Aussi Numénius appelloit-il le Prémier le Pere, le Second l'Ouvrier, & le Troisiéme l'Ouvrage. Il désignoit par-là ce que les Peres de l'Eglise nomment avec emphase, τὰ τρία τοῦ Πλάτωνος. *Ennead. 5. l. 1.*

En effet, Dieu est un, simple, indivisible, l'Etre par excellence. Tous les Platoniciens le reconnoissoient sous cette auguste idée. Mais ils avouoient en même tems, que l'Ame du monde découle de son essence, & que cette essence renferme éminemment les modèles de tous les Etres, modèles éternels & distingués de lui-même. N'étoit-ce point là avouer que Dieu est composé ; puisque son entendement renferme une infinité d'Etres ou de Dieux intellectuels, & qu'il est actuellement divisé en plusieurs parcelles, puisque chaque parcelle ne peut revenir au Tout qu'après la dissolution des corps? Cela bien entendu devoit jetter une grande obscurité sur la Théologie des Platoniciens ; & je m'étonne que les Péres de l'Eglise l'aient traitée avec tant de ménagemens. Saint Augustin avoit raison de dire, que *les sectateurs* *Tertull. de animâ.* *De Civit. Dei l. 10.*

de Platon parloient comme ils pouvoient ; ou plutôt comme ils vouloient. Aucun Guide infaillible ne leur montroit la véritable route.

VII.

De Porphyre

Luc. Holst. in vitâ Porph.

Suidas in Porph.

Theod. Hist. Ecclés. l. 3. & 7.

Porphyre trouva dans Plotin le Maître qu'il lui falloit ; & le Maître se perfectionna encore avec son Disciple. Ils pensoient beaucoup l'un & l'autre : ils vouloient voir le fond des choses, & se distinguer par des connoissances extraordinaires. Mais Plotin étoit plus lent, plus obscur, plus retiré en lui-même : Porphyre avoit un génie vif & entreprenant, tourné à la satire, amoureux de la nouveauté, qui trouvoit du ridicule dans les choses mêmes les plus sérieuses. Il aimoit à tendre des piéges ; & ensuite, content de son adresse, il insultoit à la crédulité de ceux qu'il avoit trompés, fussent-ils ses meilleurs amis. Quoi de plus malin & de plus injuste que ce caractére ! Soit haine pour le Christianisme, soit plutôt jalousie secrette contre les Chrétiens qui soutenoient le plus sage parti, Porphyre autorisa & de ses discours, & de ses Ouvrages, toute la Magie Platonicienne. » Elle consiste, » remarquoit-il, à procurer aux hom- » mes par le moyen des Génies, tout » ce qui peut leur être utile & favora-

» ble. Heureux l'initié à la Théurgie, » qui a gagné la confiance & l'estime » de ces Dieux intermédiaires ; qui aidé » & secouru de leurs talens, se con- » noit, se respecte, se défie en quelque » façon lui-même ! Il trouve dans leur » commerce tous les agrémens, tous les » avantages, qu'on peut légitimement » se promettre, pendant le cours de » cette vie tulmutueuse & agitée.

Il y a aparence que le Poëme si vanté par les Payens, & que Porphyre avoit intitulé, *Des Nones sacrées*, rouloit sur cette communication de l'ame avec les Génies : communication toute spirituelle, & susceptible des ornemens d'un langage figuré. C'est ainsi que le Poëme célébre parmi les Hebreux, sous l'image allégorique des Nôces de Salomon avec la fille du Roi d'Egypte, offre l'histoire particuliere de l'Alliance que Dieu avoit contractée avec la nation Juive. On voit bien que je parle ici du Cantique des Cantiques ; Ouvrage d'autant plus ingénieux, qu'on y trouve un assortiment rare des sentimens du cœur avec les délicatesses de l'esprit.

VIII.

Sur les pas de Prophyre, & avec plus de réputation encore, marchoit Jambli- De Jamblique.

Le Nain de Tillem. Hist. des Emp. t. 4.

que. Le Paganisme vivement insulté par les Chrétiens, commençoit à déchoir de son tems. Les esprits désabusez s'ouvroient à la lumiére. Jamblique entreprit d'épurer l'ancienne Religion des Empereurs, & même de l'amener à un point, où elle pût être goûtée des Philosophes. Dans cette pensée, il composa une Théologie mystérieuse & toute fondée sur le besoin inévitable, qu'ont les hommes des Génies ou des Dieux intermédiaires : il se fit une Langue à part, & la jugea d'autant plus nécessaire qu'il proposoit beaucoup d'idées nouvelles sur la Théurgie. Mais ces idées, quoique revêtuës de je ne sai quelles apparences de Religion, dégéneroient en un fanatisme outré & ridicule. On en trouve mille preuves qui se font aisément reconnoître, dans tous les Traitez qui nous restent de Jamblique ; dans sa Lettre sur les Mysteres, dans son Histoire de la vie de Pythagore & des principales circonstances de sa Secte, dans son Exhortation à la Philosophie, mais à la Philosophie Pythagoricienne qu'il estimoit uniquement. Tous ces Traitez sont peu lus aujourd'hui, ce que j'aprouve avec juste raison : mais je plains la peine immense que s'est donné Thomas Gale, savant Anglois, de les commenter. Il pouvoit mieux employer ses talens.

Quelques-uns distinguent de Jamblique, Disciple de Porphyre, celui qui fleurit sous Julien, & qui reçut de cet Empereur tant de marques de bienveillance. Selon leur arrangement, le premier mourut sous Constantin, & le second fut obligé de s'empoisonner lui-même sous Valens. D'autres réduisent ces deux Jambliques en un seul, & ils se fondent sur ce qu'on leur attribuë beaucoup d'événemens & de circonstances, qui sont précisément les mêmes. En ce cas-là, il faudroit dire que Jamblique étudia dans sa premiere jeunesse sous Porphyre, & qu'il étoit déja fort vieux quand Julien monta sur le trône. Quoi qu'il en soit : Julien avoit pour lui une si grande considération, qu'il le préféroit à tous les anciens Philosophes & le nommoit presque un Dieu. On peut même être surpris qu'un Empereur écrive à son sujet, d'une maniere si flatteuse & si soumise. Je m'aperçois, dit-il à Jamblique, avec quelle discrétion vous reprenez. Vos Lettres sont assaisonnées de louange & de critique, & par-là même doublement instructives. Soyez sûr que si j'avois manqué en la moindre chose à ce que je vous dois, je tâcherois de me justifier, ou je vous avouërois sans fard que j'ai tort. Car vous excusez facilement vos amis, quand ils ne font que

Jul. epist. 60. V. etiam sequentem.

se méprendre. Souffrez donc que je me hâte d'obtenir de vous une chose qui m'interresse extrêmement : je vous choisis pour mon Juge, & je veux vous prouver à vous-même que ma conduite est hors de tout soupçon de lenteur & de négligence. Il y a trois ans que j'ai quitté la Pannonie ; & vous savez à combien de périls j'ai heureusement échapé. Aiant ensuite passé le détroit de Chalcédoine, & m'aprochant de la ville de Nicomédie, j'eus soin de vous rendre mes premieres actions de graces, comme à mon Dieu Tutélaire. C'est ainsi que je nomme la Lettre de remerciment que je vous envoyai par un des Gardes, qui servent auprès de ma personne, &c.

IX.

Des Disciples de Jamblique.

Jamblique laissa plusieurs Disciples, qui soutinrent hautement sa doctrine. Les principaux furent Sopatre, qui après avoir exercé de grandes charges à la Cour de Constantin, perdit la tête sur un échaffaut ; Eustathe, qui eut pour femme la savante Sosipatra ; Théodore & Euphrase, nés aux environs d'Athénes ; enfin, le fameux Edèse, dont on raporte une infinité de prodiges. Cet Edèse brilla successivement dans plusieurs villes ; à Alexandrie, à Pergame, à

Antioche. Il eut pour disciples Chrysante, Antonin, Dexippe, & le fameux Maxime qui écrivit sur les Catégories d'Aristote. Tous ces Philosophes eurent beaucoup d'accès auprès de Julien l'Apostat ; & comme il avoit étudié sous Edésée, & ensuite sous Maxime, on prit de-là occasion de lui donner aussi Jamblique pour Précepteur. On ne pouvoit davantage flatter sa vanité : & combien de gens s'occupent-ils à flatter celle des Princes, dont ils ont reconnu le foible ! Au reste, Julien avoit pris toute la teinture de l'esprit de Jamblique. Je n'en donnerai d'autre preuve que son discours au Soleil, qu'il nomme le Roi & le Dominateur de toutes choses, qu'il invoque d'un ton si emphatique & si sublime.

Stob. serm. 79.

Eunap. de Sop. 5.

CHAPITRE. XXXVII.

I. *Comment la Philosophie s'introduisit dans le Christianisme.* II. *Des explications allégoriques de l'Ecriture.* III. *Méthode générale qui a été employée contre les Payens.* IV. *Dogme de la préexistence du Verbe.* V. *Diverses erreurs où sont tombez les premiers Peres de l'Eglise.*

I.

Comment la Philosophie s'introduisit dans le Christianisme.

Hegesip. apud Eusib. Hist. Eccles. l. 3.

IL est certain que tant que l'Eglise, pour me servir de l'expression d'un ancien Auteur, demeura vierge ; elle se soutint par elle-même, & n'eut besoin d'aucun secours étranger. Sa simplicité & sa naïveté faisoient ses plus grands ornemens. Comme il n'y avoit guéres dans son sein que des Juifs convertis & qui avoient cru au Messie, elle ne tiroit ses preuves que de son propre fonds, & du consentement mutuel des deux Alliances. Mais l'Eglise s'étant accruë d'une foule innombrable de Payens, les Philosophes mêmes les plus sublimes se faisant gloire d'y entrer, alors il fut nécessaire de donner plus de jour à la Religion, & de la relever par des preuves brillantes, & sur-tout par celles que la Philosophie pouvoit fournir. On tâcha donc de remonter à ses premiers principes. On en tira tous les secours qu'il sembloit permis à la Révélation d'en tirer : mais peut-être cela fut-il poussé trop loin, non-seulement de la part des Hérétiques qui vouloient ruïner le dogme de la foi & substituer à sa place leurs visions chimériques, mais encore de la part des Peres même de l'Eglise, qui pour ne point perdre les connoissances qu'ils

Tertull. de Præscript. c. 7. Idem c. 8 adv. Hermog.

qu'ils avoient acquises, les introduisirent dans le Christianisme, & se glorifiérent de les y introduire avec plus d'éclat souvent que de prudence. A les entendre parler, il paroissoit que la foi n'étoit qu'une explication, ou plutôt qu'un accroissement d'une doctrine plus ancienne, & répanduë même parmi les Payens.

Quoi qu'il en soit : deux Philosophes differens (l'un étoit Aristote & l'autre Platon) venoient s'offrir à nos premiers Auteurs, qui ne balancérent point dans le choix qu'ils avoient à faire. Le premier leur parut trop naturel & trop ouvert dans ses opinions, trop attaché au raisonnement, trop incertain sur les principaux articles de la Philosophie : il nioit que l'ame fût immortelle, que le Monde eût commencé & qu'il dût finir, que les soins attentifs de la Providence s'étendissent aux choses d'ici-bas. Le second au contraire élevoit sa Philosophie au-dessus du sensible, au-dessus de toutes les formes qui naissent & qui meurent, qui n'ont qu'un être de passage : il vouloit qu'elle contemplât l'intelligible, qu'elle remontât à la source immuable des choses & à la beauté qui est toujours semblable à elle-même. D'ailleurs Platon enseignoit une Morale très-pure & très-utile au bon-

Franc Patric. in Arist. exoterico.

V. Laun. de var. Arist. fortuna c. 2.

August. de verâ Relig. c. 3.

heur des hommes : il avoit convaincu ses disciples que, pour atteindre à la vérité, il faloit renoncer aux charmes d'une vie voluptueuse & rejetter toutes les fausses images, que l'ame reçoit par l'entremise des corps. A l'égard d'Aristote, il croyoit que la vertu seule ne pouvoit faire le bonheur de l'homme : il demandoit encore avec cette vertu, toute favorable qu'elle lui paroissoit, & la santé, & les richesses, & les plaisirs. *A qui croit*, dit Lactance, *que l'ame périt avec le corps, ces sortes de biens sont absolument nécessaires.*

Mais ce qui acheva de décréditer Aristote, ce fut sa Dialectique, où se trouvent certainement tous les principes de l'Art de raisonner : principes cependant qui peuvent être détournés à des sens faux, ou captieux. Il paroît même que quelques esprits inquiets & remuans, tels que les disciples de Cerdon & les Marcionites, s'étoient armés des ruses & des finesses de la Logique, pour insulter au Christianisme. Sur cela Tertullien s'écrie, qu'elle n'est propre qu'à nous jetter dans des disputes interminables, & que ses paroles trompeuses obscurcissent à force de détails, ce qui étoit clair & distinct auparavant. *Qu'ont de commun*, ajoute-t'il, *Athénes & Jérusalem, l'Académie & l'Eglise, l'homme*

De Præscript. c. 7.

qui s'égare & celui qui suit la vérité? Notre Philosophie vient de Salomon, qui nous aprend lui-même qu'il faut chercher le Seigneur avec droiture & simplicité. Dites-moi: qu'est-ce-qu'un Christianisme fondé sur la Dialectique? Tout cela fut cause alors que Platon eut la préférence. Son langage avoit quelque chose de plus mystérieux, & par-là même de plus propre à toucher, & à édifier les personnes susceptibles de réflexions. Mais cette Dialectique, si décriée dans les premiers siécles de l'Eglise, lui devint ensuite absolument nécessaire, devint même son principal soutient. Les Scholastiques en firent le meilleur usage, qu'il leur fût possible dans des siécles d'ignorance, & où l'on ne connoissoit pas encore la véritable méthode d'étudier.

Clem. Alex. Strom. l. 5.

II.

Ce goût de Philosophie qui s'insinua dans la Religion, fit croire quelque tems aux Payens qu'elle n'étoit en effet qu'un systême de Philosophie, qui sous des images simples & communes renfermoit les plus grands mystéres, & encore des mistéres qui ne devoient pas être dévoilés au peuple. Mais cette illusion se dissipa bientôt, & le Christianisme rentra dans tous ses droits: je veux dire, qu'on ne

Des explications allégoriques de l'Ecriture.

Tertull. in Apolog.

G 2

balança plus sur son caractere essentiel, qui est la Révélation divine.

Irenæus l. 3

Du Pin, Bibli oth. des Aut. Eccles. t. 1.

Il y a apparence que la méthode d'expliquer allégoriquement l'Ecriture, vient aussi de ce que les Payens à qui elle fut d'abord proposée, n'en concevoient pas une assez haute idée. Cette méthode réüssit particulierement dans les lieux où brilloit la Philosophie, où elle s'étoit accréditée par d'heureux succès. Le goût d'examen & de discussion qu'elle inspire, rendoit & plus difficiles & plus incrédules ceux qui la cultivoient. Il fallut bien s'accommoder à leur goût, & rechercher dans l'Ecriture des sens plus profonds & plus sublimes, que Clément d'Alexandrie nomme la doctrine des parfaits, en supposant que cette doctrine avoit été enseignée de vive voix par les Apôtres, & laissée en dépôt à ceux qui méritoient qu'on la leur confiât. Cependant, rien n'étoit plus vague, ni plus incertain, ni même plus frivole que ces allégories: & M. Huet, dans ses Commentaires sur Origéne, remarque avec raison, que la plûpart des Peres Grecs passant trop rapidement de l'explication de la Lettre au sens spirituel, les Lecteurs non avertis & peu attentifs ont pris de-là toutes leurs allégories pour des assertions dogmatiques. J'en pourrois citer ici une infinité de

Strom. l. 5

V. etiam Basil. lib. de Spiritu sancto c. 27.

Origenian. quæst. 14.

preuves : mais il me ſemble plus à propos de faire une obſervation importante ſur l'Héréſie des Gnoſtiques ou Illuminés. Ils croyoient que les Apôtres avoient uſé de feinte & de diſſimulation, en prêchant l'Evangile, & qu'ils avoient meſuré leur doctrine ſur la capacité & les diſpoſitions de ceux qui les écoutoient. *Pour le miſtére ineffable*, ajoutoient-ils, *ils ne l'ont expliqué qu'à ceux qui connoiſſent le Pere, le Pere qui ne ſe nomme point.* Qu'y a-t'il de plus conforme à la doctrine de Platon ? Il en avoit une ſecrette, qu'il ne révéloit qu'à ſes diſciples choiſis. Je croirois auſſi volontiers qu'on ne fit paſſer les Ebionites ou Nazaréens pour des gens ſimples, & d'une foi apauvrie, peu relevée, que parce qu'ils mépriſoient les richeſſes de l'allégorie, & s'attachoient au ſens littéral de la Bible. On les mettoit par-là en regard avec les Gnoſtiques, eux, qui diſtinguoient la ſcience d'avec la foi, & qui ne cherchoient que des explications myſtiques & des ſens profonds dans l'Ecriture.

Irenæus ubi ſupra.

Je reviens aux Peres de l'Egliſe. Comme ils eurent d'abord de vives diſputes à ſoutenir avec les Payens, ils employérent contre eux de ces argumens qu'on nomme perſonels, & qui perdent toute leur force dès qu'ils ſont déplacés.

En effet, il faloit prouver la hauteur de nos mystéres à des gens qui s'en effrayoient, & qui osoient les traiter de fables. Pour cela, nos premiers Auteurs se servirent d'un raisonnement très-simple & très-facile. » Vous refusez, » disoient-ils, de croire ce qui sort de » nos mains, ce qui porte le sceau du » Christianisme. Ne croyez-vous pas » des choses aussi surprenantes, ou mê- » me qui répugnent davantage à la rai- » son ? Notre Jugement dernier est-il » plus inconcevable, que le Tribunal » que vous avez établi dans les Enfers, » & où président les trois Juges ? Les » menaces que nous faisons d'une peine » durable, d'un feu qui doit brûler à » jamais les hommes pervers, sont-elles » plus difficiles à concevoir que votre » fleuve ardent, que le Puriphlégéton ? » Enfin, les champs Elysées ne vous » préparent-ils point à ajouter foi à ce » que nous raportons du Paradis, de » ce séjour heureux où la vertu seule » doit entrer ? Votre résistance est donc » vaine : vos objections retombent sur » vous-mêmes.

A ce raisonnement, très-vif dans les circonstances où il étoit poussé, un autre venoit se joindre, plus vif encore. » La plus grande partie de ce que nous » vous enseignons, disoient les mêmes

» Auteurs, se trouve dans les Livres de » vos principaux Ecrivains, de vos Poë» tes, de vos Philosophes. Ils ont en» tendu la voix de Dieu : ils ont puisé » dans les riches sources des Prophéties, » que conservent & vantent les Hé» breux. C'est-là que leurs esprits al» térés se sont abreuvés d'une eau sa» lutaire : & c'est-là ce qui fonde, ce » qui assure les traits de notre ressem» blance. Ecoutez donc les témoigna» ges de vos propres Ecrivains : rendez» vous à leur autorité. Platon ne vous » paroît-il pas un Maître solide & in» telligent ? Devez-vous craindre de » suivre les traces d'un guide si éclairé, » si fidéle ? Sur cela, Justin Martyr revendique tous les hommes vertueux, qui ont fleuri dans le Paganisme ; & il ajoûte, que non-seulement ils doivent être regardez comme de vrais Chrétiens, mais encore, qu'ils ont été sauvez par la connoissance effective du Verbe, ou de la Raison divine. Le savant Eusèbe a adopté la même pensée, & il convient avec Justin Martyr, que les Chrétiens n'ont point commencé, ni d'hier, ni d'aujourd'hui. *Il y en a eû*, répétent-ils l'un & l'autre, *il y en a eu dans tous les tems.* Cette pensée donnoit un merveilleux lustre au Christianisme, qui

Tertul. in Apolog.

Apol. 2.

V. Nat. Alex. Dissert. 5. ad Sæc. 1. partem 1.

Hist. Eccles. l. 1.

V. Isaaci Casaub. Exercit. in Baron. c. 1.

devenoit par-là contemporain du Monde même.

III.

Méthode générale qui a été emploiée contre les Payens.

On voit bien que ces deux argumens n'avoient de force, qu'autant qu'ils étoient lancés contre les Payens. Le dernier sur-tout servoit comme de passeport au mystére de la Trinité, en rapellant un certain nombre d'expressions sublimes, trouvées dans Platon. » Quand » je m'arrête, dit Clement Alexandrin, » à la seconde Lettre de ce Philosophe, » tout ce que j'y comprens, c'est qu'el- » le regarde la très-sublime Trinité. Le » Troisiéme est le Saint-Esprit, & le » Second est le Fils par lequel toutes » choses ont été faites sous le bon plai- » sir du Pere. Origene, qui fût disci- » ple de Clement, reproche à Celse de voiler avec soin & de cacher ce que Platon a écrit du Fils de Dieu, dans sa Lettre à Hermias & à Corisque. Ce silence, ajoute-t'il, me paroît affecté : Celse craint sans doute de fortifier notre parti, & de nous donner gain de cause.

Petav. Dogm. Theolog. t. II. in Præfat.

Strom. l. 5.

Je ne rapellerai point ici le jugement que j'ai déja porté de la Trinité Platonicienne : je dirai seulement, que suivant l'Ecriture sainte, il y a eu trois Oeconomies, ou trois différentes maniéres dont la Divinité s'est manifestée. Car celui qui est au-dessus de tout, observe sagement Eusèbe, doit tempérer l'éclat de sa majesté, quand il veut se faire connoitre : des yeux mortels ne pourroient l'apercevoir. *Demonst. Evang. l. 5.*

Dans la prémiere Oeconomie, Dieu agit immédiatement & par lui-même : il commanda, & l'Univeres sortit du cahos. *Les Cieux*, dit le Psalmiste, *ont été affermis par la Parole du Seigneur, & toute leur force vient du souffle de sa bouche.* On peut dire qu'alors Dieu étoit son Verbe à lui-même : c'est-à-dire, qu'il ne se servit d'aucun Ange ni d'aucun Homme, pour créer l'Univers. Il dit, & toutes choses existerent. Ici, la Parole de Dieu ne signifie que sa seule volonté. En effet, pour faire les plus grands ouvrages, il n'a besoin ni d'aucun instrument, ni d'aucune préparation : il lui suffit de le vouloir. Oeconomie d'autorité & de puissance. Dans la seconde, Dieu employa ordinairement le ministére des Anges : & ces Messagers célestes sont expressément nommés sa gloire, sa présence, sa demeure, ses oracles. Quelquefois encore il se fit connoître par des choses sensibles, comme par une nuée, par une lumiére éclatante, par un feu, par une voix, par un son doux & paisible. C'étoient-là des Verbes imparfaits & ébauchés, des figures, &, pour ainsi dire, des esquisses de celui qui devoit être l'Oracle des nations. Oeconomie de crainte & d'espérance. Dans la troisiéme enfin, Dieu s'est découvert à l'homme de la maniére la plus sublime, & il a conduit son ouvrage à la perfection. Tout le mystére a été par ce moyen dévelopé : il n'y reste plus rien d'obscur, ni de douteux. Jesus-Christ est la Parole ou la Promesse de Dieu par excellence, son *Shéchina*, pour me servir d'un terme consacré parmi les Juifs : il est cette semence bénie dont parle les Prophêtes, *cette lumiére qui doit éclairer tout homme venant en ce monde.* Oeconomie d'amour & de tendresse.

Joan. c. 1.

Grot. in notis ad Epist. Pauli ad Coloss.

Jesus-Christ est donc le Verbe, en qui réside perpétuellement & inséparablement toute l'efficace de la Divinité. Ainsi, l'on doit dire que Dieu s'est fait chair, pour vivre & converser parmi nous : il a, par une salutaire condescendance, daigné s'accommoder à notre foible portée. Dieu & l'Homme se sont joints ensemble : Dieu lui-même se trouve en Jesus-Christ, pour se réconcilier le monde. Que dirai-je de plus? L'Etre suprême & ineffable, lui, qui habite une lumiére où nos yeux ne peuvent pénétrer, a pris une image sensible. Cette image est le Verbe; & le Verbe est la vie, la lumiére des hommes. Nous avons été secourus à proportion de nos miseres, & nous serions moins heureux aujourd'hui, si nous avions été moins coupables. Que ce mystere est relevé, & qu'il éxige de reconnoissance !

Si maintenant on examine de quelle maniére en ont parlé nos prémiers Auteurs, on verra qu'ils ont tous attribué à Jesus-Christ ce que les Platoniciens avoient dit du Monde intelligible. Selon Timée de Locres, Dieu voyant une grande quantité de matiére qui se remuoit, & qui prenoit toute sorte de formes & d'arrangemens, résolut de la renfermer dans de certaines bornes, & de lui donner une figure réguliére. Pour cet effet, il consulta sa Raison, & forma le plan, l'idée du Monde intellectuel. Sur ce plan, sur cette idée qui rassembloit toutes les perfections possibles, Dieu arrangea la matiere & ne lui donna d'autres bornes que l'infini. Que de beautés, que de merveilles ne devoit point contenir un pareil ouvrage ! C'est le Fils unique de Dieu, c'est son Fils engendré, c'est l'objet de ses complaisances & l'abregé de ses perfections; c'est la Raison, l'Ame même du Pere. Ainsi

De animâ Mund.

le Monde ne périra jamais : jamais il ne souffrira les derniéres atteintes de la vieillesse ni de la mort. Car il doit son origine à la plus excellente de toutes les causes, à cet Etre infini qui ne se propose point des modéles périssables, mais qui a tiré son Idée de sa propre essence : & cette Idée est si parfaite, qu'elle n'a besoin d'aucun changement ni d'aucune correction. En suivant cette doctrine, Platon appelle le monde l'Image visible du Dieu invisible; celui qui participe à ce qui est mortel & immortel, & qui se trouve par-là d'une nature complette ; celui qui a été créé très-parfait, très-beau, sans bornes ni limitation, le seul & le seul engendré.

In Tim. sub finem.

N'est-ce point dans les mêmes termes, ou du moins dans des termes équivalens, que Saint Justin, que Tatien, que Théophile d'Antioche, que Clément d'Alexandrie, que Tertullien, qu'Origéne, qu'Arnobe, que Lactance ont parlé de Jesus-Christ ? Ils croyoient par-là gagner plus facilement les Platoniciens, & accroitre à leurs yeux la gloire du Messie. Quoiqu'éternel, quoique renfermé de tout tems dans le sein & dans le cœur du Pére, il n'en sortit, il ne parvint à la maturité de l'âge & à son point de dévelopement, que quand il fallut racheter les hommes.

On ne peut que louër un pareil projet : mais il étoit difficile de l'exécuter, sans se servir d'expressions philosophiques, & par-là même peu mesurées. Au fond pourtant, ce que les Platoniciens disoient du second Dieu, surtout quand les pensées sont justifiées par la droiture de l'intention, se pouvoit dire de Jesus-Christ. Effectivement, il a une double existence : la premiere, en Dieu, c'est son Verbe, son Conseil, sa Raison souveraine : & la seconde en lui-même, c'est le premier-né & le chef-d'œuvre de tout ce qui a été produit, la plus ancienne & la plus indispensable de toutes les créatures. La premiere existance est éternelle, & précéde tous les tems : la seconde ne lui a rien ajouté de réel, & ce n'est qu'une émission, un mouvement poussé au dehors. Par un effet si sensible & si digne d'une bonté infinie, Jesus-Christ est venu habiter parmi nous, *& nous avons vu sa gloire, dis-je, comme du Fils unique du Pere.* *Joan. c. 1.*

IV.

Dogme de la préexistance de Verbe.

Je dois remarquer, que c'est dans

Hermas, & peu après dans la seconde Apologie de Saint Justin, que le dogme de la préexistence du Verbe commence à se trouver établi. Avant ces deux Auteurs, on n'en parloit qu'avec simplicité, avec retenuë, & même avec une sorte de crainte. Eusébe en convient dès l'entrée de son Histoire Ecclésiastique; & les plaintes qu'il en fait, sont plus justes encore qu'améres. Il y a apparence que, pour dérober aux Payens la sublimité de nos mystéres, on les avoit quelque tems emprisonnés dans une espéce de secret, & d'obscurité. Les Peres du premier siécle étoient fort réservez à attribuer le nom de Dieu à Jesus-Christ : & la raison, dit le célébre Monsieur de Valois, c'est qu'on appréhendoit de troubler une foi encore tendre & imparfaite, & de faire naître la pensée qu'en appellant Jesus-Christ Dieu, on voulût renouveller le Polythéisme. En effet, les plus cruels ennemis du Christianisme naissant, ses plus forts adversaires, furent les Payens : & on ne pouvoit prendre trop de précautions, pour éviter tout ce qui ressentoit leurs manieres, leur langage. Ainsi, le mystére de la Trinité, par exemple, ne se vit clairement annoncé que lorsqu'on appella dans la Religion la Philosophie Platonicienne. » Le res-

In notis ad Hist. Eccles. Euseb. l.

V. Huet. Origen. l. 2.

» pect qu'on avoit pour cette Philo- » sophie ajoute M. Simon, fut cause » qu'on en emprunta plusieurs expres- » sions qui paroissoient favorables au » dogmes Catholiques : & elles lui ser- » virent d'adoucissement, ou, pour » mieux dire, de passeport ». Quand on traite avec le Public, on doit conformer son langage aux hypothèses reçuës : & ce langage ne paroîtra jamais une chose indifférente pour le succès. Au reste, c'est Théophile Evêque d'Antioche, qui dans ses Livres à Autolycus a le premier employé le nom de Trinité, pour marquer les trois Personnes divines. Son exemple fut généralement suivi.

V. Son Supplém. aux Cérém. des des Juifs.

A l'égard des Anges, qui dans la seconde Oeconomie furent nommez les Verbes de Dieu, λόγοι, sans doute que ce fut à cause de ce nom qu'on les représenta avec des aîles, rien n'étant plus promt ni plus rapide que la parole. De même, les plus anciens Poëtes, comme on le peut voir dans les Allégories sur Homére, donnoient des aîles à Mercure & à Iris, parce qu'ils les regardoient comme les Messagers des Dieux, les Interprétes de leurs volontez : & en ce sens Héraclide, Auteur de ces Allégories, leur prodiguoit les noms d'Anges & de Verbes. Mais il y a ici une obſervation à faire : c'eſt que parmi les Payens, & même dans la ſeconde Oeconomie, ces Verbes, ces Anges n'étoient deſtinez qu'à executer les ordres d'enhaut, qu'à porter les commandemens de l'Etre ſouverain : au-lieu que dans la troiſiéme, Jeſus-Chriſt ou le Verbe par excellence a eu l'emploi le plus diſtingué de tous, celui d'annoncer une doctrine ſainte, & néceſſaire au bonheur du genre-humain.

V.

Diverſes erreurs où ſont tombez les premiers Peres de l'Egliſe.

L'amour de la vérité, qui m'a obligé d'entrer dans les diſcuſſions ſi délicates qu'on vient de lire ; cet amour, dis-je, le plus puiſſant de tous, m'oblige encore de rapeller quelques autres erreurs, où l'on eſt tombé dans les trois premiers ſiécles de l'Egliſe. Telles ſont, l'éternité de la Matiere, ou, comme l'explique Saint Irénée, ſon émanation de la propre ſubſtance de Dieu ; les divers ordres des Anges, & leurs fonctions multipliées à l'infini ; la préexiſtance des ames, & leur infuſion dans les corps, &c. Toutes ces erreurs tirent leur naiſſance de la Philoſophie de Pythagore & de Platon, qui régnoit alors & à laquelle chacun tâchoit de ſe conformer. Car la Philoſophie dominante influë ſur toutes les autres Sciences, & leur communique ſes erreurs. J'en vais donner quelques exemples.

Pluſieurs Peres de l'Egliſe ont cru que les Anges avoient été touchez de la beauté des femmes, & qu'ils les avoient recherchées avec empreſſement. De ces mariages monſtrueux náquirent les Géans Ne voit-on pas que cette opinion vient originairement de Pythagore? Il s'imaginoit que les ames, à qui ſes diſciples donnoient auſſi les noms de Génies & de Démons, étoient nées heureuſes & parfaites. Mais la folle envie qu'elles eurent d'animer des corps, troubla bientôt leur félicité : elles furent renfermées dans ces corps, comme dans des priſons étroites.

Sur le même principe, je remarquerai que l'opinion de la Métempſycoſe conçuë au pied de la lettre, a produit une infinité d'erreurs. N'a-t'on pas dit que l'ame d'Elie avoit paſſé dans le corps de Saint Jean-Baptiſte ; &, ce qui paroîtra plus extraordinaire, que l'ame d'Adam avoit paſſé dans celui de Jeſûs-Chriſt ? Pour autoriſer ce dernier point, on abuſoit de quelques paſſages de l'Ecriture, qui apellent Jeſus-Chriſt le nouvel Adam, & qui établiſſent une ſorte d'analogie entre l'un & l'autre. Cependant la Métempſycoſe enſeignée par Pythagore, ne désigne que les changemens successifs ausquels la matiére est sujette ; & quoique ces changemens soient rapides & infinis, ils laissent toûjours l'Ame du monde dans la même proportion d'activité. J'interpréte ici d'une maniére allégorique le dogme de la Métempsycose : car c'est ainsi que les Pythagoriciens déliés l'interprétoient eux-mêmes. *Souvenez-vous*, dit Cœlius Rhodiginus, *que pour percer dans les secrets de l'ancienne Philosophie, il ne faut rien prendre littéralement, il ne faut rien expliquer à la rigueur.*

Ant. Lect. l. 9.

Parmi les Chaldéens & les Prophêtes d'Egypte, on personifioit toutes les opérations de la Nature. Les Juifs au contraire substituoient des Anges à la place des mêmes opérations : ce qui paroissoit plus noble, & plus conforme à la grandeur de Dieu. Les Chrétiens hériterent en partie d'un systême si commode pour l'explication d'une infinité de phénoménes, ou le physique & le métaphysique se trouvent joints ensemble. Hermas, par exemple, étonné du double penchant que l'homme porte au dedans de lui-même, assûre que c'est l'effet des contradictions où se portent les deux Anges qui veillent à sa conduite. L'Ange bien-faisant le raméne sans cesse à son devoir, & le mal-faisant l'en-

Phil. de Opif. Mundi.

détourne. Quelle disgrace pour la Nature humaine, que ce soit d'ordinaire le dernier qui triomphe ! En général tous les Gnostiques, tous ceux qui vouloient présenter l'Ecriture sous des idées plus nobles & plus ambitieuses, ne parloient que du ministere favorable des Anges. Ils les regardoient comme des secours puissans que Dieu s'étoit donnés, pour diminuer en quelque sorte l'extréme distance qui se trouve entre lui & les hommes : ils employoient ces Anges avec assez d'entente, mais sans être appuyés du témoignage de la Révélation ; ce qui ruïnoit absolument tout leur systéme.

Un autre endroit encore, par lequel je le condamne, c'est qu'il enhardit certains Chefs de Secte à réaliser ce qui ne devoit être pris que dans un sens métaphorique. Telle fut l'erreur de Valentin, qui laissa après lui des disciples encore plus hardis que leur Maître. Il faisoit une généalogie de trente *Eones* ou *Aiones*. *Le prémier & le plus parfait*, disoit-il, *est le* Proon *ou le Préexistant, qui a demeuré long-tems avec* Ennoia, *ou la Pensée dans un profond silence, & sans prononcer aucune parole efficace. Enfin, ils produisirent l'un & l'autre l'*Entendement, *qui fut le Pere de toutes choses, & qui avoit pour femme*

Fleuri, Hist. de l'Eglise l. 2. 3. & 4.

la Vérité. *Car ces Eones*, continuoit Valentin, *sont de différent sexe : il y en a quinze mâles & quinze femelles. Lorsqu'ils sont réunis, ils composent le* Pléroma, *ou le tout-ensemble de la Divinité.* On dispute si Valentin a cru en effet que ces *Eones* étoient autant de Dieux, ou simplement des vertus, des affections divines, les différens degrés par où l'action de Dieu a passé dans les ouvrages admirables de la Création & de la Rédemption. Quoi qu'il en soit : si Valentin a entendu ses *Eones* dans le sens de l'allégorie, il est certain que ses disciples les ont pris pour de véritables personnes existentes hors de Dieu, pour des substances personelles.

On pourroit soupçonner que les Hérétiques des trois prémiers siécles regardoient le Christianisme comme un systéme trop nud, & dégarni d'un certain merveilleux. C'est pourquoi ils eurent recours à une Théologie allégorique : je veux dire, qu'ils supposérent plusieurs choses, comme si réellement elles appartenoient à la Divinité. Les principaux articles qui causoient leur inquiétude, c'étoient la naissance de Jesus-Christ, & l'opprobre de sa mort. Des faits si publics ne pouvoient se cacher. Que faire donc ? On distingua le Christ du fils de Marie, le Christ supérieur de l'inférieur. Le prémier avoit suspendu son efficace, pendant que le second souffroit avec une constance plus qu'humaine, & qu'il expiroit sur la croix. Aussi l'homme, pour prix & récompense de son sang, fut-il absorbé & pour ainsi dire, anéanti, afin que le Christ ressuscitât plus glorieusement. Par-là on croyoit annoblir des mysteres, que Saint Paul assure lui-même devoir passer pour folie dans l'opinion des Paiens. D'autres Hérétiques soutinrent que Jesus-Christ n'étoit pas venu dans une chair véritable, mais avec un corps phantastique & aërien, tel qu'il en avoit pris dans les apparitions du Vieux Testament. Selon cette doctrine, il n'y a rien de positif ni de sérieux dans la naissance du Messie, dans sa mort, dans sa résurrection. Tous ces événemens doivent être interprétés en un style d'allégorie, & ne sont que des illusions, utiles cependant pour le salut des hommes. Quel renversement de l'Ecriture! Combien de fois Saint Jean a-t'il protesté qu'il n'annonce que le Verbe de vie, que celui qu'il a vu, oüi & touché? Il me semble que toutes ces erreurs reviennent à la proposition suivante : Que le Messie est le secours de Dieu se manifestant aux hommes dans l'ouvrage de la Rédemption, mais que ce secours ne s'est

V. Petav. de Trin. l. 1. Bullus in Judic. Eccles.

manifesté qu'en faisant illusion à nos yeux, quoique nous en ayons tiré tous les avantages possibles.

V. etiam. Christ. Sandium in Nucl. Hist. Ecclesiast. l. 1.

Sans vouloir affoiblir ni décréditer l'empire de la Tradition, je dirai encore, que nos prémiers Auteurs ont erré sur ce qui regarde la Matiére & son essence. Origéne croyoit que Dieu l'avoit créée de toute éternité, & qu'avant la naissance du Monde que nous habitons, il y en avoit eu plusieurs autres, & qu'il y en auroit pareillement après sa dissolution, Dieu ne pouvant cesser d'agir & d'agir d'une maniére digne de lui. Quelques autres ont cru de même que la Matiére est éternelle, ou du moins ils se sont là-dessus expliqués très-obscurément, & selon le langage de la Philosophie dominante. Ce langage est très-suspect, & nous conduit à penser que la création n'est qu'un nouvel arrangement, une meilleure disposition. Il suit de cette doctrine, par l'enchainement des preuves qui se tirent les unes des autres, qu'il n'y a qu'une seule substance dans l'Univers, & que cette substance est la Matiére. Tout en est formé, tout en dépend, tout y participe. Plaignons ceux des Peres de l'Eglise qui ont pensé que l'ame est matérielle : ils ne lui ôtoient point pour cela l'immortalité. Quelques-uns cependant, comme Saint Justin, Saint Irénée & surtout Arnobe, avouoient que cette immortalité est une pure faveur de Dieu, & ils ajoutoient qu'au bout d'un certain nombre de siécles, les ames des méchans & des impies seront anéanties. » Dieu, disoient-ils, qui de sa nature » est porté à la clémence & à la miséricorde, se lassera de les punir & re» tirera son bienfait.

Comme l'ancienne Philosophie confondoit la spiritualité & la matérialité, ne mettant entre elles d'autres différence que celle qu'on met d'ordinaire entre les modifications d'une même substance; croyant de plus que ce qui est matériel peut devenir insensiblement spirituel, & le devient en effet; les Péres de l'Eglise se liérent à ce systême : car il est indispensable d'en avoir un, quand on écrit pour le public. De-là viennent toutes leurs fausses expressions sur la nature & les propriétés de l'ame. J'avouerai ici que ces expressions révoltent quelquefois, & qu'on en est blessé, sur-tout en ce siécle, qui demande des idées plus précises & un langage plus exact. Il paroît même qu'entre nos prémiers Auteurs, les plus distingués ont soutenu que les ames s'éteignent avec les corps, mais qu'au Jugement dernier elles prendroient une nouvelle vie &

recevroient pour toûjours l'arrêt de leur destinée. Je pourrois former une chaine des Ecrivains Ecclésiastiques, qui ont pensé que l'ame n'est point dégagée de la matiére, & qu'elle a une étenduë formelle. Tertullien est celui qui s'en explique le plus ouvertement. Nul détour, nulle ambiguité dans ses paroles. Il décide que l'ame est matérielle, aiant les mêmes dimensions & la même forme que le corps; qu'elle participe à ses accroissemens & à ses pertes, à l'état de santé & de maladie où il se trouve; enfin, qu'elle est produite par les ames du pere & de la mere, dont elle porte les differens traits, les différentes images.

Heureusement que la Raison, & quelques étincelles de bonne Philosophie, nous ont mis à peu près en état de distinguer la substance étenduë de la substance pensante. Mais qu'est-ce au fond que ces deux substances? Comment viennent-elles se joindre l'une à l'autre? Et toutes leurs propriétés se réduisent-elles au petit nombre de celles que nous connoissons? C'est ce qu'il est impossible de décider; & d'autant plus impossible, que nous ignorons absolument en quoi consiste l'essence de la Matiére, & ce que les corps sont en eux-mêmes. Les Modernes, il est vrai, ont

ont fait sur cela quelques pas de plus que les Anciens : mais qu'il leur en reste encore à faire !

CHAPITRE XXXVIII.

I. *De Constantin le Grand.* II. *De Constance.* III. *De Julien l'Apostat.* IV. *Sentimens & discours du Philosophe Thémiste.* V. *Remarque de Saint Grégoire de Nazianze.* VI. *Commencemens de la décadence de l'Empire d'Occident.* VII. *De la mort de Symmaque & de Boëce ordonnée par Théodoric.*

I.

APrès plusieurs révolutions, après de longues & sanglantes guerres, où périrent tous ceux qui vouloient s'élever au trône, l'Empire Romain se trouva réuni sous les ordres de Constantin, qui n'eut plus ni collégues ni compétiteurs. Ce Prince ambitieux, mais qui savoit couvrir son ambition de nobles prétextes, rendit le calme & le repos à l'Univers : & lui seul, dit Lactance, étoit capable d'un si grand ouvrage. La défaite du Tyran Maxence qu'il chassa

De Constantin le Grand. *Lact. de Mort. Persecut.*

Ibid. c. 18. & 19. *V. Pan.* 8. *incer*

vet. Panegyr. de Rome, fut moins sa victoire que celle du Christianisme. A cette époque tout prit une nouvelle face, & l'étendart du salut fut élevé aux yeux des nations, surprises d'une merveille si inopinée. L'Empereur lui-même s'humilia : il sentit qu'il n'étoit grand, qu'à proportion de l'apui qu'il prêtoit à la Religion. Jours favorables, vous aviez été clairement annoncés par les Prophêtes ! On ne craignit plus de s'avouer de l'opinion dominante. C'étoit la foi de l'Empereur, celle de la Cour ; & par une utile émulation, tous les autres s'y conformoient. Que les peuples sont heureux ; les peuples, dis-je, qui se voyent condamnés à une perpétuelle ignorance : qu'ils sont heureux de trouver dans leurs Maîtres, & des Guides éclairés, & des Instituteurs qui ne se laissent point séduire ! En effet, tous les desordres d'un Etat viennent du Chef : & qu'il est beau, quand, selon l'expression de l'Ecriture, les Rois deviennent les soutiens du peuple & les Reines ses nourrices : quand tous ensemble ils adorent Sion en baissant le visage contre terre !

Euseb. in vitâ Const. l. 1. & 4.

Zozim. Hist. l. 2. Au milieu de ses victoires, & lorsque tout retentissoit du bruit de son nom, Constantin transféra le Siége de l'Empire à Bysance : & pour surcroit de faveur, il lui donna son nom; il l'apella encore la Ville maîtresse, la nouvelle Rome. Mais que cette distinction *Justin. Novell. 131.* fut préjudiciable & funeste à l'ancienne! C'est aussi de ce moment que je compte sa décadence: 1°. parce que tous les *Sozom. Hist. Eccles. l. 2.* grands Officiers de l'Empire, les Ministres, les Généraux d'Armée furent obligés de s'aller établir à Constantinople où étoit la Cour: 2°. parce que le Commerce, & l'Industrie qui en est la mere, & pour ainsi dire, la nourrice, attirérent un nombre prodigieux de famille en Orient: 3°. parce que ceux qui restérent en Italie avec quelque autorité, ne parurent avides que de pillages, de butin, & commettoient impunément toute sorte d'excès.

Il y eut plus. Après le partage que fit Théodose entre ses deux enfans, trop foibles l'un & l'autre pour bien remplir sa place, les Empereurs qui régnérent en Occident, (je ne sai par quelle bassesse, & quel défaut de conduite) tinrent leur Cour à Ravenne, ou à Pavie, ou à Milan, quelquefois dans des villes moins considérables. Rarement séjournoient-ils à Rome, crainte de ne pouvoir atteindre à la hauteur des prémiers Césars. Tout cela contribua, plus encore que je ne puis l'exprimer, à enorgueillir Constantinople. A peine ſon Patriarche voulut-il céder le pas à celui de Rome, quoique ce dernier fût en poſſeſſion de la premiére Dignité Ecléſiaſtique. Sur quoi, pluſieurs Auteurs Grecs mirent en divers tems la main à la plume, pour ſoutenir une propoſition aſſez délicate, du moins qui ſembleroit telle aujourd'hui : c'eſt que plus les choſes ſont anciennes, moins on les doit eſtimer, moins on les doit ſuivre.

Panegyr. 5. & 7. Conſtantin avoit non-ſeulement favoriſé les Sciences pendant tout le cours de ſa vie ; mais lui-même encore, malgré les diſtractions continuelles du trône, il s'étoit rendu aſſez ſavant. Il liſoit beaucoup, il écrivoit la plûpart de ſes Lettres, il compoſoit avec ſoin les Diſcours qu'il devoit prononcer en public. Un jour qu'il avoit promis d'aſſiſter à une harangue de parade, ſes Courtiſans voulurent l'en détourner, & lui propoſérent à la place une partie de plaiſir qui étoit plus de leur goût. » Vos » ſollicitations, vos priéres ſont inutiles, reprit judicieuſement Conſtantin: » rien » n'excite davantage les hommes ver- » tueux & éclairés à bien faire, que » quand ils ſavent que l'Empereur en- » tendra ou lira leurs Ouvrages. *Euſeb. ubi ſupra l. 4.*

II.

Constance ne fut point l'héritier des généreux sentimens de son pere. » Loin » de cela, remarque Ammien Marcel- » lin, il avoit peu de génie, peu de » goût, & il se défioit de tous ceux » qui montroient quelque talent ex- » traordinaire, & qui surpassoient les » autres dans sa Cour. Mais ce qui caractérisa particulierement son regne, ce fut la part qu'il osa prendre hardiment aux affaires de l'Eglise. Ignorant quelles étoient sur cela les bornes de son pouvoir, il la voulut soumettre à la bizarrerie de ses jugemens : il chassa de leurs Siéges les plus grands Evêques : il assembla Synodes sur Synodes ; de sorte qu'un Paien dit plaisamment, qu'il avoit ruïné les voitures publiques, à force de faire voyager les Chefs de l'Eglise : il souscrivit aux differentes Formules qu'on lui presenta, quoique la foi y fût toûjours déguisée par d'indignes artifices, & presque anéantie dans ses fondemens. Si la Religion avoit pu périr, (je l'avouë hautement, & c'est notre consolation) sans doute qu'elle auroit péri au milieu des troubles & des violences, où se porta l'Arianisme. Tout l'Univers se sentit engagé dans l'erreur,

De Constance.

L. 21.

Amm. Marcell. ibidem.

Hieronym. in Dial. adv. Lucifer.

avant même que d'en avoir reconnu les dangéreuses conséquences. C'en étoit fait, le parti Orthodoxe succomboit, sans un petit nombre d'Evêques qui prirent sa défense. Il semble que dans toutes les affaires épineuses & difficiles, la victoire ne puisse pas être le merite de plusieurs. L'Eglise sans contredit en rougiroit, elle, qui n'a aucun besoin des appuis humains.

III.

De Julien l'Apostat.

A Constance succéda Julien l'Apostat, dont j'ai parlé. Ce fut le plus dangéreux ennemi du Christianisme : non, qu'il l'attaquât à force ouverte ; il savoit trop que les Chrétiens couroient au martyre, comme les abeilles à une ruche remplie de miel : mais parce que sa haine industrieuse, & fertile en nouveaux tourmens, renvioit encore sur la mort. Quelquefois elle est un moindre mal que l'exil, ou la perte injurieuse des dignités qu'on remplit. Julien avoit reçu de la Nature la force & la vivacité de l'esprit ; & il y ajouta toutes les connoissances, que peut fournir un long travail. Mais son goût le portoit à étudier les Sciences magiques, l'Astrologie, l'Art de deviner. Il s'étoit fait un systéme monstrueux, une Philosophie abo-

Socrat. l. 3. Sozom. l. 5.

minable, qui ne traitoit que d'enchantemens, de sortiléges, d'horoscopes, d'évocations de Démons. Sous lui triompha l'impiété Paienne : & la superstition, déja si répanduë, si honteuse par ses vains excès, s'accrut encore. L'Empereur s'y livroit sans aucun ménagement. On le voyoit les mains teintes de sang, & suivi d'hommes pervers & de femmes curieuses, chercher l'avenir dans les entrailles des animaux. Toutes les espéces de Divination, même les plus absurdes & les plus choquantes, furent en crédit. Rien n'échapoit à la folle avidité de Julien. Au reste, sa vie étoit celle d'un rigide sectateur de Pythagore. Sobre dans ses repas, sans goût pour les divertissemens & les plaisirs, il fuyoit ce que l'amour offre de plus délicieux : il s'habilloit grossiérement : il n'avoit pour lit qu'un tapis & une peau de tigre : il ne mangeoit même que des fruits & des légumes. L'ame n'avoit nul prétexte de se plaindre du corps.

V. Julian. Misop. ad Antioch.

Pendant que Julien séjourna à Paris, il pensa presque être étouffé dans sa chambre, où l'on avoit porté des charbons allumés. C'étoit au fort de l'Hiver, & la Seine charrioit des montagnes de glace confusément entassées les unes sur les autres. L'Empereur raconte ce fait avec le dernier étonnement, & il remarque que d'ordinaire, le froid n'étoit point si rigoureux à Paris. On y cueilloit des figues mûres au milieu de l'Hiver.

IV.

Sentimens & discours du Philosophe Thémiste.

Cette Philosophie superstitieuse, que Julien avoit en partie puisé dans les Ouvrages de Pythagore & de Platon, causa des desordres extrêmes parmi les Paiens. Elle favorisoit trop les écarts, où se livre un esprit follement avide de nouveautés. On a vu quels châtimens imposa Valens à ceux qui, sous prétexte d'une consultation philosophique, s'assembloient pour découvrir le genre de sa mort, le nom & l'âge de son successeur. Jaloux du pouvoir souverain, l'Empereur devint terrible dans sa vengeance. Mais pendant qu'il punissoit ainsi des hommes masqués d'une fausse Philosophie, il lui arriva une chose qui fit beaucoup d'honneur à la véritable. En voici le détail.

Des Evêques Ariens s'étoient emparés de sa confiance, & le portoient à renouveller contre les Orthodoxes tout ce qui s'étoit fait dans les jours les plus sanguinaires du Paganisme. On ne voioit que meurtres & qu'exils, qu'affronts faits aux Ecclésiastiques & aux Solitaires, sans qu'aucune forme de jugement les précédât. Alors Thémiste, Philosophe Payen & élevé à la dignité de Sénateur de Constantinople, s'offrit aux yeux de Valens, & lui représenta qu'il poursuivoit à tort, qu'il maltraitoit sans sujet des innocens. *Est-ce un crime*, disoit encore Thémiste dans l'Ecrit qu'il dédia à l'Empereur, *est-ce un crime de penser autrement que vous ? Si les Chrétiens sont divisés entre eux, les Gentils & sur-tout les Philosophes de la Gréce l'ont été encore davantage. La vérité a plusieurs faces, suivant lesquelles on peut utilement l'envisager. Tel est l'ordre que Dieu a établi de tout tems, pour conserver la paix & l'égalité parmi les hommes : il a gravé dans tous les cœurs un profond respect pour ses attributs infinis ; mais chacun est le maître de témoigner ce respect, de la maniere qu'il croit agréer le plus à la Divinité. Personne n'a droit de le gêner là-dessus*, &c. Qu'on est consolé de voir un Philosophe seulement instruit par la voix de la Nature, exhorter ainsi les Chrétiens à la modération & à une tolérance réciproque !

V. ejus Orat. Consul. V. etiam Orat. 12.

Cette tolérance cependant, quelque nécessaire qu'elle pût être, Thémiste ne vouloit point qu'on la portât au-de-là de certaines bornes. Il condamnoit toutes les superstitions qui peuvent troubler le bon ordre & le repos des Societez. En louant par exemple, les Empereurs Chrétiens qui avoient fait ouvrir quelques temples du Paganisme, il les louoit en même tems d'avoir fait boucher ces caves souterraines où triomphoient les prestiges & les incantations magiques : en demandant le rétablissement des sacrifices légitimes, il demandoit en même tems qu'on défendît ceux où entroient des meurtres & des poisons. Au reste, disoit-il, si tous les hommes suivoient la droite raison, il n'y auroit entre eux aucune différence de sentimens, parce qu'au fond ils ne desireroient tout qu'une seule chose, qui est de vivre dans ce monde-ci avec sagesse, avec ménagement, pour se rendre heureux dans l'autre : mais comme on peut se persuader qu'on arrivera au même bonheur par différens chemins, & qu'en effet on se le persuade, je ne voudrois point pour cette différence blâmer les hommes, encore moins les punir.

V.

Remarque de S. Grégoire de Nazianze.

Avec de pareils sentimens, il n'est point extraordinaire que Thémiste, quoique Payen, ait été lié avec les plus grands Evêques de son âge, & sur-tout avec Saint Grégoire de Nazianze. Ce dernier même l'estimoit si fort, lui qui étoit très-avare de son estime, qu'après avoir déploré le mauvais goût du siecle & le triste état où la Philosophie étoit réduite, il ajoûte : » Vous seul, ô Thé- » miste, vous seul luttez contre la dé- » cadence générale des Lettres. C'est » aujourd'hui votre régne. Vous vous » trouvez à la tête de tout ce qu'il y a » de personnes éclairées. Vous savez » philosopher dans les plus hautes pla- » ces, & joindre, suivant le précepte de » Platon, l'étude au pouvoir, les di- » gnités à la science.

Effectivement, Thémiste donnoit un nouveau lustre aux emplois dont il étoit revêtu, quoique ces emplois fussent déja assez brillans : & tantôt parmi les affaires, tantôt parmi les livres, il montroit avec je ne sai quel air de supériorité, que le Grand-homme suffit à tout. Dans une occasion importante où le Sénat de Constantinople l'avoit chargé de haranguer Jovien, il lui dit avec respect, mais sans flatterie : » Souvenez-vous » que si les gens de guerre vous ont éle- » vé à l'Empire, les Philosophes vous » aprendront à le bien gouverner. Les » premiers vous ont donné la pourpre » des Césars ; instruisez-vous avec les » seconds à la porter dignement.

VI.

Commencemens de la décadence de l'Empire d'Occident.

Claud. de Bello Gildon.

Ainsi la ville de Constantinople voyoit dans son sein fleurir les Sciences : elle-même se soutint encore long-tems avec éclat. Et c'est ce qu'un Poëte connu, par allusion à l'Empire d'Orient, a exprimé d'une maniere assez élégante. *L'Aurore*, dit-il, *conserve toûjours ses habits de fête, & elle ne les teint point en noir.* A l'égard de l'Empire d'Occident il commença à déchoir peu après la mort de Théodose : premierement, par la foiblesse d'Honorius & l'autorité qu'il laissa prendre à d'indignes Favoris : ensuite, par les fréquentes révoltes des Armées & la désobéïssance de leurs Chefs, devenus trop puissans pour recevoir aveuglément la loi : enfin, par l'invasion d'une multitude infinie de Barbares, qui se succédoient les uns aux autres, comme les flots d'une mer courroucée. Et ce fut-là ce qui porta le coup mortel au nom Romain, déja beaucoup avili, déja beaucoup dégradé.

Les Goths, qui habitoient dans leur origine une partie de ces terres sauvages & incultes, que baignent l'Occéan septentrional & la Mer Baltique, mais qui fatiguez de vivre d'une maniere si dure, & entrainez par leur férocité naturelle, avoient passé dans la Scythie tumultuairement & s'étoient venus établir sur les bords du Pont-Euxin : les Goths, dis-je, après plusieurs marches & plusieurs séjours forcés, après une infinité de pillages & d'actions d'éclat, inonderent l'Italie qui ne les attendoit point. Leur premiere tentative cependant se trouva malheureuse. On eut l'adresse (car le courage n'étoit plus de saison) de les renfermer dans les gorges & les défilés des montagnes de Fiésoli, & ils furent entiérement défaits. Rien n'échapa au vainqueur irrité, & qui doutoit encore de sa victoire. Mais Alaric étant devenu Roi des Goths, ils renouvellérent de courage & de fureur : ils se répandirent dans toute l'Italie, & eurent même l'audace d'attaquer Rome. Alaric avouoit qu'une force inconnuë l'y poussoit malgré lui, & contre sa propre volonté. Après un siége fort court, cette ville, qui avoit été si longtems la Capitale du monde, fut prise & abandonnée au pillage. Tant d'illustres monumens, tant de richesses curieusement amassées, tant d'ouvrages d'un art exquis, & précieux encore par leur antiquité; tout éprouva la fureur du soldat. Rome n'en fut pas quitte pour cette premiere calamité : Ataulphe, beau-frére & successeur d'Alaric, la pil-

V. Paul. Diac. l. 7. la une seconde fois. Mais le desordre ne fut pas si grand : l'Amour, qui soumet tout à son empire, avoit amolli le cœur inflexible de ce Barbare. Toutes ces incursions firent peu à peu évanouir en Italie les restes de la magnificence Romaine. Les vaincus ne songeoient qu'à leur sureté particuliére : ils cherchoient des asyles & des retraites, (tant une misérable vie leur étoit encore précieuse) contre la violence & l'avarice de leurs fiers ennemis. Insensiblement périssoit (& même sans qu'on y formât d'obstacle) tout ce qui pouvoit entretenir le bon goût & rapeller la perfection des Arts. Les yeux s'accoutumérent à ne voir que des ruïnes, des renversemens, des destructions : & cette habitude passa bientôt des yeux à l'esprit, des sens & des facultés extérieures à l'ame même. On ne pensa plus, faute de secours & d'occasions qui aidassent à penser. Le génie est bien foible dans un lieu où rien ne semble fait pour son usage, où la force & la fureur sont les seules qualités qui dominent.

Les premiers flots de Barbares qui couvrirent l'Italie, en attirérent d'autres à leur suite. La beauté de ce fertile & vaste pays flattoit leur avidité : & sûrs de vaincre sans un péril proportionné à leur courage, ils remportoient des richesses immenses. A ces malheurs étrangers succédérent des disgraces domestiques. Divers Tyrans parurent en Italie, en Angleterre, dans les Gaules. Ils profitoient de la foiblesse & de la lâcheté des Empereurs, pour former de nouveaux Royaumes. Les prémiers périrent malheureusement, & même sans trouver un trépas digne de leur valeur : ceux qui vinrent ensuite, tirérent de leurs malheurs mêmes de quoi s'enorgueillir, & se porter aux plus grands excès. Quand on a passé certaines bornes, les réflexions sont défenduës, il n'est plus permis de reculer. Tant de conspirations & de mouvemens, les desordres qui suivent de la misére publique & l'augmentent en même tems, une ignorance générale du beau, de l'utile, ruïnérent enfin l'Empire d'Occident. Il finit l'an de Jesus-Christ 470. Odoacre, Général des Hérules & des Turcilinges, en dépouilla le foible Augustule, qui aussi-bien n'étoit pas capable de soutenir un si pesant fardeau. On dédaigna même ce vil Empereur, jusqu'au point de le laisser vivre dans l'endroit le plus délicieux du Royaume de Naples.

Chacun peut juger si les Sciences devoient être cultivées dans des tems si malheureux, & pendant que les Barbares renversoient tout ce qui s'opposoit à leur passage, & remplissoient de terreur & de désolation les villes & les campagnes. Dès la fin du V. siécle & au commencement du VI. il n'y avoit presque plus dans l'Europe aucune trace de vertu ni de science. Tout dégénéroit; & le vice qui s'accroît ordinairement parmi le tumulte & le bruit des armes, répandit à sa suite l'ignorance. Quel mal est plus dangéreux, quand une fois il a cours! Le Clergé s'y opposa quelque tems: mais le Clergé lui-même, épouvanté par les incursions des Barbares, & n'ayant personne qui prît ses intérêts, commença à s'oublier. Les violences commises dans les Eglises & les Monastéres, en chassérent les Ecclésiastiques & les Religieux. Quoiqu'ils fussent obligés par leur état à cultiver les Sciences, la nécessité les contraignit à se séparer & à vivre où ils pouvoient.

Le fameux Hincmar, Archevêque de Reims, voulant publier la Vie de Saint Remi, avoue dans la Préface qu'il lui a été impossible de la donner toute entiére. *Les tems sont si déplorables*, ajoute-t-il, *que la Religion est à peine comme dans ses prémiers élémens. On a enlevé de mon Eglise tout ce qui y étoit de plus précieux: les bâtimens ont été ruïnés, les revenus soustraits. Le peu d'Ecclesiastiques qui sont restés, se sont transformés en autant de marchands pour avoir dequoi subsister : & dans le besoin d'enveloper les marchandises dont ils faisoient trafic, ils ont rompu tous les livres & les manuscrits qu'on gardoit dans la Bibliotheque de l'Eglise de Reims.*

Il suivit un autre malheur de cette disgrace publique : c'est que les prémiers Siéges, comme s'en plaint Saint Boniface, l'Apôtre d'Allemagne, ne furent remplis, ou plutôt usurpés que par des Ecclésiastiques d'une vie très-corompuë & capables de tout oser ; quelquefois par des enfans & des Laïques qui étoient à peine tonsurés. Aussi, depuis le VI. siécle, il ne se tint aucun Concile soit en Italie, soit en Allemagne, soit dans les Gaules, où l'on ne fit quelques Canons contre les Ecclésiastiques ignorans, & qui souvent ne savoient point même lire. On enjoignoit au Métropolitain d'avertir ses Suffragans, & à l'Evêque d'exhorter ses Prêtres, de s'instriure dans les Sciences divines & humaines. On permettoit même aux Supérieurs de déposer ceux qui ne leur étoient pas soumis, & de les renfermer dans des Monasteres pour toute leur vie. L'ignorance, dit le VI. Concile d'Arles, est la mére des erreurs & des hérésies. Elle deshonore toute sorte de personne, & sur-tout les Ecclésiastiques, dont le devoir est d'instruire les peuples. Qu'ils sachent, ajoute le même Concile, que Saint Paul leur recommande de lire, d'enseigner, de s'éclairer l'esprit. Ils doivent édifier ceux qui leur obéissent, autant par la régularité de leurs mœurs, que par l'étenduë de leurs connoissances.

VII.

De la mort de Symmaque & de Boëce ordonnée par Théodoric.

Je reviens à Odoacre. Il régna fort paisiblement dans ses nouveaux Etats, & même avec plus de modération qu'il ne convenoit à un usurpateur. Mais comme le chemin étoit frayé au crime, il fut à son tour attaqué par Théodoric, Roi des Ostrogoths, qui l'ayant battu en plusieurs occasions, le fit enfin assassiner au milieu d'un grand festin. Par ce meurtre inespéré, commença en Italie le formidable Empire des Goths. Toute l'Europe se ressentit de leur puissance. Ils y répandirent la barbarie & l'âpreté de leurs mœurs : ils enseignérent par leur exemple, à mépriser toutes les loix, à se tenir perpétuellement sous les armes, à regarder l'étude comme une vile occupation, à ne reconnoître d'autre supériorité que celle que donnent la violence & la force du corps. Théodoric se conduisit d'abord avec quelques ménagemens. Il ne prit que le titre de Roi d'Italie, &, par une politique suggérée, il rechercha l'alliance de tous ses voisins. On crut même entrevoir de la bonne-foi dans son procédé. Mais les derniéres années de son régne ne répondirent point à de si beaux commencemens. Il fit mourir en 524 l'illustre Boëce, & Symmaque son beau-pére, tous deux Sénateurs Romains : & lui-même, attaqué d'une terreur subite, croyant voir sur sa table la tête de Symmaque qui le menaçoit, il mourut en 526.

Boëce descendoit d'une très-ancienne famille. Il sut mêler l'étude aux affaires, & devint à la Cour même, où d'ordinaire on desaprend ce qu'on a su, le p[illegible]le homme de son tems. Il traduisit en Latin la Musique de Pythagore, l'Astronomie de Prolomée, l'Arithmétique de Nicomaque, la Géométrie d'Euclide, la Théologie de Platon, & presque tous les Ouvrages d'Aristote & d'Archiméde. On assûre que les Originaux n'avoient rien perdu de leur éclat ni de leur beauté dans les Traductions. Théodoric qui avoit toûjours aimé Boëce, & qui s'en étoit servi dans les affaires les plus épineuses, commença tout-à-coup à le soupçonner d'intelligence avec l'Empereur d'Orient. Sans autre examen, lui & Symmaque furent arrêtés & conduits à Pavie. Le Tyran irrité, & non satisfait de plus de six mois de prison, leur fit trancher la tête. Ce fut pendant cette rude captivité que Boëce composa les cinq Livres de la Consolation de la Philosophie, qu'il nomme la gloire de ses beaux jours & le soutien de sa vieillesse.

Gloria felicis olim viridisque juventæ,
Solatur mæsti nunc mea fata senis.

CHAPITRE XXXIX.

I. *Suite de la décadence de l'Empire d'Occident.* II. *Du mariage de Théodose le jeune.* III. *D'une nouvelle Ecole de Philosophie fondée à Athénes.* IV. *Des Empereurs Iconoclastes ou Briseurs d'Images.* V. *Du Patriarche Photius.* VI. *De Léon le Philosophe.* VII. *De Michel Psellus.* VIII. *D'Anne Comnène.* IX. *Reflexions sur les deux Empires, d'Orient & d'Occident.*

I.

J'Ai fait voir de quelle maniére les Sciences & les Arts commencerent à s'éteindre dans l'Occident. Le mal augmenta de plus en plus; & depuis le VII. siécle jusqu'au milieu du XIII. tout fut plongé dans une ignorance affreuse, dans un oubli général des devoirs les plus essentiels. L'Auteur de la Vie de Saint Urbin cité par Mr. Du-Cange, remarque, que du tems de ce vertueux Evêque de Langres, & même jusqu'à celui de Charlemagne, à peine y avoit-il quelqu'un en Italie & dans les Gaules qui connût les prémiers principes de la Grammaire. Cela engagea Charlemagne à assembler plusieurs Conciles, où l'on fit de très-beaux Réglemens pour empêcher le progrès trop répandu de l'ignorance. Le motif qui détermina Charlemagne, mérite d'être su. *On m'a souvent écrit de différens Monasteres*, dit cet Empereur, *pour m'aprendre que les Religieux y offroient pour moi de ferventes prieres au Seigneur. Mais la pluspart de leurs lettres étoient si mal composées, quoique pleines de bons sentimens, que je ne pouvois les lire sans une espéce d'indignation.* Ce que la piété leur inspiroit dans le cœur, étoit défiguré par un langage tout-à-fait barbare.

Suite de la décadence de l'Empire d'Occident.

In Præfat. Glossar. ad Script. med & inf. Latinit.

V. Constit. Car. Mag. de Scholis apud Sirm.

La même ignorance se fit sentir en Espagne, après que les Sarazins s'en furent emparés; & dans la Grande-Bretagne, par les irruptions fréquentes des Saxons & des Danois. Voici un passage remarquable d'Ælfric, dans la Préface qu'il a mise au devant des Ouvrages de Saxon le Grammairien. » Il faut » empêcher, dit-il, que les Ecclésiasti-» ques & les autres personnes attachées » au service de Dieu ne s'éloignent de » l'étude; comme il est arrivé dans les » derniers tems, où il n'y avoit aucun » Prêtre dans toute l'Angleterre qui » sût écrire une lettre Latine, ni l'expli-» quer. C'est à Dunstan Archevêque de Cantorbéri & à Æthelwald Evêque de Winchester, qu'on doit le rétablissement des études dans les Monastères. Il reste encore en Angleterre un monument singulier & rare de cette ancienne ignorance. Les Meurtriers qui sont condamnés à la mort, peuvent s'en délivrer en faisant voir qu'ils savent lire: ce qui s'exécute dans le lieu même destiné au suplice. On marque seulement le coupable d'un fer chaud à la main.

Une preuve certaine de tout ce que j'avance ici, ce sont les différens Ouvrages qui nous restent de ces tems malheureux, & qui n'offrent présque rien dont un esprit raisonnable puisse se contenter. Il faut lire pour le besoin, quand on a recours à ces sortes d'Ouvrages. Les uns ne sont fondés que sur de faux Titres, sur des Légendes fabuleuses, sur des Généalogies dressées sans art, sans vraisemblance, sur des Rescrits visiblement suposés aux Papes & aux Empereurs : les autres fomentent l'ignorance & la crédulité, en raportant je ne sai combien de révélations, de miracles, d'aparitions d'Esprits, de merveilles puériles & qu'on souffriroit à peine dans un Roman.

Il n'y avoit alors aucun goût de Critique, quoiqu'elle soit si nécessaire pour la solide érudition. Personne ne savoit distinguer les Piéces fausses des véritables, les Canons originaux des Décrétales fabriquées à plaisir, l'ancienne Discipline de l'Eglise des usages nouvellement introduits : ce qui multiplioit ces usages avec d'autant plus de péril, qu'ils étoient reçus avec moins de connoissance. Un obscurcissement si général enfanta toutes les manies qui régnent encore en beaucoup de pays, ou du moins qui n'y sont pas assez dédaignées: le faux amour des pélerinages & des vœux, des pénitences d'ostentation ; les Croisades, plus honteuses par leurs suites, qu'elles ne sembloient utiles par le motif qui les faisoit entreprendre ; les dévotions particuliéres, & qui portent toujours à quelques bizarreries ; enfin, tout le détail superstitieux qui retranche du culte intérieur que demande l'Etre suprême, pour donner à des pratiques extérieures & trop de parade. Comme les Clercs & les Moines étoient les seuls alors qui étudiassent, & qu'ils n'avoient point la vraie méthode d'étudier qui est toute fondée sur les principes de l'Ecriture & de la Tradition, n'est point étonnant que la Religion se soit ressentie autant qu'elle a fait, de la décadence des études.

J'ajouterai encore, que les guerres se trouvoient alors très-fréquentes, & qu'on vivoit dans une défiance continuelle, dans une crainte chaque jour renouvellée, de tomber entre les mains de ses ennemis. Il y avoit peu de commerce de Royaume à Royaume, & même de Province à Province. La division étoit devenuë si grande du tems du Roi Robert, qu'un Abbé de Clugny ayant été invité par Bouchard Comte de Paris, de venir mettre des Moines à Saint Maur-des-fossés, se plaignit qu'on lui faisoit entreprendre un voyage très-pénible, & qu'on l'appeloit dans une région étrangére & inconnuë. On sait néanmoins que les Savans ne deviennent tels que par les liaisons de génie qu'ils se procurent avec les autres Savans, que par les

les lumiéres qu'ils s'entrecommuniquent sans détour, & sans jalousie.

Pendant que l'Empire d'Occident se ruïnoit avec tant de promtitude, celui d'Orient souffroit à la verité de terribles révolutions, & les plus grands crimes y étoient devenus comme nécessaires : mais du moins il se maintenoit toûjours ; & même, après des années entieres de deüil & d'obscurcissement, il reparoissoit avec plus d'éclat. En effet, si des hommes vils & méprisables deshonorerent souvent le trône de Constantin, quelquefois aussi il étoit occupé par des Empereurs d'un génie fort & élevé, qui lui rendoient son premier lustre. On peut voir tout ce détail dans les differens Auteurs, dont est composée l'Histoire Byzantine. Je me contenterai d'en détacher quelques faits, qui regardent cette matiere.

II.

Du mariage de Théodose le jeune.

V. Chron. Pasch. ad Olymp. 666.

Le mariage du jeune Théodose fut presque le triomphe de la Philosophie. Il vouloit épouser, dit un Auteur exact, la plus aimable personne qui fût au monde ; & sa sœur Pulchérie, qu'il avoit honorée du titre d'Auguste, faisoit faire des recherches galantes dans toutes les villes considérables, pour satisfaire l'Empereur. Un hazard favorable leur épargna tous ces soins. Héraclite, Philosophe d'inclination, mais confiné au bout de la Grece, avoit une fille d'une beauté privilegiée. Elle y joignoit ce qu'on trouve si rarement joint à la beauté ; un esprit supérieur & des talens presque universels ; elle avoit pénétré dans les connoissances les plus abstraites, dans celles-là même où la plûpart des Savans n'osent atteindre. Héraclite en mourant deshérita sa fille, persuadé que ses graces, sa figure, son esprit, la devoient conduire à la plus haute fortune. La fille osa s'en plaindre : elle vint à Constantinople, & implora la protection de l'Empereur. Dès ce moment même, elle put s'apercevoir que son pere avoit heureusement percé dans l'avenir. Pulchérie fut touchée de sa beauté, & de cet air noble qui brilloit dans toute sa personne. Théodose avoua qu'il n'avoit plus rien à demander, qu'il rencontroit au-delà même de ses souhaits. Le Mariage fut conclu, & la supliante devint Impératrice.

Je trouve tout cela si généreux, si favorable à la vertu, si contraire à ce qui arrive dans le monde, que je doute que le fait soit véritable. Et pourquoi faut-il que de ce grand nombre de traits merveilleux dont brille l'Antiquité, aucun ne puisse se renouveller parmi nous?

III.

Sous le regne de Théodose le jeune, Syrianus natif d'Alexandrie vint s'établir à Athènes, & il y fonda une nouvelle Ecole de Philosophie. Ses deux principaux disciples furent Herméas & Proclus de Lycie; le prémier plus modeste, plus réservé; & le second plus curieux de se faire connoître. Malgré un grand nombre d'ennemis qui l'environnoient, & peut-être invité par ses ennemis mêmes, Proclus se rendit très-recommandable & acquit une vaste érudition. Il remonta aux prémiers jours de la Philosophie: il ramassa tout ce que les Barbares & ensuite les Grecs avoient inventé: il fit voir qu'Orphée, Pythagore & Platon avoient pensé à peu près la même chose. On ne lit guéres aujourd'hui cet Auteur, malgré la belle édition qui s'en est donnée en 1700. à Hambourg. Il en coûte trop pour l'entendre; & d'ordinaire on n'est point assez payé de la peine qu'on a prise. De quel usage peuvent être parmi nous les rafinemens & les subtilités de la Théologie Paienne?

D'une nouvelle Ecole de Philosophie fondée à Athènes.

Marinus in vitâ Procli, apud Fabric.

Proclus laissa un très-grand nombre de disciples. Mais ce fut à Marin, Juif d'origine & né à Sichem, qu'il confia l'Ecole d'Athènes; & Marin par reconnoissance composa la Vie de son Maître. Il paroît que toute leur habileté consistoit à entendre Platon, & à l'expliquer d'une maniére allégorique. On ne leur attribue aucune découverte particuliere.

Les autres Philosophes qui sortirent de l'Ecole d'Athènes, brillérent principalement sous Anastase, sous Justin & Justinien son neveu. Tels furent Isidore de Gaza disciple & successeur de Marin, Damascius de Damas successeur d'Isidore, Priscien de Lydie, Eulamius de Phrygie, Hermian & Diogene, enfin Simplicius de Cilicie. Ce dernier fit de longs Commentaires sur Aristote, dont la doctrine étoit à peine connuë dans l'Orient; & il réfuta d'une maniere assez vive Jean le Grammairien, qu'on surnommoit Philoponus. Les disputes littéraires, quand on sait les réduire à de justes bornes, instruisent toûjours le public. C'est la loüange qu'on donnoit à Socrate. Jamais, dit Arrien, il ne s'est fâché dans la dispute, ni n'a pris un ton injurieux : il rioit, quand on mettoit les injures à la place des raisons, & aussi-tôt il finissoit.

La réputation de Cosroës attira tous ces Philosophes à la Cour de Perse. Ils vouloient connoître un Roi si magnifique, tant de fois victorieux, & avec cela le plus savant homme de ses Etats. Mais leur curiosité ne fût point satisfaite. Ils trouverent Cosroès environné d'une Cour si voluptueuse, qu'en applaudissant à son esprit, ils ne purent s'empêcher de condamner ses mœurs, ou du moins les mœurs de ceux qui l'approchoient de plus près. Aussi-tôt ils reprirent le chemin de la Grece.

Ici se termine la nouvelle Ecole d'Athênes. L'Histoire même ne fait mention de cette ville, qu'après une longue suite d'années : on n'y trouve aucune trace de son nom. Lorsque les François prirent Constantinople dans le treiziéme siécle, & que Baudouin Comte de Flandres en fut couronné Empereur, on érigea l'Achaïe en Principauté, & il y eut un Duc d'Athênes qui fut l'illustre Geoffroi de Ville-Hardouin, d'une des premiéres Maisons de Champagne. Ces nouveaux Conquérans souffrirent une infinité de traverses, & par leur propre imprudence, & encore plus par la perfidie des Grecs dont ils ne se défioient point assez. Enfin, Mahomet II. le plus redoutable Empereur des Turcs, & qui vainquoit en courant, s'empara d'Athênes en 1455. Sa victoire ruïna entiérement la Grece ; & ce Pays autrefois le Siége des beaux-Arts,

Meurs. de Fort. Attica cap. ult.

le séjour de la Philosophie, la patrie de tant d'Hommes distingués, ne conserve aucun reste de son ancienne grandeur. Les peuples y gémissent sous la cruelle opression des Turcs ; & dans cette servitude générale, on songe plutôt à vivre qu'à étudier.

Ce n'est pas que les Grecs modernes soient tout-à-fait dépourvus d'esprit, & de raison. Loin de cela, s'ils avoient le bonheur de se trouver sous un gouvernement moins dur, moins despotique, & qu'ils fussent, comme autrefois, piqués par l'amour de la gloire ou l'attrait des récompenses, peut-être iroient-ils aussi loin que leurs ancêtres. Ce qui me le persuade, c'est que la tranquillité dont on jouit dans les différens Monastéres de la Grece, pousse souvent les Caloyers à faire un usage surprenant de leur esprit. Et sans doute que cet usage deviendroit plus utile, si les obligations de leur état n'étoient immenses, & chargées d'une infinité de détails, de prosternemens & de minuties de dévotion. Au milieu de tout cela, ces Caloyers me paroissent infiniment louables de vouloir vivre dans une entiére séparation du monde, & d'éviter sur toutes choses d'être à charge au public, en cherchant dans le travail des mains une subsistance d'autant plus honnête, qu'elle n'est point mendiée.

La ville d'Alexandrie, que les Ptolomées avoient pris tant de plaisir à orner, éprouva le même sort qu'Athénes. Ces deux rivales périrent assez près l'une de l'autre. Les Perses irrités du meurtre de l'Empereur Maurice, ou peut-être colorant leur ambition de ce prétexte, mirent en feu tout l'Orient. Après avoir insulté plusieurs villes considérables, ils tombérent sur Alexandrie & la ruïnérent de fond en comble. Depuis cette disgrace, toute l'Egypte fut déchirée par des guerres sanglantes, & la peste enlevoit dans les intervalles ceux que les guerres avoient épargnés. En 1250, les Sarrasins Arabes s'établirent à Alexandrie, qui plia sous le joug : mais ils en furent presque aussi-tôt chassés par l'Armée des Venitiens, guidés & secourus des François. Ces derniers même, dans l'apréhension de ne pouvoir long-tems conserver leur conquête, démolirent toutes les fortifications d'Alexandrie & en brulérent les environs. Cette ville n'est plus aujourd'hui qu'un amas de ruïnes & de débris, qu'on n'ose encore habiter, tant à cause du mauvais air qui perpétue les fiévres malignes & pestilentes, qu'à cause des avanies que les Turcs font sans distinction à tous les étrangers.

IV.

Des Empereurs Iconoclastes, ou Briseurs d'Images.

Comme les études n'avoient point discontinué en Orient, elles servirent beaucoup à maintenir le Clergé dans les heureuses dispositions où il doit être par raport aux deux principaux objets qui l'attachent, la Science & la Pieté. Et ces dispositions se trouvoient d'autant plus nécessaires, que de toutes parts, il s'introduisoit en foule des erreurs dans les Eglises d'Orient. Il me semble pourtant qu'au fond c'étoient moins des erreurs, que des subtilités, des rafinemens d'une imagination échauffée, que la passion grossissoit ensuite. Tel est le jugement qu'on peut porter en général de tout ce qui arriva au sujet des Nestoriens, des Eutychiens, des Moines de Scythie, des Séveriens, de ceux qui vouloient faire condamner les trois Chapitres, & des autres qui les soutenoient trop opiniâtrement.

Mais enfin toutes les études furent interrompuës sous les Empereurs Iconoclastes, ou Briseurs d'Images. Léon l'Isaurique, & Constantin Copronyme son fils, animés peut-être d'abord par un zéle sensé & ennemi de l'Idolatrie, mais poussant dans les suites ce zéle trop

ISoin, interdirent tout le culte qu'on rend aux Images. Une entreprise si peu attenduë, & qui n'étoit point concertée avec les Chefs de l'Eglise, trouva de grands obstacles, & de ces obstacles qu'on ne vainc point aisément. Le peuple courut aux armes, & sacrifia à son ressentiment les premiers qui osérent abbattre les Images consacrées par la Religion publique. Cette résistance irrita l'esprit de Léon, déja aigri par les conseils violens de deux Juifs, qui lui avoient, dit-on, promis l'Empire, ou plutôt, qui l'avoient excité ambitieusement à y songer. Sa fureur, qui se répandoit par-tout, tomba en particulier sur les hommes de Lettres, sur les Professeurs des Arts & des Sciences. Il en assassina plusieurs, sans aucune forme de justice ; & même il fit brûler le Maître Oecuménique au milieu des livres, des statues & des tableaux, dont la garde lui étoit confiée. Cette perte devint très-fâcheuse de toute maniére ; & le Collége Impérial, où l'on enseignoit gratuitement la Jeunesse, ne s'en releva jamais. Le Patriarche de Constantinople, & les Moines retirés dans les différentes Provinces de l'Empire, ne furent pas mieux traités. Il faloit ou se résoudre à tout souffrir, ou approuver lâchement les Ordonnances peu mesurées de l'Empereur. Incapable de revenir sur ses pas, & d'abandonner par raison une entreprise formée par caprice, il souffrit qu'on renversât un grand nombre d'Eglises, de Monastéres, de Chapelles : & cette ruïne malheureusement entraîna celle des Titres & des Manuscrits qu'on y conservoit.

Les autres Empereurs Iconoclastes, & en même tems Manichéens & Origénistes, ne furent ni plus modérés, ni plus religieux, que Léon & Constantin Copronyme. Un moyen sûr de leur déplaire & de s'attirer leur indignation, c'étoit de cultiver quelque Art ou quelque Science, & de tâcher à y exceller. Non-seulement le mérite connu, mais encore le seul soupçon d'en avoir, rendoit coupable. Un état si violent ne pouvoit durer long-tems. Aussi, la paix ardemment souhaitée de l'Eglise, vint-elle finir les allarmes dont elle avoit été troublée : & cette paix, sagement concluë par les soins de l'Impératrice Théodore, mere de Michel III. & avec l'applaudissement de tous les Ordres de l'Empire, fit refleurir les Sciences à Constantinople. Comme le Collége Impérial avoit été brûlé, on destina quelques maisons particuliéres aux nouveaux Professeurs, qu'on fit venir de tous côtés. Ils commencérent à faire des leçons publiques à la Jeunesse desaccoutumée de l'étude, & qui depuis plus d'un siécle n'avoit eu aucune éducation. Il paroît même que le Collége Impérial fut rétabli dans la suite, avec les douze Professeurs qui décidoient souverainement de toutes les disputes littéraires. Car on trouve en une infinité d'occasions, où il s'agissoit de soutenir l'honneur des Patriarches de Constantinople & de défendre l'Eglise Grecque contre les prétentions & les attaques des Latins, que c'étoit quelqu'un de ces douze Professeurs qu'on choisissoit.

V.

Du Patriarche Photius.

Mais ce qui contribua le plus à renouveller les études en Orient, ce fut l'exemple du Patriarche Photius. Il avoit étudié par ambition encore plus que par goût, & il vouloit passer pour le plus grand génie de son siécle, pour l'homme le plus éclairé. Sans presque avoir eu de Maître, il avoit approfondi toutes les Sciences : & si l'on considére la variété de ses emplois, ses voyages importans & entrepris par ordre des Empereurs, les consultations qu'il envoyoit aux personnes qui lui demandoient ses lumiéres ; & avec cela le manége de Cour, les intrigues de cabinet où il étoit plus engagé que personne ; on pourroit dire qu'il créoit les Sciences qu'il n'avoit pas le tems d'apprendre. La seule liste des Livres que Photius avoit lus, & sur lesquels il porte son jugement, est prodigieuse & paroît l'ouvrage d'un homme qui n'auroit eu aucune passion, & qui ne seroit jamais sorti de son cabinet. Heureux cent fois, si la jalousie du rang & le desir de dominer ne l'avoient poussé à jetter les premieres semences du Schisme des Grecs ! Cependant, quelque coupable qu'il soit en cela, il ne l'est point tant que les partisans outrés de la Cour de Rome ont voulu nous le faire croire. Car il faut avouer que la hauteur mal-entenduë de quelques Papes, & la maniére dont le Saint Siége se trouva profané pendant plus de deux siécles, furent cause des droits que s'attribuérent les Patriarches de Constantinople ; & de l'indépendance où ils arrivérent dans la suite.

L'Empire fut assez paisible sous Basile le Macédonien, dont le génie étoit propre au commandement, & qui vouloit sur-tout que la Justice se rendît sans fraix, & sans longueurs affectées. Quand il se vit sur le trône, il oublia qu'il étoit né d'une famille obscure, & voulant avoir des ayeux qui eussent régné avant lui, il se faisoit descendre de l'ancienne race des Arsacides & du fameux Tiridate Roi d'Arménie. On étoit assûré de lui plaire, en le confirmant dans une chimére si flatteuse : & peut-être que c'est la plus pardonnable de toutes, aux personnes qui se voyent tout-à-coup transportés dans les prémiéres places. Quelque opinion favorable qu'on ait de soi-même, on est tout étonné d'une élévation trop subite, & on est bien aise d'en avoir quelque obligation à ses aieux. Ils déchargent de la moitié de la reconnoissance, qu'on dévroit sans eux à la fortune, ou au hazard.

VI.

De Léon le Philosophe.

A Basile succéda Léon VI. du nom, son fils, ou cru tel par politique. L'attachement qu'il témoigna dès sa jeunesse pour les études fortes & sérieuses, lui attira le titre de Philosophe : titre glorieux, & qu'aucun Empereur n'avoit mérité depuis Marc-Aurèle-Antonin. Une prémiére épreuve des peines & des disgraces, sur-tout si elle dure quelque tems, sert beaucoup à l'instruction des Princes. Léon eut infiniment à souffrir de la part de son pére, animé contre lui par les menées secretes d'un Moine imposteur : & cela encore dans un âge où l'on ne souffre rien patiemment, & où le desir de se venger pique davantage. Il en devint plus propre à gouverner les hommes : il se fit une habitude de les plaindre, par le ressouvenir des maux qu'il avoit lui-même essuyés durant ses plus belles années.

Outre les Basiliques attribués à Léon le Philosophe, nous avons encore de lui quelques petits Traités en forme de Sermons, la plûpart encore manuscrits & gardés dans la Bibliothéque du Vatican. La Morale en est assez pure, & même assez rigide pour un Prince : mais il y a peu de force & d'élévation Les choses communes font regretter le tems qu'on met à les lire : celles qui sont finement pensées, laissent à un homme délicat le plaisir de son intelligence & de son goût.

Saint Evrem.

Quoi-qu'il en soit : les deux Empereurs qui ont porté le titre de Philosophes, ont été tous les deux à plaindre par rapport à l'engagement le plus sérieux de la vie, je veux dire le mariage. Marc-Auréle, aveugle sur la conduite de sa femme, lui prodiguoit l'estime la plus tendre, pendant qu'elle le deshonoroit par la vie la plus licencieuse, & sans garder aucune bienséance. Léon, malgré la pratique de l'Eglise Grecque & les Canons qui y étoient observés, épousa une quatriéme femme, comme si un Philosophe ne devoit pas être content d'en avoir eu trois.

VII.

Le reste du dixiéme siécle fut assez stérile. Mais le onziéme s'en raquitta avec usure, & vit paroître un grand nombre de Philosophes, à la tête desquels étoit l'ingénieux Michel Psellus. Né avec des talens que sa famille tâchoit de retenir dans l'obscurité, il commença tard de s'apliquer à l'étude. Mais le tems qu'il avoit perdu malgré lui, & dont la perte lui devoit sembler très-amére, qu'il le répara soigneusement! Les Ouvrages de Pythagore & de Platon, ceux des anciens Chaldéens, l'occuperent beaucoup, & il tâcha de les éclaircir par des Notes & des Commentaires. Le public n'en a vu que quelques échantillons d'imprimés, & apparemment qu'il ne demande point qu'on en imprime davantage. Au reste, les Sçiences profanes que cultiva Psellus, ne le détournérent point de l'étude de l'Ecriture sainte, & de celle des anciens Peres Grecs. On voit sur-tout qu'il s'est familiarisé avec les Ouvrages de Saint Basile, qu'il cite souvent & à propos. Psellus fleurit principalement sous Constantin Ducas, qui prit la

De Michel Psellus.

pourpre Impériale en 1059. Ce Prince, qui étoit doux & aimoit les beaux-Arts, chargea Psellus de l'éducation de ses trois enfans, & lui donna pour récompense une place de Sénateur. Le Philosophe jouit de sa dignité jusqu'au régne d'Alexis Comnéne, qui l'en dépouilla par un excès de basse jalousie. Alors, Psellus se retira de la Cour & consacra à Dieu les restes de sa vie. Il n'y a que de grandes ames qui puissent conserver le goût de la retraite, au milieu de la dissipation & du tumulte des affaires.

V. Marq. Freherum in Chronol. juri Græco-Lat. præfixâ.

Le célébre Jean Xiphilin, qui de Moine devint Patriarche de Constantinople, vécut toujours avec Michel Psellus dans une liaison étroite. La même probité & la même droiture de sentimens les unissoient tous deux, & les engageoient à s'aimer. D'ailleurs, Constantin Ducas qui les avoit choisis par préférence, & poussés aux prémiers emplois, vouloit que les gens de mérite se conciliassent ensemble : & il disoit ordinairement, que s'il n'avoit point eu sur la tête une couronne, il auroit ambitionné la qualité d'homme de Lettres.

VIII.

D'Anne Comnéne.

Alexis Comnéne se fraya un chemin

rapide au pouvoir souverain ; plus encore par son adresse & son industrie, que par sa valeur. Mille obstacles traverserent son regne ; mais il surmonta tous ces obstacles, où il sut à propos les éluder. Sa réputation est devenuë un problême : car si d'un côté les Latins l'ont décrié pour sa mauvaise foi, de l'autre les Grecs ont fait voir que les Latins ne méritent aucune créance, les accusant de toute sorte de crimes & les dépouillant même du nom de Chrétiens Quoi qu'il en soit : Alexis Comnéne trouva dans la studieuse Anne sa fille, une zélée Apologiste, qui non contente de nétoyer toutes les taches de la vie de son pere, le represente encore comme un Héros parfait. Rien de plus animé que le style d'Anne Comnéne, rien de plus charmant que l'admiration qu'elle témoigne pour son pere. Son langage est celui du cœur, langage qui ne se contrefait point. Au reste, comme l'étude avoit fait sa principale occupation, elle jugea que ce n'étoit point assez pour elle de savoir toutes les finesses de la Langue Grecque ; elle voulut aller plus loin : elle se prêta aux questions les plus délicates, & les plus compliquées de la Philosophie ; elle pensa beaucoup.

Je ne sai par quelle fatalité on interdit aux femmes les connoissances exactes,

& un peu approfondies. » Je doute, dit » Plutarque, qu'on puiſſe leur faire une » injure plus marquée ; & dont les ſui- » tes leur ſoient plus fatales. C'eſt l'i- » gnorance dans laquelle on les éléve, » qui cauſe toutes leurs foibleſſes, tous » leurs égaremens, toutes leurs ſuper- » ſtitions. Une femme, par exemple, » qui aura quelque teinture des Mathé- » matiques, paſſera-t'elle les nuits à » danſer, avec plus de fureur ſouvent, » que de plaiſir ? Une autre qui ſera » attachée à la lecture de Platon ou de » Xénophon, donnera-t'elle dans les » petiteſſes où tombent chaque jour » ſes compagnes & ſes amies ? Croyez- » vous qu'elle écoute d'une maniére » ſimple & niaiſe, les diſcours de ceux » qui ne parlent que de prodiges, de » génies, de ſortiléges, d'enchante- » mens » ? De pareilles réflexions, ſi elles étoient étendues avec politeſſe & accommodées à nos mœurs, devien- droient bien utiles, & d'autant plus utiles qu'on ne ſent que trop le beſoin qu'on a de femmes raiſonnables, pour le bonheur de la ſociété.

De praec. conjugal.

L'Empire reſta plus d'un ſiécle & de- mi dans la famille des Comnénes & dans celle des Anges, toutes les deux con- nues pour avoir extrêmement haï les La- tins, & pour leur avoir tendu des piéges, que la nécessité des affaires excusoit sans doute. Les Latins à leur tour, après avoir réuni leurs forces dispersées, se rendirent maîtres de Constantinople & proclamerent Empereur Baudouin, Comte de Flandres. Mais cette nouvelle domination fut courte, & malheureuse. En effet, peut-on se croire en sûreté dans une ville qu'on a abandonnée, en y entrant, au pillage ? N'y est-on pas toûjours ennemi ?

D'ailleurs les Latins, depuis le Schisme & les Ecrits envenimés de Photius, de Jean de Furnes, de Nicolas de Métone, de Théophylacte, étoient si fort abhorrés dans l'Orient, qu'on préféroit à leur alliance, celle même des Arabes & des Turcs. C'est ce qui paroît par beaucoup d'Ouvrages de ce temslà, en particulier par un Canon du quatriéme Concile de Latran. Pendant que Constantinople étoit sous le pouvoir de Baudouin, les Grecs proclamerent Empereur le fameux Théodore Lascaris.

Il alla s'établir à Nicée, ville de Bithynie ; & à force de prudence & de courage, il agrandit les limites de son Empire. Ses successeurs presque toûjours heureux à la guerre, & par une infinité de négociations adroitement ménagées, s'y conserverent. Ils reprenoient même d'année en année toutes les Places, qu'occupoient les Latins; & ils se préparoient par ces petites conquêtes, encore plus par leur intrigues, à surprendre Constantinople.

La gloire en fut dûë à Michel Paléologue, dont on ne peut trop louër la valeur & la sage conduite. Il est vrai que la négligence des Latins hâta leur chûte. Quoiqu'ils fussent environnés d'ennemis redoutables, ils vivoient au milieu de la joye & des plaisirs, sans presque songer à leur sûreté. Aussi Constantinople fut-elle prise par une poignée de Soldats ramassez, qui doutoient encore de leur victoire. A peine Michel Paléologue rentra-t'il dans sa Capitale, qui s'empressa hautement de lui rendre son premier lustre. Il en fit réparer les bréches, il donna de nouveaux priviléges aux Grecs, & il permit aux François qui voudroient s'y établir, de suivre le Rit & les coutumes de l'Eglise Romaine. Les Lettres se ressentirent aussi de la générosité de Paléologue: il fonda de nouveaux Colléges, & il augmenta les revenus des Professeurs. Malgré ses différentes occupations, il ne dédaignoit pas d'examiner lui-même les jeunes Etudians, & il les récompensoit à proportion de leurs succès.

L'Empire ne sortit plus de la famille des Paléologues. Mais tous leurs efforts ne purent empêcher qu'il ne penchât insensiblement vers sa ruïne. Les Bulgares du côté de l'Europe, & du côté de l'Asie les Turcs, resserroient par leurs conquêtes inespérées les bornes de l'Empire. Les Turcs sur-tout, & plus puissans & plus belliqueux, déja maîtres d'une grande partie de l'Asie Mineure, s'étendoient le long de la Mer Noire. Ils osérent même passer le Détroit de Constantinople, & s'emparer de Gallipoli, d'Andrinople, & des Provinces voisines qui étoient alors denuées de troupes. Les Grecs, par leurs dissensions & par les guerres que se faisoient leurs propres Empereurs, sembloient encore favoriser les conquêtes de leurs plus grands ennemis. Vainement imploroient-ils le secours des Princes Chrétiens, & envoyoient-ils des Ambassadeurs aux Papes dont l'esprit étoit peu disposé en leur faveur. Le mauvais succès des trois premieres Croisades, joint aux artifices des Grecs, empêchoit absolument qu'on ne songeât à un quatriéme. Tous les projets même qu'on en fit, échouérent dès leur naissance; & hors quelques secours que les Génois & les Venitiens envoyérent aux Grecs, les Latins furent tranquilles spectateurs de leur décadence entiere. Ainsi les Turcs faisoient librement des courses, & sans trouver aucun obstacle, jusqu'aux fauxbourgs de Constantinople. On se vit obligé d'implorer bassement leur protection, & le Sultan paroissoit le maître & l'arbitre de la fortune des Grecs réduits à la derniere extrêmité.

Enfin, Mahomet II. qui sut joindre les plus grandes vertus aux plus grands vices, & dont les vices mêmes avoient un éclat éblouïssant, assiégea Constantinople. Cette ville malheureuse & presque dépeuplée , défenduë encore par des Capitaines & des Soldats de diverses nations, soutint tout ce que l'art, le courage & même la trahison purent rassembler. Un dernier assaut, mais où l'on fit de part & d'autre des efforts plus qu'humains, l'emporta, & la soumit au fier Mahomet. Les Vainqueurs ne trouvérent, pami les restes déplorables des assiegez, que ceux qui n'avoient osé se défendre, ou qui n'avoient su mourir.

Quoique l'Empire eût souffert des secousses violentes depuis que les Paléologues s'en étoient rendu les maîtres, il faut cependant avouër que jamais peut-être on n'y avoit trouvé tant de gens habiles. En voici la raison. Les disputes entre l'Eglise Grecque & la Latine, entre les Papes & les Empereurs, étoient alors plus vives & plus fréquentes que jamais; soit que les Grecs voulussent effectivement terminer le Schisme, ce que j'ai de la peine à croire de leurs subtilitez & de leur dissimulation; soit qu'ils se servissent de ce prétexte pour engager les Princes du Rit Romain, & le Pape même, à les secourir. Tout cela obligeoit de côté & d'autre d'entrer dans de longues discussions, & de conférer en présence des personnes les plus accréditées & les plus aguerries à la dispute: & il falloit bien pour cela étudier soigneusement l'Ecriture sainte, recourir aux autoritez des anciens Peres, ou trouver le moyen de les détourner. C'est ce que plusieurs Grecs ont fait avec succès, & même au-de-là de ce qu'on devoit attendre de leur capacité. Je ne citerai ici que ce qui s'est passé sous Michel Paléologue & Grégoire X. au Concile de Lyon, & sous Jean Paléologue & Eugéne IV. au Concile de Florence. Je doute qu'on puisse trouver des gens aussi artificieux & aussi éclairez sur leurs intérêts, que l'étoient les Députez de l'Eglise Grecque qui assistérent à ces deux Conciles. En effet, quelle utilité & quel fruit en tira-t'on? Chaque parti s'opiniâtra davantage dans son sentiment, & les efforts qu'on fit de côté & d'autre pour s'assûrer la victoire, rendirent irréconciliables ceux qui avoient paru céder. Tel est le sort de toutes les conférences de Religion : & il semble que Dieu le permette, pour aprendre aux hommes que c'est lui qui tourne les cœurs comme il veut ; & que sans son secours, ceux qui paroissent chercher à se réünir, s'éloignent encore davantage.

IX.

Réflexions sur les deux Empires d'Orient & d'Occident.

Voilà ce que j'avois à remarquer de plus considérable touchant les deux Empires, d'Orient & d'Occident. Quelques guerres qui ayent agité le premier, quelques opinions qui s'y soient introduites, on y conserva toujours du goût & de l'attachement pour les Sciences. Il se rencontroit des gens de Lettres, soit à Constantinople, soit à Thessalonique, soit enfin dans les principales villes de Syrie & de l'Asie Mineure. J'avouë que leur maniere d'étudier n'avoit rien de décisif, rien qui fût assis sur un bon fond de Critique. Mais il est toûjours glorieux à l'Empire d'Orient d'avoir perpétué les études jusqu'à sa décadence, & de les avoir perpétuées, sinon avec toute la finesse des derniers tems, du moins avec assez de fruit & d'utilité. Deux choses y concoururent, au sen sentiment des Critiques les plus distingués, & sur-tout de Mr. du Cange dans son Glossaire *mediæ & infimæ Græcitatis*. La prémiére fut l'usage de la Langue Grecque, qui subsista toujours à la Cour, & ne s'abolit entiérement que lorsque Mahomet II. s'empara de Constantinople. A la vérité, cette Langue avoit perdu une partie de son élégance & de sa pureté. On sait même que les Russes, les Bulgares & les Arabes cherchoient à l'anéantir dans tous les lieux où ils prédominoient. Malgré tant d'ennemis, le Grec se parloit toujours, & même assez noblement. Aussi le langage, dans les Auteurs de l'Histoire Byzantine, est ce qui mérite le moins d'être repris. Il seroit à souhaiter que le goût & le discernement y fussent en même proportion, qu'on n'y trouvât point le merveilleux, le surprenant, prodigués presque à chaque page; que la vérité s'y déduisît d'elle même, en faisant voir que rien n'arrive brusquement dans le monde & comme par sauts, mais que les événemens sont enchainés les uns aux autres; enfin, que des plus petites causes naissent les plus grands effets.

La seconde chose qui contribua à retenir les Sciences en Orient, ce fut la facilité qu'avoient les Curieux de se fournir des meilleurs Ouvrages. Cette facilité mettoit chacun en état de lire par lui-même, & de passer avantageusement d'une lecture à l'autre. Rien n'étoit plus magnifique, ni plus commode en même tems, que la Bibliothéque de Constantinople. On l'avoit placée dans un des Palais que le grand Constantin s'étoit plû à faire bâtir; & à force de recherches & de dépenses, on avoit poussé le nombre des volumes jusqu'à plus de six cens mille. Il est vrai que cette Bibliothéque fut deux fois brûlée; l'une sous la tyrannie de Basiliscus, par l'indiscrétion & peut-être la malignité de quelques artisans qui travailloient en cuivre; & l'autre sous le régne de Léon l'Isaurique, qui lui-même fit mettre le feu à la nouvelle Bibliothéque qu'on avoit érigée des débris de l'ancienne. Cependant, quelques considérables que fussent ces deux incendies, on avoit sauvé un assez grand nombre de livres, pour en former plusieurs cabinets de Curieux: & c'étoit dans ces asyles favorables, dans ces retraites savantes, qu'on alloit prescrire contre l'ignorance. Il paroît même qu'on conservât toûjours dans le Palais Impérial un certain nombre de manuscrits rares & précieux, entre lesquels étoit ce volume orné de figures & de traits énigmatiques, où l'on croyoit que la fortune de chaque Empereur, les évenemens de son regne, ses bornes ou mauvaises qualités, étoient contenus. Léon l'Armenien consulta ce volume critique, & il vit avec frayeur qu'un Empereur de son nom devoit être assassiné la veille de Noël. Et cette prédiction se vérifia en lui-même, au rapport des Auteurs Grecs. Ce qui est de certain, c'est que Léon fut assassiné par l'homme du monde dont il avoit le moins lieu de se défier, puisqu'il le retenoit dans les fers, & qu'il comptoit le faire mourir le lendemain des fêtes de Noël.

Si l'on fait presentement réfléxion à ce que je viens de dire, on verra que par les mêmes raisons, les Sciences devoient s'éteindre dans l'Occident. 1°. La Langue Latine, de douce & de polie qu'elle étoit, devint âpre, rude & grossiere; j'ose même dire, inintelligible, tant par le mêlange des differens jargons que parloient les peuples de la Germanie & du Nord, que par leur prononciation brute & leurs sifflemens Gothiques. S'il resta quelques traces de son ancienne construction, traces encore bien légéres & peut-être imperceptibles, ce ne fut que parmi les Moines & les Ecclésiastiques, qui seuls pouvoient acquérir quelques connoissances. Eux excepté, tous les autres habitans de l'Italie devenus serfs, ne s'adonnoient qu'à l'Agriculture, ou aux Arts méchaniques. Aussi, le Clergé fournissoit-il alors & les Médecins, & les Jurisconsultes, & les Secrétaires, les Chanceliers, les Ministres des Rois, le plus souvent Rois usurpateurs. Sous le titre de Clerc, on se frayoit non-seulement un accès facile à la Cour des Princes, mais encore on y obtenoit des récompenses honorables. Témoin Pierre d'Achspalt, qui ayant guéri Clément V. dangereusement malade, en reçut pour salaire le riche Archevêché de Mayence.

Cet avilissement où tomba la Langue Latine, ruïna entierement les Sciences, qu'on ne pouvoit aprendre que par son secours. En perdant la trace des bons Auteurs, de ceux qui avoient composé dans le siécle d'Auguste, on perdit jusqu'à la faculté de penser. Les besoins de l'esprit, quand on a été un certain espace de tems sans y satisfaire, deviennent presque irréparables. Il falut aussi bien des soins, bien des peines, pour réveiller les études plongées dans un trop long sommeil : & les premiéres démarches qu'on fit pour cela furent d'oublier la Langue qu'on parloit alors, pour introduire à sa place celle de l'ancienne Rome, du moins autant qu'il étoit possible par raport à une Langue morte.

2°. La disette des livres ne fut pas moins préjudiciable à l'avancement des Sciences. Soit que les Romains, par je ne sai quelle vanité, se fussent peu attachés à multiplier les exemplaires de ceux qu'ils possédoient, soit que la guerre continuée avec tant de fureur, en eût fait périr la plus grande partie ; il est certain que les Ouvrages des anciens Philosophes étoient fort rares dès le troisiéme siécle. Saint Augustin, qui vivoit à l'entrée du quatriéme, en fait des plaintes dignes de son amour pour les Lettres ; & il assûre que dans la plûpart des Ecoles on n'enseignoit leurs sentimens que par tradition. Il arriva même dans la suite qu'on eut tant de peine à recouvrer la Dialectique d'Aristote, que les Professeurs furent obligés de lui substituer celle de Saint Augustin. Cette disette des livres, comme on peut juger, alla toujours en augmentant. Mr. l'Abbé Fleuri raporte qu'elle étoit si grande dans le X. & le XI. siécle, qu'une Bibliothéque composée de cent volumes passoit pour une Bibliothéque immense. Il parle d'un Bouchard Evêque de Wormes, qui après beaucoup de recherches & de dépenses, ne put jamais rassembler que cent volumes d'Auteurs Ecclésiastiques, & cinquante d'Auteurs Profanes. Ce furent-là toutes ses richesses littéraires, tout le fonds de sa Bibliothéque.

J'ajouterai, que dans la plûpart des Monastéres, les Livres étoient attachés avec de petites chaines de fer, de peur qu'ils ne vinssent à se perdre par négligence, ou que les étrangers à qui on permettoit de les lire, ne les enlèvassent par surprise. Il en auroit trop coûté pour les remplacer. Une preuve de cela, c'est que ceux qui avoient besoin de quelques Ouvrages un peu distingués, étoient contraints d'envoyer des Copistes à Rome ou à Constantinople pour les transcrire. On ne trouvoit effectivement que dans ces deux villes, des assortimens complets. Loup, Abbé de Ferriéres en Gâtinois, voulant avoir le Traité de Cicéron *de Oratore*, les douze Livres de Quintilien, & le Commentaire de Donat sur Térence, crut devoir s'adresser au Pape Benoît III, qui par amitié pour sa personne & par complaisance pour son goût, lui en fit faire des copies exactement collationnées aux manuscrits.

Quand je me suis plaint de la disette des livres, je n'ai voulu parler que des livres marqués au bon coin, & propres à nettoyer, à perfectionner les esprits. Car il y en avoit toûjours un certain nombre d'inutiles, qui se trouvoient répandus entre les mains des Ecclésiastiques & des Moines, & qu'on recommandoit malheureusement à la Jeunesse. Ces livres étoient, (car il me paroît à propos de marquer dans quelles sources on puisoit alors) ces livres, dis-je, étoient l'*Elementarium doctrinæ rudimentum* de Papias ; le Glossaire, ou le Dictionnaire d'Ugutio Evêque de Ferrare ; le Traité des sept Arts Liberaux, de Salomon Moine de Saint Gal ; le *Catholicon*, ou *Summa* de Jean de Janua, de l'Ordre des Freres Prêcheurs ; le *Mammotrectus* de Marchesinus ; le *Vocabularius Compendiosus* ; les *Gemma vocabulorum*, & *Gemma gemmarum* ; la Grammaire de Maximien ; le Doctrinal d'Alexandre de Villadei ; le Partional, & le Combinal de la Grammaire ; les Traités de l'Arithmétique, & des Dimensions, de Rabus Moine de l'Abbaye de Fulde ; ceux de la Musique, & de la Symphonie, par Notkerus Abbé de Saint Gal ; le Recueil des Enigmes, & les Fleurs des Poëtes, par Michon Moine de Saint Riquier ; le Traité sur le Monochorde, & sur la quadrature du Cercle, par Reinhard Moine de Saint Burkard près de Wirtsbourg.

Tous ces livres étoient encore d'usage au commencement du seiziéme siécle. Mr. du Cange en rapporte quelques traits, qui sont si ridicules, qu'on ne peut s'empêcher de leur appliquer ces paroles d'Agobard, Archevêque de Lyon: *Quam magna jam stultitia miserum mundum oppressit!*

3°. Comme l'exemple de ceux qui régnent, & de plus qui régnent avec hauteur & tyrannie, est très-contagieux, il arriva que les mœurs & les coutumes des Barbares se répandirent dans toute l'Europe. On méprisa l'autorité des Loix, devenuës sans force, & languissantes; & chacun prit le fer en main, pour venger ses injures particuliéres. Les amis, les indifférens mêmes, entroient dans ces sortes de combats ignorés de toutes les Nations polies, & qui devoient être absolument ignorés de tous les hommes. La Justice ne se rendit plus que par la voie des armes. On se lavoit des crimes les plus énormes, en osant attaquer son accusateur, quelquefois même en substituant des champions à sa place. Faloit-il terminer un procès, régler les limites d'un champ, prononcer sur l'antiquité d'un titre ou d'un manuscrit, savoir si la Liturgie Gothique étoit préférable à la Liturgie observée à Rome & en France, décider même si des Reliques méritoient de passer pour véritables ou pour supposées ? aussi-tôt on avoit recours aux armes, comme si la raison & la justice devoient suivre, nécessairement le parti du plus fort ou du plus adroit ; comme si celui qui tuoit son adversaire, rendoit sa cause meilleure, justifioit ses prétentions.

Dans un renversement si déplorable de tous les principes du Droit naturel, personne ne songeoit à s'instruire, ni à se procurer des connoissances utiles. Les Barbares mêmes massacroient inhumainement les Princes, en qui ils remarquoient des sentimens de paix, & quelque inclination pour les beaux Arts. Il sembloit que l'ignorance fût le privilége de leurs conquêtes, & pour ainsi dire, leur Manifeste. Chacun suivit un exemple, qui s'ajustoit si bien & au déréglement de ses mœurs, & à l'indépendance dans laquelle il vouloit vivre. La plûpart des Seigneurs s'imaginérent que le titre d'homme habile étoit incompatible avec celui de noble, & qu'on risquoit sa dignité à savoir les choses mêmes les plus communes.

Le Clergé seul resta en possession d'étudier, ou parut y rester. Quand les Princes vouloient s'écrier les uns aux autres, ils étoient forcés de recourir à quelque Clerc, & d'emprunter sa main : ils mettoient seulement leur monogramme, & leur sceau, au bas de la lettre. Charlemagne, quoiqu'il fût d'ailleurs grand génie, grand homme d'Etat, d'une vive & agréable éloquence, habile même pour un Empereur, ne savoit pas écrire : & on rapporte que Louis le Débonnaire son fils ayant assemblé plusieurs Evêques pour signer un Acte important, on fut obligé d'envoyer demander une écritoire au Chancelier : il ne s'en trouva point dans le Palais du Roi, ni dans les maisons des Evêques. Qu'on juge par-là dans quel mépris de leurs devoirs, dans quelle négligence ils étoient plongés ! Aussi n'y avoit-il plus alors d'élection canonique ; plus de délicatesse sur le réglement des mœurs ; plus de décence dans les fonctions du sacerdoce. A peine les Evêques qui occupoient les plus grands Siéges, pouvoient-ils bégayer les paroles sacramentelles.

La barbarie où l'Occident fut plongé, dura jusqu'au quinziéme siécle : non point que la Nature ne fît de tems en tems quelques efforts pour produire des génies relevés ; mais faute de culture, ces génies se manquoient à eux-mêmes ; ils périssoient au milieu des ronces & des épines, dont ils étoient environnés

C'est ce que le Pere Mabillon a fait voir si judicieusement, dans la Préface du cinquiéme siécle de l'Ordre de Saint Benoît. Mais enfin les tems changérent : & comme la Gréce avoit autrefois servi à polir & éclairer Rome, à lui inspirer le goût des beaux Arts ; ce fut encore par les Grecs qui se réfugiérent en Italie après la prise de Constantinople, que commença la renaissance des Lettres. Il ne faut pas croire cependant que les esprits passérent tout d'un coup des ténébres à la clarté ; qu'ils se desaccoutumérent du brut introduit par les Nations septentrionales, pour reprendre le beau laissé par les Grecs & les Romains. Le trajet fut long, & épineux. On manquoit de guides, ou plutôt on ignoroit quels étoient les véritables, ceux ausquels on pouvoit se fier. Tout devint suspect à ceux qui se trouvent malheureusement égarés : ils craignent de s'égarer encore davantage. Oserions-nous après tant d'essais, de peines, de tentatives, oserions-nous nous flatter de quelque heureux succès ? Du moins est-il bien certain que nous sommes sur les bonnes voies.

HISTOIRE CRITIQUE DE LA PHILOSOPHIE.

LIVRE NEUVIE'ME.

DES NOUVEAUX SYSTEMES DE PHILOSOPHIE INVENTÉS PAR LES ARABES, ET LES SCHOLASTIQUES.

CHAPITRE XL.

I. *Caractére avantageux de Mahomet. II. De l'Alcoran. III. De l'applica-*

tion que les Mahométans donnerent aux Sciences. IV. *Succès favorables qu'eurent leurs conquêtes.* V. *Histoire de Mamon ou d'Almamon.*

LA Religion que Mahomet établit au commencement du VII. siécle, & qui est d'autant plus dangéreuse qu'elle flatte les sens & se proportionne à la foiblesse humaine, causa de grandes révolutions dans l'Empire d'Orient, & peu après dans l'Univers entier. Ce nouveau Législateur, assez hardi pour mépriser les plus grands périls qui s'opposoient à ses desseins, mais plus fourbe encore & plus dissimulé qu'il n'étoit hardi, profita hautement de l'extrême facilité qu'ont les hommes à se laisser séduire. *Il avoit*, dit George Elmacin, *toutes les qualités nécessaires pour accréditer un Imposteur : il cherchoit à se faire aimer de ceux qui pouvoient lui être utiles : & sa complaisance, soutenuë d'une libéralité judicieuse, rendoit encore plus vif le talent qu'il avoit de persuader.* Les gens habiles ne négligent rien : tout sert à faire réussir leurs projets, & même ce qui en paroît le plus éloigné.

Caractére avantageux de Mahomet.

Apud Hottin. l. 2. Hist. Orient.

Mahomet tomboit souvent dans des convulsions épileptiques. Pour cacher la honte d'un mal qui se fait craindre avec tant de justice, il persuada à sa femme que ses convulsions étoient de véritables extases, pendant lesquelles un Ange venoit l'instruire de la part de Dieu : & il nommoit cet Ange, *le Maître des Trésors ou des Révélations.* Une imposture si palpable, loin d'être contredite, fut reçuë favorablement. On applaudit au nouveau Prophéte. Il eut des partisans & des sectateurs, qui l'enhardirent à donner un agréable systême de Religion. On accuse même les Juifs & quelques Evêques Nestoriens de lui en avoir fourni les matériaux, les uns pour nuire publiquement au Christianisme, & les autres pour se railler des Conciles orthodoxes qui les avoient flétris & condamnés. Mais Mahomet, profitant de leurs vengeances particuliéres, s'en moqua dans la suite.

Il est suprenant quelles furent la promtitude, la vivacité, l'étenduë de ses succès. Bientôt la Caramanie & la Cilicie, une partie de l'Afrique, la Syrie, la Mésopotamie & l'Egypte se, trouvérent engagées dans la nouvelle Religion. Toutes les autres humiliées & languissantes sembloient céder à celle-là, & honorer son triomphe. Il faut aussi tomber d'accord qu'on ne pouvoit agir avec plus d'esprit, plus d'art, plus de souplesse, que Mahomet. Sans condamner ni les Juifs ni les Chrétiens, il disoit seulement que l'Alcoran étoit la derniére faveur que Dieu avoit voulu faire aux hommes. » La Loi de Moïse, ajoutoit-il, qui est la prémiére, » se trouve chargée de trop de détails » & de superstitions : on ne peut l'accomplir exactement. La Loi de Jésus-Christ qui est la seconde, paroît » encore plus difficile à observer, quoi » qu'elle soit pleine de graces données » sans mesure, mais avec précaution. Enfin, la Loi que je vous annonce & qui » est le chef-d'œuvre de la miséricorde » du Seigneur, a des avantages infinis » sur les deux autres. Ce n'est qu'en » la suivant, qu'on peut se rendre heureux & dans ce monde & dans l'autre.

D'ailleurs, Mahomet n'avançoit rien, ne faisoit aucune démarche, qu'il ne supposât quelque révélation ou quelque ordre d'en-haut. Ce genre de preuves est à la portée de tout le monde, & ne réussit que trop souvent. Un homme qui assûre d'un certain ton qu'il est inspiré, en est presque cru sur sa parole. Les prémiers qu'il séduit, en attirent d'autres à leur suite. Il suffit qu'une erreur commence à avoir quelque cours ; bientôt elle se répandra d'une maniére victorieuse. A l'égard des miracles, Mahomet avoit avoué plusieurs fois pendant sa vie qu'il n'en savoit point faire. Mais cet aveu fut compté pour rien après sa mort. On lui en attribua une infinité : & ce qui doit surprendre davantage, remarque un savant Professeur d'Oxford, c'est que les Chrétiens ont encore renchéri sur les Arabes. Tant il est difficile, quelle que soit sa créance, de ne point attacher du surnaturel aux hommes qui se distinguent par une supériorité de talens !

Ed. Pocock in Specim. Histor. Arabum.

Une autre adresse de Mahomet, ce fut de faire parade d'une profonde ignorance : & cela pour augmenter encore l'idée qu'il vouloit donner de lui-même de son commerce secret avec la Divinité. Il se nommoit par une feinte modestie, le Prophête sans littérature, le Prophéte qui ne savoit ni lire ni écrire : & effectivement, il avoit toujours prés de sa personne quelques Juifs qui lui servoient de Secrétaires, & qui recueilloient les différens Azoares ou Chapitres de l'Alcoran, à mesure qu'il se sentoit disposé à les dicter, & que l'esprit de Dieu dénouoit sa langue. Il faisoit ensuite une marque rouge au bas de ce qui étoit écrit, de peur qu'on n'ajoutât quelque nouvelle glose à ses pensées ; & cette marque formoit toute sa signature.

De plus, Mahomet ne dédaignoit point les lumieres que pouvoit lui communiquer Aaïce ou Ayesha, fille d'Abu-Beker & la plus chérie de ses femmes, à qui il avoit permis de s'instruire dans toutes les connoissances qui étoient alors répanduës chez les Arabes. Cette permission accrut encore les charmes d'Ayesha. Elle devint très-polie & très-savante, (car la science bien entenduë polit l'esprit, en l'adoucissant) & sa réputation ne diminua point après la mort de Mahomet, à qui elle survécut 48 ans. Ceux de sa Secte l'appelloient la Prophétesse, la Mére des Fidéles; & ils avoient un respect infini pour toutes les histoires & toutes les traditions qu'elle raportoit, apparemment, d'une maniére fine & ingénieuse. Une personne aimable, qui a su reflechir & qui a acquis des talens, des connoissances, n'en paroît encore que plus aimable.

Prideaux Vie de Mahomet.

I I.

Comme Mahomet, en dictant ses pensées, n'avoit suivi d'autre ordre que celui d'une prétenduë inspiration, les quatre Caliphes qui lui succédérent, pleins de respect pour ces mêmes pensées, les réduisirent en un Corps d'ouvrage : & ce fut par leurs soins, sur-

De l'Alcoran.

tout par ceux d'Azman ou d'Osinen le plus distingué de ces Caliphes, que l'Alcoran se montra au jour. Jamais Ouvrage ne fut reçu avec une approbation plus générale, avec une joie plus tendre & plus sincére. Tous les Mahométans s'y soumirent d'une commune voix, & encore aujourd'hui ils s'y soumettent, sans que leur zèle soit refroidi. Les uns y cherchent les fondemens de la Religion, avec toutes les pratiques, tous les usages qui y ont raport, & qui s'étendent à l'obligation de faire l'aumône, à la priére, aux jeûnes, aux purifications & à une propreté scrupuleuse sur soi-même, aux pélerinages & principalement à celui de la Mecque, enfin à la maniére de traiter les divorces. Et pour parler ici de la priére, un savant Voyageur, de l'Académie Royale des Sciences, a remarqué que rien n'est plus exemplaire que l'attention des Mahométans à se prosterner cinq fois par jour, en quelque lieu qu'ils se trouvent, & à prier avec une modestie, avec un recueillement admirable : au-lieu, dit-il, que les Grecs qui sont Chrétiens, vivent comme des infames, sans aucune apparence de culte, sans aucun respect pour la Divinité.

Tournef. Voy. du Levant, t. 2. Lett. 14.

A l'égard des ablutions si chéres aux

Mahométans, elles ne sont pas fort différentes de ce qui étoit d'usage dans les premiers siécles du Christianisme. On sait que le parvis de toutes les Eglises Cathédrales offroit d'abord une fontaine avec un large bassin, où les Fidéles qui se disposoient à visiter ces Eglises, commençoient par se laver les pieds, les mains & le visage. Il est parlé de cette ancienne pratique dans Eusébe de Césarée, dans Saint Paulin de Nole, dans Saint Jean Chrysostome : elle est de plus confirmée par les fontaines, qui subsistent encore à l'entrée de toutes nos anciennes Eglises, quoique la plûpart des bassins aient été démolis. Je m'imagine que l'Eau-benite a succédé à ces sortes de purifications extérieures.

Les autres regardent l'Alcoran comme un Corps entier de Droit, comme une Jurisprudence universelle. Ils y trouvent, ou croyent y trouver les régles générales du Gouvernement, les décisions de tous leurs procès, les motifs de faire la guerre ou la paix ; enfin, une connoissance aprofondie de ce qui est juste & injuste. L'explication des cas particuliers apartient au Muphti, qui est le Souvèrain-Pontife de la Loi de Mahomet, & qui dispose à son gré de tous les Officiers de Justice. On peut le consulter à toute heure, & jamais il ne refuse les éclaircissemens qu'on lui demande. Mais aussi quelles que soient ses décisions on n'en peut plus appeller.

Ainsi l'Alcoran présente un double mérite aux yeux des Sectateurs de Mahomet : il leur tient lieu de Théologie, & de Jurisprudence. Cependant le Muphti convient que de douze mille versets dont ce livre est composé, il n'y en a que quatre mille qui se doivent prendre au pied de la lettre. Tout le reste est sujet à des gloses & des interprétations allégoriques, dont on voit un recueil assez curieux dans les six volumes que Mahuvias, Prince des Arabes, fit paroître à Damas. Et ce sont ces gloses & ces interprétations, qui servent de texte aux longues harangues des Santons & des Alfaquis : harangues d'autant plus ennuyeuses, qu'un certain respect empêche d'y trouver à redire.

Il seroit à souhaiter que les Religieux qui se destinent aux Missions du Levant, étudiassent avec plus d'attention & l'Alcoran, & les Traditions de Mahuvias. Ils y feroient certainement beaucoup plus de fruit, qu'ils ne paroissent en faire: Car le célébre Jaques Golius, Professeur en Mathématique & en Arabe à Leide, Golius, dis-je, qui avoit long-tems demeuré à Constantinople, & que le Grand-Seigneur vouloit retenir en qualité de son Géographe, observe que l'ignorance dans laquelle vivent les Chrétiens des mœurs & des usages Mahométans, est cause qu'on ne peut en convertir aucun : & même ces Mahométans témoignent leur surprise par de grands éclats de rire, quand ils voyent quelqu'un de nos Missionnaires leur reprocher des erreurs qu'ils n'ont jamais euës, & qui sont très-éloignées de leur façon de penser.

Une autre suite de cette ignorance, c'est le plaisir malin qu'on prend à décrier le Mahométisme, par raport à la corruption & au désordre des mœurs. Mais rien au monde n'est plus mal fondé, que les discours qu'on en tient. J'avouë que dans toute Religion, il y a des gens qui se conduisent sans principes, sans égards, sans bien-séance. C'est la coutume, la difficulté de s'appliquer, l'ennui de penser à l'avenir, une certaine indolence qu'on aporte en naissant, qui décident de toutes leurs actions. Mais les vrais Musulmans mènent une vie exacte & uniforme, sans presque se démentir. L'obligation de donner l'aumône est indispensable parmi eux. Ils n'y manquent en aucun tems, ni en aucun lieu ; ils préviennent les besoins des misérables, si souvent oubliés :

Hist. Crit. de la créance & des cout. des Nat. du Levant c. 15.

ils vont chercher ceux qui souffrent, dans les chaumiéres où ils sont ensevelis : ils portent des remédes préparez chez les malades : ils délivrent les prisonniers qui gémissent sous le poids accablant de leurs dettes : enfin, aucune espéce de misere ni d'infortune n'échape à leur charité.

Il y a plus. Non-seulement les Musulmans compâtissent aux peines & aux disgraces de leurs fréres, de leurs amis, de ceux de leur Secte, mais encore ils reçoivent & traitent les Etrangers avec les mêmes égards. *O Dieu !* s'écrie Mahomet dans l'Alcoran, *vous savez que nous aimons tous les hommes, mais plusieurs ne nous aiment point.* Le malheureux Abailard, mutilé par l'ordre d'un Chanoine de Paris, persécuté par les Moines de Saint Denys, presque assassiné par ceux de Rhuis en Bretagne, noirci par Saint Bernard & par les Théologiens, trainé comme hérétique devant plusieurs Conciles, soupiroit après une retraite parmi les Mahométans. Il se flattoit d'y trouver le repos, qu'en vain il cherchoit en France.

V. Abailard. Op. p. 32.

III.

De l'aplication

Les réflexions que je viens de faire sur l'Alcoran, ont dû déveloper le véritable esprit de la Loi de Mahomet. Ses premiers Disciples, encore incertains de leur sort, ne cherchoient qu'à se rendre redoutables, & qu'à établir leur Religion naissante. Un courage intrépide & qui ne s'effrayoit d'aucun péril, leur tenoit lieu de toute science. Ils vainquoient, & c'étoit assez pour eux. Mais leurs successeurs devenus plus puissans, & déja maîtres de toutes les frontiéres qui bornoient l'Empire de Constantinople, devinrent aussi plus adroits & plus moderez. Almanzor Caliphe de Syrie, & le second des Abbassides, leur inspira du goût pour les Sciences. Ce Prince régnoit vers l'an de Jesus-Christ 753 : il étoit Philosophe & Astronome tout ensemble. Bagdat & Bassora s'accrurent par ses soins, sa réputation & ses libéralitez. Les Curieux, les Auteurs y venoient en foule; & l'on assure que par raport à la pureté de l'Arabe, ces deux villes étoient aux Musulmans ce qu'Athènes & Alexandrie avoient été aux Grecs. En effet, le Mahométisme ayant jetté ses premiéres racines à la Mecque, & l'Alcoran avec les Traditions de Mahuvias se trouvant écrit en Arabe, cette Langue avoit acquis le mérite de Langue sacrée & savante : & l'on nomma indifféremment Arabes tous ceux de la Secte de Mahomet, qui se

que les Mahométans donnérent aux Sciences.

distinguérent depuis le VIII. siécle jusqu'à la fin du douziéme.

D'Herbelot, Bibliot. Orient.

Mais comme il y avoit en cette Langue peu de richesses littéraires, il falut suppléer à une si grande disette. Abdallah qu'on surnommoit aussi Alhafedh, parce qu'il avoit retenu un grand nombre de Traditions, envoya des Députez à Constantinople pour y acheter des livres. Ses soins réüssirent en partie : mais ceux d'Almamon eurent un succès plus glorieux. Ce Caliphe, presque comparable à nos Héros Chrétiens, étoit en guerre avec Michel le Bégue, Empereur de Constantinople. Après l'avoir défait en plusieurs occasions, il l'obligea d'accepter une paix honteuse : & la principale condition de cette paix fut, que Michel envoyeroit au Caliphe une certaine quantité de livres rares & curieux. C'étoit-là triompher moins de ses ennemis, que de l'ignorance de ses Sujets. Quand Almamon se crut assez riche en livres & en manuscrits, il s'empressa de les faire traduire par des gens habiles, & il excita tous ses Sujets à s'en rendre la lecture familiere. Chacun voulut suivre l'exemple du Prince, & avoir part aux libéralitez. Il y a apparence que pour toutes ses traductions, le Caliphe se servit des Juifs & des Chrétiens, dont fourmilloient alors l'Egypte

gypte & la Syrie. Eux ſeuls auſſi étoient capables de ce travail, parce qu'ils ſavoient également les deux Langues, le Grec & l'Arabe. D'ailleurs Almamon étoit fort circonſpect & fort modéré dans ſes ſentimens : il ne croyoit pas qu'un homme fût mépriſable, ni digne de mort, dès qu'il profeſſoit une Religion différente de la ſienne. Il défendit de faire des vœux & de s'obliger pour toute la vie à une même choſe, diſant, que la tête de l'homme eſt trop legere pour reſter long-temsdans la même aſſiette.

Soit vanité, ſoit attachement à leurs mœurs & à leurs coutumes, les Arabes n'apprirent jamais aucune Langue étrangére. Ils ſe contentoient de faire traduire dans la leur tous les Ouvrages dont ils avoient beſoin. Il y a quelque choſe de très-ſenſé dans cette conduite. L'étude laborieuſe des Langues conſume beaucoup de tems, & peut-être enrichit-elle la mémoire, plus qu'elle n'éclaire l'eſprit. On ne peut trop ſe hâter de venir au fond des choſes, tout ce qui arrête en chemin doit être compté pour une diſtraction, quoique ſouvent les diſtractions mêmes ayent leurs charmes & leur utilité. Mais malheureuſement pour les Arabes, ils eurent des Traducteurs infidéles, ou du moins peu exacts. C'est ce que Louis Vivès a relevé avec soin. » La plupart des Traductions Arabes, dit-il, n'ont point été faites sur les Originaux Grecs, mais sur d'autres Traductions Latines : & il est impossible que ce qui passe ainsi par plusieurs mains, ne s'altére insensiblement ; la moindre négligence devient une source d'erreurs. Les Philosophes Arabes, par exemple, citent toujours Ptolomée au-lieu de Platon, Pythagore au-lieu de Protagoras, Cratyle au-lieu de Démocrite, &c. Quand Averroës emprunte quelque chose de Platon, il ne donne jamais à ses Dialogues que des titres extravagans. On juge bien qu'il ne les a lus que dans des Versions fautives.

Lud. Vives, de corrupt. art. l 5.

Cependant, ces Traductions Arabes eurent beaucoup de succès dans tout l'Orient. Les Tartares s'en servirent, pour se procurer les Ouvrages d'Aristote tournés en leur Langue : & suivant quelques Voyageurs, cette Traduction se conserve encore à Samarkand, autrefois la Capitale de toute la Tartarie. Les Perses & les Indiens soumis à l'Empire du Grand-Mogol, avoient tiré les mêmes secours des Arabes ; & l'on trouve dans le Voyage de Moscovie & de Perse du fameux Adam Oléarius, des particularités curieuses qui font voir le respect que ces peuples avoient pour Aristote.

Comme Almamon régna près de vingt ans, il eut tout le loisir d'inspirer à ses Sujets l'amour des Sciences. Il en devint le Pere & le Législateur : tout l'Orient applaudit à ses vertus. Il semble que la Nature ne puisse souffrir de vuide, ni d'éclipse. Les siécles où le Christianisme étoit plongé dans une barbarie honteuse, furent les siécles mêmes où les Arabes se distinguérent le plus. Il faut seulement observer que le douziéme est leur siécle favori, leur siécle de distinction. Ils le regardent de même œil, que les Grecs regardoient celui d'Alexandre, & les Romains celui d'Auguste.

IV.

Le goût des Mahométans pour les Sciences, s'accrut encore de la rapidité & de l'étenduë de leurs conquêtes. Elles élevent naturellement l'esprit, & il est impossible de vaincre, sans aimer la gloire qui en est la précieuse récompense. D'ailleurs, les Mahométans se servoient du prétexte de ces mêmes conquêtes, pour établir le mérite de leur Religion. *Dieu*, disoient-ils, *est au-*

Succès favorables qu'eurent leurs conquêtes.

Ricaut, Hist. des Turcs l. 2.

teur de tout ce qui arrive d'heureux & défavorable dans le monde : lui ſeul par conſéquent en doit être loué. Quelle preuve plus complette voudrions-nous de la vérité de l'Alcoran, que les ſuccès extraordinaires dont il nous comble, ſuccès qui nous ont rendu maîtres de tous les pays qui s'étendent depuis le Détroit de Gibraltar juſqu'au fond des Indes ? Pouvoit-il mieux aprouver notre zéle, qu'en le récompenſant ?

Il eſt difficile qu'un pareil langage ne frape tout un peuple, principalement ſi ce peuple eſt ennemi des réflexions. Les félicités temporelles ſervent de plus en plus à le flatter, & à l'enorgueillir. Tel étoit le génie des Romains, quand le Chriſtianiſme commença à ſe répandre. Ils attribuoient le changement de leur fortune, les malheurs & les deſaſtres publics, au changement qu'on vouloit faire dans l'ancienne Religion. » Une preuve, diſoit Symmaque dans ſa » fameuſe Requête à l'Empereur Théo- » doſe, une preuve que cette Religion » venoit du Ciel, ce ſont les bienfaits » innombrables qu'elle nous a procurés : » c'eſt l'état floriſſant de la République, » tant qu'elle a eu le courage de la » ſuivre & de l'aimer. Pourquoi chan- » ge-t'on ce qui ſe trouve fondé ſur » tant d'heureuſes expériences ? Com-

» me la vérité est toujours obscure & » cachée, n'est-ce point à celle qui » contribuë à notre repos, qui nous at» tire une juste considération, qu'on » doit se livrer » ? Les premiers Peres de l'Eglise eurent bien de la peine à détruire ce raisonnement, qui, aux yeux préoccupés du Paganisme, paroissoit décisif.

V. præsertim S. August. de Civit. Dei.

V.

Histoire de Mamon ou d'Almamon.

Apud Vossium de Phil. c. 14.

Léon d'Afrique rapporte une histoire de Mamon ou plutôt de Mamoum, fils de Rasid VIII. Caliphe, qui pourroit bien convenir à Almamon. On sait que les Arabes ajoutent souvent aux noms simples, la particule Al, pour les relever davantage. Voici l'histoire. Jean, fils de Mesuah ou de Moïse, vint par curiosité à Bagdat, & fut surpris de trouver une ville si opulente & si magnifique. Elle étoit remplie de Mahométans & de Chrétiens, qui excelloient à l'envie les uns des autres. Le jeune Etranger gagna leur amitié, & devint bientôt plus savant que ses Maîtres. Il avoit percé dans tous les secrets de la Philosophie, de la Médecine & de l'Astrologie. Rasid étoit alors Caliphe de Bagdat. Son second fils appelé Ebdullah, & surnommé Mamon, se dispoſoit à faire un long voyage & cherchoit des gens habiles & vertueux, auſquels il pût ſe confier. Pluſieurs s'offrirent, & le jeune Prince les agréa. Mais ſon Sécrétaire, qui avoit beaucoup de crédit ſur ſon eſprit, lui tint ce langage. *Seigneur, tous ces Savans dont votre Palais eſt rempli, ne s'accorderont jamais enſemble. Ils ſont trop différens d'habits, de mœurs, de religion. Si vous voulez ſuivre mon conſeil, je vous indiquerai un homme, qui vous tiendra lieu de tous les autres.* Mamon s'en rapporta à ſon Secrétaire, & il trouva dans Jean, fils de Meſuah, le Savant & l'Ami qu'il lui faloit. Leur voyage fut court, & plus heureux qu'ils n'auroient pu l'eſpérer. Le Caliphe mourut. Les peuples deſtinérent ſa place à Mamon. Il revint, combattit ſon frére ainé, & régna.

On ne peut guéres s'imaginer quelle fut enſuite ſon ardeur pour le progrès des Sciences. Il raſſembla un nombre prodigieux de livres, & ſur-tout de ceux qui regardoient l'Aſtrologie, la Phyſique, la Médecine, la Chronologie & la Muſique. Jean, fils de Meſuah, eut le ſoin de faire traduire tous ces livres en Arabe; & c'étoit le moyen de flatter extrêmement les inclinations bienfaiſantes du nouveau Caliphe. La plupart de ces Traducteurs, & Jean lui-même, étoient Chrétiens. Un des Courtisans de Mamon osa lui en faire des reproches, & voici quelle fut sa réponse. » J'ai choisi le fils de Mesuah pour mon » Médecin. Je lui abandonne le soin de » ma vie & de ma santé. Pourquoi ne » lui confierois-je pas la traduction de » quelques Ouvrages, qui ne regardent » ni sa Religion ni la mienne ?

CHAPITRE XLI.

I. *Réfléxions sur les Sciences que les Arabes n'oserent cultiver.* II. *Du Paradis de Mahomet.* III. *Du mépris que ses Disciples témoignerent pour l'Histoire.* IV. *Des progrès qu'ils firent dans l'étude de la Physique.* V. *De leur Medecine.* VI. *De leurs inventions en Méchanique.* VII. *De leur Chymie.*

I.

Réfléxions sur les Sciences que les Arabes n'oserent cultiver.

TOutes les Sciences qui avoient réüssi à Rome & dans la Grece, ne furent pas également cultivées des Arabes. Les unes répugnoient à leurs mœurs, & à la forme de leur Gouvernement. De quel usage peuvent être l'Eloquence & la Politique dans un Etat, où tout est bassement assujetti à la volonté d'un seul, & où l'on ne devient grand qu'à force de respect & de soumissions ? Les autres s'ajustoient mal avec les préjugés de leur Religion : & l'on sait que, malgré sa fausseté, elle se fait obéïr d'une maniére qui honoreroit la véritable. En effet, l'Alcoran inspire une si grande horreur de l'Idolâtrie, que les Mahométans n'osent même prononcer le noms des faux Dieux ; & à peine se trouvent-ils cités une seule fois dans les Ouvrages innombrables, que leurs Savans ont composés. Cette horreur s'est même étenduë jusqu'au Christianisme, que Mahomet accuse d'avoir dégénéré en une Idolatrie couverte. *Au dernier jour*, dit-il, *jour de crainte & de manifestation, Dieu demandera à Jesus, fils de Marie : As-tu ordonné au peuple de t'adorer ? T'ès-tu aproprié les honneurs divins ? Jesus répondra : Loué soit ton nom, je me garderai de dire ce qui n'est pas : tu sais si je l'ai dit, tu sais tout .... j'ai exécuté tes commandemens .... voilà mes discours, voilà toute ma loi : Adorez Dieu : votre Seigneur & le mien.* Ces paroles de Mahomet ont fait croire à plusieurs Savans, & entre autres à Erasme, que le fond de sa Religion étoit le Déïsme, qu'ilavoit orné de fables & d'aparences mystérieuses pour y aprivoiser les esprits. Erasme va encore plus loin, & nomme les Mahométans des demi-Chrétiens : sans doute parce qu'ils n'adorent qu'un seul Dieu, & qu'ils regardent tous les Prophêtes comme égaux devant lui.

La Peinture & la Sculpture, au rapport de Platon, sont les deux nourrices de l'Idolatrie ; & par-là même elles devinrent odieuses aux sectateurs de Mahomet. On ne voit dans leurs Temples aucuns tableaux ni aucuns bas-reliefs : toutes les parures sont bannies des Mosquées, & le peuple, qui d'ordinaire se conduit par les yeux, n'y a point à se plaindre qu'on lui offre des représentations vives & attendrissantes. Quand Mahomet II. entra victorieux dans l'Eglise de Sainte Sophie, il s'assit à terre les jambes croisées, suivant la maniére des Orientaux ; & après avoir prié quelque tems, il attacha lui-même à un de ses piliers une piece d'étoffe magnifiquement brodée, qui avoit servi de portiere au Temple de la Mecque. Il fit ensuite gratter toutes les peintures, qui ornoient le platfond & les murailles de cette Eglise, devenuë, hélas ! trop méconnoissable. *Action lâche & deshonorante*, s'écrie Paul Jo-

De Republ. l. 3. & 4.

Jovius, in elog. l. 3.

ve, *mais que Mahomet ne faisoit que pour complaire à son Armée !* Car de son propre fonds il goûtoit les Arts & les Sciences, parloit plusieurs Langues avec facilité, & aimoit à s'entretenir des grands personnages qui avoient autrefois paru à Rome & à Constantinople. On sait de quelle maniére il récompensa Gentil Belin, qui avoit passé de Venise à sa Cour. Ce Peintre travailloit à un grand tableau de la décollation de Saint Jean. L'Empereur y trouva quelque chose à redire, & s'offrit en preuve, de trancher la tête d'un esclave. *Ah, Seigneur !* repliqua le Peintre, *dispensez-moi d'imiter la Nature en outrageant l'humanité.*

Guillet, Hist. de Mahom. II.

La mort de Mahomet II. fit un tort irréparable à Constantinople. Car après les prémiéres hostilités que lui arracha sa victoire, il avoit tâché de conserver les restes d'Antiquité qui se trouvoient dans cette ville malheureuse. Mais ses successeurs ou les négligérent, ou prirent plaisir à les abattre, sans épargner même cette fameuse Colonne formée par trois serpens tournés en spirale, qui faisoit l'admiration de tous les connoisseurs.

Outre la crainte de l'Idolatrie, les Mahométans ont encore une assez plaisante raison de condamner la Peinture.

Ils s'imaginent qu'elle entreprend sur les droits de Dieu, qui n'a point créé de corps, sans y joindre une ame. *Au jour du jugement*, ajoutent-ils, *tout Peintre sera obligé de representer autant d'ames, qu'il a osé crayonner de corps : & comme cela passera ses forces, il sera infailliblement condamné.* L'Auteur de *Lacédémone ancienne & moderne* raporte de quelle maniere un jeune Sicilien se tira de ce reproche. *Vous ne voulez point*, disoit-il au Cadi qui l'exhortoit à prendre le turban, *vous ne voulez point que je peigne des corps. Hé bien, je ne peindrai plus que des ames, que des retours, des apparitions d'Esprits.*

II.

Du Paradis de Mahomet.

La réponse est d'autant plus agréable, que les Musulmans ne reconnoissent point de substances purement spirituelles. Tout est matiere dans leur Systême, Dieu, les Anges & l'Ame raisonnable; mais matiere plus ou moins subtile, plus ou moins épurée. De-là vient que Mahomet attribuë aux Anges presque les mêmes goûts & les mêmes inclinations, qu'aux hommes : il ne parle dans son Alcoran que d'un Paradis voluptueux & sensuel. Là, sont étalés des plaisirs innombrables, des délices ſans fin : & ce qui en releve encore le mérite, c'eſt que jamais ils ne cauſent aucun repentir, jamais on ne s'en raſſaſie, jamais on ne s'en dégoûte.

Un point aſſez difficile dans toutes les Religions, eſt de déterminer la nature des plaiſirs qu'on doit éprouver dans l'autre vie. Les ſpirituels paroiſſent trop nuds, trop déliés, trop métaphyſiques, & il eſt impoſſible qu'on ne leur en ſubſtituë d'autres qui aient plus de rapport avec les ſens. J'en appelle au jugement de ceux qui ont lu toutes les fictions publiées par deux Jéſuites célébres, le Pere Rapin & le Pere Louis Henriquez. Le prémier a composé un Roman de dévotion ſous le titre de la *Vie des Prédeſtinés dans la bienheureuſe éternité*, & le ſecond ſous celui des *Occupations des Saints dans le Ciel.* La meſure de toutes nos penſées & de tous nos deſirs, ce ſont à peu près les objets ſenſibles. Quelque ſoin qu'on prenne de les mettre à l'écart, on y revient toujours, & on y revient par un penchant ſecret & invincible. Car, tout bien examiné, le commun des hommes ne ſe figurera jamais qu'il y ait d'autres plaiſirs que ceux qui tiennent au corps. Le nom même de Paradis, du moins chez les peuples les plus anciens, ne signifioit qu'un lieu charmant & planté de beaux arbres, sur-tout de ceux qui portent du fruit. Là, devoient régner une tranquilité aimable, & un repos délicieux.

III.

Du mépris que ses Disciples témoignérent pour l'Histoire.

Les recherches & les discussions historiques, plus accablantes par la multiplicité des faits qu'utiles par les reflexions que ces faits peuvent inspirer, ne furent pas aussi à l'usage des Arabes; & je pense en avoir déja dit la raison. Ils méprisoient tous les peuples qui avoient précédé la naissance de Mahomet, & encore tous ceux qui, à sa naissance, n'avoient pas reconnu le mérite de sa Loi. Pour cela même, ils refusoient de s'instruire de leurs mœurs & de leurs coutumes, qu'ils regardoient comme viles & abjectes; ainsi que nous regardons les mœurs & les coutumes des Sauvages de l'Amérique, dont le détail ne nous intéresse guéres.

Septem. Castrens. de Mor Turc. apud Hotting.

J'ajouterai ici, que les Mahométans réservent pour eux seuls le titre d'hommes, & qu'ils donnent à tous les autres peuples celui de femmes. L'injure est impardonnable, sur-tout dans le systéme de Mahomet. Car il traite fort durement un sexe, pour lequel cependant il avoit un fond inépuisable de tendresse. Il ne lui permet l'entrée des Mosquées qu'à certains jours de l'année : il l'exclud du Paradis. Seulement lui accorde-t'il par une espece de dédommagement, le plaisir subalterne de regarder la félicité des Bienheureux au travers des grilles & des jalousies, dont le Paradis est environné. De-là quelques Mahométans ont pris occasion d'avancer, que les femmes ne sont point de la même espéce que les hommes. Paradoxe ridicule, & qui ne pouvoit germer que dans des têtes remplies de folles visions ! Mais quelle est l'extravagance, qui n'ait été dite qu'une fois ? Depuis l'établissement du Mahométisme, divers Auteurs Chrétiens ont osé soutenir le même paradoxe, & cela encore dans des livres imprimés. Il y en a un Italien qui a pour titre, *Che le Donne non siano della specie de gl'huomini*, & qui paroît une traduction du Latin, *Mulieres non esse homines.* Quelques Scholastiques ont cru (car que ne croyent-ils point ?) qu'au dernier jour les femmes destinées à la gloire éternelle, changeroient de sexe & deviendroient hommes, pour y pouvoir participer.

V. le Dict. de Bayle, aux Art. Acidalius & Sim. Gediccus.

Il me reste maintenant à examiner quelles furent les occupations litteraires des Mahométans. Je les rapporte à la

Philoſophie, aux Mathématiques, & à la Médecine. Ces trois Sciences rentrent l'une dans l'autre, & ſe prêtent mutuellement la main : non que le même homme puiſſe les cultiver également toutes les trois ; mais c'eſt qu'en cultivant l'une, il effleure au moins & côtoie, pour ainſi dire, les deux autres. Un bon Philoſophe n'ignore point la Langue du Médecin, ni celle du Géomêtre.

IV.

Des progrès qu'ils firent dans l'étude de la Physique.

Les livres d'Ariſtote, traduits certainement avec peu de fidélité, & encore traduits ſur des Originaaux imparfaits, renfermérent toute la Philoſophie des Arabes. Comme c'étoit-là leur unique guide, (difficilement revient-on des prémiéres impreſſions) ils lui rendirent preſque un culte divin. Alfarabe ſe vantoit d'avoir lu 40 fois les livres de Phyſique d'Ariſtote, & il ſe préparoit encore à recommencer cette lecture. Avicenne apprit par cœur ſa Métaphyſique, quoique ſi éloignée de la perfection & ſi remplie de ſuperfluités. Averroës alla encore plus loin : il ſoutint qu'avant Ariſtote la Nature n'étoit pas entiérement achevée, & qu'elle ne reçut ſon dernier accompliſſement qu'à ſa naiſſance. En général, tous les Philoſophes Arabes ſe contentérent d'une admiration ſervile, reſpectueuſe : *& par-là même*, remarque judicieuſement Vivès, *ils corrompirent le fond de l'eſprit humain. Car rien ne le rabaiſſe davantage, eu égard à la multiplicité de ſes beſoins, que l'habitude de penſer par autrui, & d'accorder à l'autorité ce qui n'eſt dû qu'à la raiſon.* De-là nâquit une Philoſophie tumultueuſe & peu intelligible, qui ſe payoit de mots & de formules inventées à plaiſir; qui augmentoit encore les difficultés par la maniére obſcure dont elle les dénouoit. Etudier, chez les Arabes, c'étoit lire & ſe ſoumettre aveuglément à ſes lectures. Un examen ſérieux & détaillé leur auroit paru un crime.

De cauſ. corrupt. artium l. 5.

Je trouve dans les Ouvrages d'Ariſtote une eſpéce de Métaphyſique, qui remonte aux prémiers principes des choſes; & avec cela une Phyſique complette, je veux dire une Phyſique qui rend raiſon de ce qu'il y a de plus conſidérable & de plus frappant dans la Nature, non à la vérité par des raiſonnemens & des expériences ſuivies, mais par des hypothéſes & des ſupoſitions arbitraires. A l'exemple d'Ariſtote, & par le caractére de leur eſprit qui étoit tourné aux choſes de ſpéculation, les Arabes devinrent de profonds Métaphyſiciens : ils remuérent une infinité de questions, que leur suggéroit un vain caprice, & qui ne pouvoient leur procurer aucune connoissance claire & distincte. Ces questions alloient moins à s'enquérir comment les choses sont disposées, quelle est la structure de leurs parties, la méchanique qui les fait agir; qu'à leur prêter des qualités imaginaires & fondées sur je ne sai quelle sympathie, & quelle antipathie. Toutes les différences qui constituent les corps particuliers, en résultent, & elles peuvent encore produire de nouvelles différences à l'infinie.

Mais pour empêcher le desorde & la confusion dans leurs idées, les Arabes se tenoient à deux principes, qu'ils regardoient comme la base de leur Physique. Le prémier, que toutes les parties de l'Univers correspondent les unes aux autres, les supérieures aux inférieures, & qu'elles participent à la même Ame. Le second, que cette Ame subsiste toujours, mais divisée en un nombre infini de portions attribuées à chaque Etre: portions qui rentrent dans la masse générale, lorsque l'Etre se décompose. C'étoit-là sur-tout le sentiment d'Averroës, & ses ennemis y trouvoient une forte teinture d'Athéisme, d'autant plus qu'il ne reconnoissoit pour toute Divinité que cette Intelligence universelle,

D'Herbel. Biblioth. Orient.

que cet Océan d'Esprits partagés entre chaque homme.

V. Gesneri Biblioth. univers. Le principe qui admet une véritable correspondance entre les parties celestes ou supérieures, & les parties terrestres ou inférieures, favorisoit infiniment l'Astrologie; & elle étoit devenuë une Science privilégiée parmi les Arabes. Ils s'imaginoient que tout est abreuvé des influences célestes, & qu'elles réglent la future disposition des événemens. Ils n'osoient rien entreprendre, même dans le train ordinaire de la vie, qu'ils n'eussent consulté le Ciel. Quelques-uns restreignirent ce systême, en avouant que les Astres n'agissoient point sur les volontés libres. *Mais tout le reste de la Nature*, disoient-ils, *leur est assujetti : tout éprouve leur puissance, jusqu'aux organes & aux ressorts les plus déliés du corps humain.* J'ajouterai ici que, malgré tout le faux & le ridicule de l'Astrologie, les Princes Mahométans en étoient encore plus occupés que le peuple. Ils la regardoient comme une partie nécessaire de la science du Gouvernement, & peut-être, comme la fin de la Politique. Le Caliphe Almamon calcula des Tables Astronomiques, beaucoup plus exactes qu'on ne devoit les attendre d'un Prince guerrier. Tous les autres Caliphes, soit ceux de

V. etiam Possev. Bibliot. select. am.

Syrie, soit ceux d'Egypte & de Perse, passérent eux-mêmes pour de grands Astronomes, ou en eurent toûjours à leur suite. Cette Science étoit une voie sûre pour parvenir aux premiers honneurs de la Cour, & sur-tout au Ministére.

Il est vrai que lorsque Mahomet voulut fonder une nouvelle Religion, il fit courir quelques prédictions astrologiques, qui annonçoient un grand changement dans les esprits. Mais tout cela n'étoit qu'un jeu, ou plûtôt une imposture hardie, pour semer l'horreur & la crainte parmi le peuple. Avant Mahomet, plusieurs Conquérans s'étoient servis d'une pareille feinte; & elle leur avoit réüssi, plus même que ces sortes de prédictions ne dévroient réüssir.

V.

A la connoissance de la Physique, les Arabes joignirent celle de la Médecine, qui en est une des plus nobles & des plus utiles dépendances. Mais, comme ils s'étoient contentez d'étudier la Physique dans les livres d'Aristote, ils se contentérent aussi d'étudier la Médecine dans ceux d'Hippocrate. Par-là même ils manquérent leur principal objet, qui est la connoissance du corps humain; de cette machine si délicate & si casuel-

De leur Médecine.

le, qui par ses liqueurs est hydraulique, par les poumons & la trachée-artére est pneumatique ; qui enfin par les muscles, les nerfs & les tendons représente des cordes, des poids & des contrepoids ajustez ensemble. La connoissance du corps humain ainsi manquée, les Medecins Arabes, pour y suppléer, donnérent dans une infinité de pratiques vaines & superstitieuses, soit par rapport aux pronostics des maladies, soit par raport à la composition des remédes & au tems qu'il convient de les prendre, soit par raport au régime que le malade doit observer ; régime si sujet à des variations & des changemens, que le meilleur seroit peut-être de se laisser conduire à son goût, & à l'instinct de la Nature. Toutes ces pratiques accréditées, parmi les Arabes, & certainement trop accréditées, pouvoient faire des imposteurs & des charlatans heureux. Mais encore faut-il l'être en Médecine, jusqu'à un certain point. Il faut chasser des maladies qu'on ne connoit point, rebelles, compliquées, par des remédes dont on connoît encore moins les vertus : & avec cela il faut étourdir un malade que pressent ses infirmitez, contenter des parens qui ne savent trop ce qu'ils demandent, & garder envers le public cet air de bien-séance, qui est attaché à toutes les professions serieuses.

Avorrès dont j'ai déja parlé, & que les Arabes regardoient comme le plus fort génie qui eût été parmi eux, disoit qu'un honnête-homme pouvoit se plaire à la théorie de la Médecine; mais qu'il devoit trembler, quand il en venoit à la pratique. Quelques grandes, ajoûtoit-il, que soient ses connoissances, il ignorera toûjours & le raport qui se trouve entre le tempérament du malade & le dégré de sa maladie, & l'application du remède qui convient davantage. Cependant ces trois choses paroissent absolument nécessaires pour réüssir: & si quelquefois on réüssit sans elles, ce n'est que par hazard. La Nature en doit être louée, & non le Médecin.

Il faut pourtant convenir à l'honneur des Arabes, qu'ils avoient & des remédes & des secrets éprouvez. Plusieurs mêmes ont passé jusqu'à nous. La Medecine leur doit l'usage de la Casse, de la Rhubarbe & des Tamarins. Mais ce qui mérite ici notre attention, c'est la maniere prompte dont ils guérissoient leurs malades, sans s'être fait une régle de ne les guérir qu'avec certaines formalitez, & dans certains intervalles. Témoin celui de nos Rois, qui s'étoit livré avec plus de zéle que de prudence, au voyage de la Terre-Sainte. Une maladie pestilentielle l'avoit obligé de lever le siége de Damiette ; & il se retiroit avec la derniere précipitation, pour échaper à la fureur des Mahométans. Mais ils le surprirent presque seul, abattu, malade, sans escorte & sans défense : & j'ose dire, que ce fût encore un bonheur pour le saint Roi. Des Médecins Arabes lui présentérent un breuvage, & le renouvellérent presque en un instant.

Ces sortes de guérisons rapides ne marquent pas toûjours une grande habileté : mais elles surprennent, elles acréditent beaucoup ceux qui y ont eu part. On trouve une infinité de cures semblables, & encore plus extraordinaires, dans les différentes Histoires qu'on a publiées des Croisades d'Orient. J'y joins celles d'Espagne, où la guerre se fit contre les Sarrazins & les Maures, avec plus d'intelligence & de fortune, qu'en Asie & en Afrique.

VI.

De leurs inventions en Méchanique.

Parmi les secrets que nous devons aux Arabes, les deux plus considérables sont la Chymie, & l'Art de faire le sucre. Je m'y arrête un moment. Les Anciens ne se servoient que de miel, pour assaisonner toutes leurs friandises. Ils connoissoient à la vérité les cannes à sucre, ou les roseaux sucrés : mais ils se contentoient d'en extraire la substance liquide, par une incision profonde. Cette substance découloit lentement, & formoit une espéce de syrop qui flattoit le goût. C'est ce qu'on apelloit le Sel d'Inde. En effet, le sucre est le plus agréable & le plus doux de tous les sels : ses parties élémentaires sont rondes, & ne peuvent jamais être si bien unies, qu'elles ne laissent beaucoup de petits vuides entre elles. Long-tems après, les Arabes trouvérent le secret de faire le sucre, & le répandirent dans les Indes Orientales.

Une invention si utile consiste à couper les cannes, lorsqu'elles sont mûres ; à en tirer le jus ou le suc par le moyen d'une presse, ou de plusieurs rouleaux engrainez l'un dans l'autre ; à cuire ce suc, pour le condenser & le durcir ; à le purifier ensuite, & le rendre aussi blanc qu'on peut le souhaiter. Avant la découverte de l'Amérique, le sucre étoit fort rare en Europe ; il faloit tout le faire venir des Provinces maritimes d'Asie, & ordinairement par Caravannes & dans de grandes caisses : ce qui redoubloit les dépenses. Nous l'avons aujourd'hui à moins de frais & moins de périls : le ſucre eſt devenu une denrée très-commune, & d'un uſage preſque indiſpenſable. Je remarquerai encore, que lorſqu'on fit la premiere découverte de l'Amérique, on y trouva quelques Arts pouſſez à la perfection. Je parle ſurtout de ce qui regarde la conſtruction des Moulins à ſucre & à ſcie. Il y en avoit de très-ingénieuſement exécutez, & dont les Machiniſtes Européens ſe ſeroient fait honneur. On peut dire qu'à la place des Sciences qui manquent aux Sauvages, la Nature les a doüés d'un certain eſprit d'invention : & cet eſprit, à quelques égards, remplace les Sciences mêmes.

VII.

De leur Chymie.

Je viens à la Chymie, qui, ſuivant tous les bons Auteurs, doit ſa naiſſance aux Arabes. Cependant ils ſe vantoient eux-mêmes, ſans doute par un rafinement d'amour propre, que cette ſcience leur venoit de plus loin, c'eſt-à-dire, des Egyptiens & des Chinois, & qu'ils n'avoient fait que marcher ſur leurs traces. Effectivement, ils y marchérent avec un courage infini, avec une ardeur inexprimable. Témoin le grand nombre d'Ouvrages que leurs Médecins & leurs Philoſophes ont compoposés sur cette matiére, & qui sont encore plus des amateurs de la Chymie. Parmi les Mahométans, ce furent les Sarrazins ou les Maures d'Afrique, qui se distinguérent le plus. Aussi fermes dans le travail qu'avides de réussir, ils ne se bornoient point, comme la plupart des Artistes modernes, à de simples opérations manuelles : ils ne se contentoient point de décomposer les mixtes, soit en dévelopant ce qu'ils ont d'actif & de volatil, soit en séparant ce qu'ils ont d'arsenical & de nuisible. Ils s'élevérent de plus à cette Chymie sublime, qui s'occupe, dirai-je inutilement, de la transmutation des métaux : ils recherchérent le Mercure principe, qu'on se flatte toujours de trouver, & que suivant les aparences on ne trouvera jamais, parce qu'il est trop intimement uni aux corps où il réside. Du moins paroît-il certain que ce Mercure a échapé jusqu'ici aux soins redoublés des curieux. Mais leur légereté, leur précipitation, l'ignorance de la véritable matiére sur laquelle il faut travailler, ne méritoient pas un autre sort.

Ol. Borrich. apud Mang. Biblioth. Chym. l. 1.

V. Job. Gerhar. Med. Hermet. l. 1.

Quoi-qu'il en soit : les Arabes eurent des Chymistes dès le régne d'Almansor. Tel fut Rasis fils de Zacharie, qu'on surnomma le faiseur d'expériences : tel fut encore Geber, à qui l'on attribue l'invention de l'Alembic & du Bain-marie, que les Anciens ne connoissoient point. Au reste, le sentiment fondamental des Arabes en Chymie étoit, que dans tous les corps simples & non composés, il se trouve quelque chose de sulphureux & d'inflamamable, un principe phlogistique, lequel donne à ces corps la vie qui leur est propre. Aussi paroissent-ils desanimés, &, pour ainsi dire, éteints, quand ce principe vient à leur manquer : témoin les corps qu'on réduit tous les jours en chaux ou en verre, & qui par-là perdent leurs principales propriétés. Avicenne, ou Aboli-Abinsceni, avoit écrit fort au long sur cette matiére : son Ouvrage, qui n'a jamais été imprimé, se voyoit en Arabe dans le Cabinet du célebre Jaques Golius à Leyde.

V. Dan. Georg. Alorhoff. apud Mang. ubi supra.

Les Maures d'Afrique apellés par les Chrétiens eux-mêmes, & destinés à venger leurs injures particulieres, se répandirent en Espagne vers le milieu du huitiéme siécle. Ils y aportérent toutes leurs connoissances, la Chymie particuliérement. C'est à ces Maures établis en Espagne, qu'on doit l'invention des liqueurs spiritueuses, & des essences tirées des végétaux, soit par le moyen du feu, soit par une simple expreſſion. Arnaud de Villeneuve, qui en introduiſit le prémier à Montpellier, rend ſur cela juſtice aux Arabes. On leur doit encore l'invention de l'eau de vie, de l'eſprit de vin, & en un mot de toutes les boiſſons fortes qui ſont des eſpeces de feux liquides. D'abord on n'en trouva que dans les Laboratoires, & les boutiques des Apoticaires : à peine même oſoit-on en preſcrire l'uſage aux malades, de peur que le reméde ne devint poiſon. Mais une volupté effrénée s'étant emparée de toutes les tables, on y ſervit de ces liqueurs ardentes, par goût & par rafinement. Le Taſſoni aſſure dans ſes Penſées diverſes, que les Italiens furent les prémiers qui vendirent publiquement de l'eau de vie, après avoir emprunté des Arabes la maniére de la faire. Ils ne ſe hazardoient point d'en boire, ajoute le même Taſſoni ; mais ils la tranſportoient toute en Allemagne, & dans les autres pays du Nord. On y faiſoit grand cas de cette liqueur, pour ſe préſerver de l'âpreté du froid : on en donnoit auſſi à ceux qui travailloient dans les mines, & ſur-tout dans les mines de vif-argent.

Aujourd'hui, toutes les Sciences ſont bannies des vaſtes Etats où domine le Turban. Je ne ſai ſi la Preſſe qu'on vient d'établir à Constantinople, les fera renaître, & si les zélés sectateurs de Mahomet préféreront les Alcorans imprimés à ceux qu'ils achétent de leurs *Talips*, ou Ecrivains publics. Quoiqu'il en soit, il n'y a point de Mosquée considérable dans tout l'Empire Ottoman, qui ne renferme dans son parvis ou son enceinte, un Hôpital & un Collége. L'Hopital est ouvert à tous les malheureux, de quelque religion qu'ils soient: on ne reçoit dans le Collége que de jeunes Mahométans, qui y aprennent à lire, à écrire & à interpréter la Loi du grand Prophéte: leur éducation ne va pas plus loin. Cependant quelques-uns d'entre eux s'apliquent à la poësie, & l'on assûre qu'il leur échape des traits d'une beauté, d'une force, qui enléve & remuë toute l'ame. Mais ce qu'il y a d'étonnant, c'est qu'ils ne composent jamais de vers sur des matiéres qui regardent l'amour, à moins que par une espéce d'avant-goût, ils ne veuillent louer les femmes qu'ils espérent un jour de voir dans le Paradis, & dont la beauté, l'esprit, les agrémens ne seront mêlés d'aucun caprice ni d'aucun défaut.

On peut encore ajouter, que quoique les fils des Sultans soient élevés dans la mollesse, au milieu des délices & de l'oisiveté du Serrail; on leur choisit pourtant des Précepteurs qui sont d'ordinaire les plus savans hommes du pays, & qu'on nomme *Ogyas*. Ces Précepteurs vivent dans la suite avec beaucoup d'éclat, & reçoivent du Sultan autrefois leur disciple, des honneurs & des distinctions qu'il refuse au Grand-Visir, au Caïmacan & aux Cadilesquers. Un Ambassadeur de France, qui avoit résidé fort long-tems à la Porte, remarque dans ses Mémoires, que les Turcs ont souvent à la bouche ces mots qu'ils attribuent à Soliman, un de leurs plus judicieux Monarques : *Dieu donne l'ame toute brute à l'homme, & le Précepteur la polit & la perfectionne.*

De Breves Voyages du Levant.

CHAPITRE XLII.

I. *Idée générale de la Scholastique.* II. *De Saint Jean de Damas.* III. *De la Théologie des premiers siécles de l'Eglise.* IV. *Division de la Scholastique en trois Ages.* V. *Du premier & du second.* VI. *Des coups qui furent portés à Aristote.* VII. *Du rétablissement de sa réputation & de sa doctrine.*

I.

QUand on a une fois goûté la Philosophie moderne, il est assez diffici-

Idée generale de

la Scholastique. le de s'apprivoiser avec celle des Scholastiques. Tout y respire la rudesse & la barbarie. Les questions les plus abstraites & les plus inutiles, celles dont on n'auroit jamais dû s'aviser, sont accumulées les unes sur les autres : & loin que l'expression répare le fond des choses, elle y ajoute un nouveau desagrément, par sa tristesse & son obscurité. Il semble qu'on s'étoit donné le mot, pour parler un langage inintelligible, & pour ensevelir la raison sous une multitude d'argumens subtils, captieux, toûjours exposés sous la même forme syllogistique. La peine d'un voyageur qui traverse des campagnes arides & incultes, n'est pas plus grande que celle d'un esprit raisonnable, qui est obligé par devoir de se donner aux Scholastiques, de lire ou les vingt-&-un volumes *in-folio* d'Albert le Grand, ou les douze de Jean Scot, ou les dix-sept attribués à Saint Thomas d'Aquin. Cependant quelques Auteurs ont cru que cette lecture, à qui auroit le courage de l'entreprendre, pourroit être utile à certains égards : & même le judicieux Mr Leibnitz n'a point craint de dire qu'il y a de l'or caché sous tout ce fumier de l'Ecole ; *aurum latere in stercore illo scholasticæ barbariei.* Mais peut-être faudroit-il trop de soins & trop de veilles,

Fleuri, Disc. 5. sur l'Hist. Eccles.

H. Grot. in Præf. Tract. de Jure Belli & Pacis.

De Arist. recent. reconciliab.

pour l'en tirer. On abandonne une mine, quand la peine d'y fouiller surpasse le profit qu'on en espére.

II.

De S. Jean de Damas.

Après ce court jugement, je viens à l'Histoire même de la Scholastique. Elle doit sa naissance à Saint Jean de Damas. Ce Grand-homme, qui vivoit dans le VIII. siécle, fut principalement recommandable par la variété de sa doctrine, & par le zéle sensé qu'il témoigna contre les Hérétiques de son tems, sur-tout contre les Iconoclastes, qui en brisant les Images, *ôtoient*, suivant l'expression du Connêtable de Montmorenci, *l'ancien retenail du commun peuple en la piété*. Quoique Saint Jean de Damas fût né Chrétien, & que toute sa vie ait fait voir qu'il ne se contentoit pas de l'être de nom; cependant diverses circonstances le contraignirent de s'arrêter assez long-tems parmi les Arabes & les Sarrazins. Il s'acquit même une grande considération auprès du Caliphe de Damas, qui lui confioit toutes ses vuës & tous ses projets. Mais enfin, las de demeurer dans des lieux où le Turban insultoit à la Croix, aiant même senti que plusieurs le haïssoient à cause de sa religion, & que tôt ou tard il succomberoit sous leurs

Lettres de Pasq. 4. livre.

calomnies, il quitta le monde & se retira dans le Monastére de Saint Sabas à Jérusalem. Là, délivré de tous soins inutiles & rendu à lui-même, il travailla à un Abrégé fort exact de la Dialectique & de la Morale d'Aristote, dont il se servit ensuite, pour composer ses quatre Livres de la Foi Orthodoxe. Cet Ouvrage, & quelques autres traduits en Latin par le fameux Jaques de Billy Abbé de Saint Michel en l'Erm, font connoitre que Saint Jean de Damas étoit un grand Dialecticien, & qu'il savoit la maniére de traiter avec ordre les principaux points de la Théologie. Une chose seulement paroît l'embarrasser, (& il en sentoit trop la difficulté pour ne point l'être;) c'étoit d'accorder les vérités naturelles avec les vérités révélées, ce que la Raison enseigne avec ce que la Foi commande. On sait qu'elles ne sont que trop souvent en divorce l'une & l'autre, & qu'il n'est pas aisé de les réconcilier. Le moyen qu'employoit pour cela Saint Jean de Damas, consistoit à établir deux choses : l'une, que Dieu a la puissance &, pour tout dire, l'adresse de laisser subsister avec les principes naturels, & la vérité des mystéres, & la certitude des miracles ; l'autre, qu'il n'est pas donné aux hommes d'apercevoir cette liaison, liaison cependant qu'ils ne doivent pas révoquer en doute, parce qu'elle échape à des yeux aussi foibles que les leurs.

Le Cardinal Bellarmin, dans sa Liste raisonnée des Auteurs Ecclésiastiques, reconnoît que pour manier les sujets de Théologie, Saint Jean de Damas a non-seulement surpassé tous ceux qui l'avoient précédé, mais qu'il a encore ouvert une infinité de routes à ceux qui l'ont suivi. Mr Arnauld ajoute que les Grecs le regardent avec le même respect que nous regardons Saint Thomas, & qu'ils suivent ses décisions préférablement à celles de tous les autres Peres de l'Eglise. Le Ministre Claude est en cela de même avis que Mr Arnauld. Ces deux grands Adversaires ne se sont peut-être rencontrés que cette seule fois.

Perpétuité de la foi défend. t. 1. l. 2.

Rép. à la Perpétuité défend. l. 3.

III.

De la Théologie des premiers siécles de l'Eglise.

C'est donc aux quatre Livres de la Foi Orthodoxe que se doivent rappeller les commencemens de la Scholastique, de cette Méthode contentieuse & embarrassée qui a gagné la Philosophie & la Théologie. Avant Saint Jean de Damas, on se contentoit de lire immédiatement l'Ecriture, pour y puiser les grands principes de la Religion & de la Morale. Il n'y avoit point alors, & il ne devoit point y avoir d'autre Théo-

V. Laun. de variâ Aristot. fortunâ.

logie. Les Evêques, les Prêtres, soigneux de défendre l'Eglise & contre les tailleries des Paiens, & contre les artifices des Hérétiques, ne songeoient point à entrer dans des détails superflus, & qui attisent l'orgueil, en éteignant la piété. » S'ils écrivoient, remarque Saint Augustin, ce n'étoit que » pour le besoin d'écrire, & nullement » pour remuer des questions vaines & » subtiles. Aristote étoit banni de toutes les Ecoles Chrétiennes, & la Foi plus agissante que curieuse dédaignoit l'appui fragile du syllogisme.

Euseb. Præpar. Evang. l. 15

Saint Jean de Damas crut relever la Religion, en l'expliquant suivant les principes de la Philosophie : il entra dans un détail circonstancié des mystéres, sans se ressouvenir que la vraie maniere de les proposer est de se servir des expressions les plus générales, & qui, sans affoiblir le dogme, l'étendent considérablement & mettent tous les Communions Chrétiennes en état de se réunir : il voulut examiner où il ne s'agissoit que de se soumettre, & raisonner où il ne s'agissoit que de croire. C'est-là ce que le fameux Cardinal du Perron appelloit la seconde Méthode de Théologie. Elle fut principalement en vogue, lorsque les études commencerent à se renouveller dans l'Occident, & que la paix

Traité de l'Euchar. l. 3. ch. 20.

& la tranquillité rendirent heureusement les Monastéres & les Eglises Cathédrales des asyles moins exposés de vertu. On fit alors de nouveaux efforts, on s'aguerrit à la dispute : mais ce qui diminua le mérite de la plupart de ces efforts, c'est qu'on aima mieux puiser dans des ruisseaux écartés, que dans la source même. Bientôt on oublia ce qu'avoit dit Tertullien dans son Livre des Prescriptions, (& on l'oublia sans retour) qu'il n'est point permis de rien inventer, ni même de rien chercher après l'Evangile.

Par-là s'établit un nouveau Corps de doctrine, où l'on s'attachoit moins aux articles formellement révélés, qu'à des questions sur des articles de pure curiosité. Ces questions, par exemple, étoient de savoir comment le corps de Jésus-Christ est placé dans la gloire à la droite du Pere ; s'il est assis, ou debout : si Saint Paul fut ravi avec son corps au troisiéme Ciel : quelle est la structure intérieure du Paradis : si les vétemens avec lesquels Jesus-Christ se montra à ses Apôtres après sa résurrection, étoient véritables ou apparens : s'il monta au Ciel avec ces mêmes vétemens, & ce qu'ils sont devenus ; s'ils subsistent encore aujourd'hui : si le corps de Jesus-Christ est nud ou habillé dans l'Eucharistie, &c. Quand ôtera-t'on du Christianisme l'accessoire, le frivole, que les hommes y ont introduit ?

IV.

Division de la Scholastique en trois Ages.

La Scholastique, quoique née dans le VIII. siécle, fut long-tems à se perfectionner. Je distingue trois Ages par où elle passa, sans compter les secours que lui prêterent les Arabes, trop remplis de la doctrine d'Aristote, & qui proposoient sur le texte de l'Alcoran les mêmes questions à peu près que les Chrétiens ont proposées depuis sur celui de l'Ecriture. Le premier Age de la Scholastique commence à Lanfranc Archevêque de Cantorberi & Primat d'Angleterre, & se termine à Albert le Grand, Directeur des études de Saint Thomas : c'est-à-dire qu'il dura depuis l'an de Jesus-Christ 1070. jusqu'à la fin du douziéme siécle. Le second renferme tout l'espace écoulé depuis Albert le Grand jusqu'à Durand de Saint Porcien Evêque de Meaux, qui mourut l'an 1333 ; & le dernier, enfin, tout celui écoulé depuis Durand jusqu'à Gabriël Biel Chanoine Régulier, mort en 1495.

Les Théologiens les plus connus du premier Age de la Scholastique sont Lanfranc élevé dans l'Abbaye du Bec, Saint Anselme, Pierre Lombard, Robert Pullus, Pierre de Poitiers, Hugues de Saint Victor, Raimond de Pennafort, Guillaume de Paris. Il ne paroît pas que tous ces Théologiens eussent un grand fonds d'habileté, ni un discernement bien exquis. » Mais peut-être, comme le » remarque ingénieusement Grotius, *Ubi supra* » étoit-ce moins leur faute que celle du » tems où ils vivoient. Tems déplora- » ble! On n'avoit pas même assez de » lumieres, pour sentir la grandeur de » son mal. J'ajouterai que tous ces Théologiens, loin d'étudier l'Ecriture & les Péres dans les sources, se contentoient de lambeaux & d'extraits informes, qu'ils se communiquoient les uns aux autres. Mais il en arrivoit deux inconvéniens, assez ordinaires à ceux qui ne consultent point les Originaux. Le prémier, que la plupart de ces extraits se trouvoient contraires au sens même des Auteurs dont on les supposoit tirés : le second, que chacun les tournoit à sa maniére, pour donner par de grands noms, plus de relief à ses propres pensées. Je ne parlerai point de la barbarie du langage; c'est le défaut de tous les Scholastiques, défaut qui les rend tristes, insipides, ennuyeux jusqu'au dégoût.

Dans le second Age parurent Albert le Grand & Saint Thomas d'Aquin de l'Ordre des Fréres Prêcheurs, Alexandre de Hales & Jean Scot de celui des Fréres Mineurs. Et comme les Religieux de ces deux Ordres étoient très-puissans & très-considérés dans les Universités, qu'ils y enseignoient la Théologie avec plus de réputation & d'éclat que les Séculiers qui s'apliquoient davantage au Droit Civil & au Droit Canonique, leurs opinions s'y établirent aussi en peu de tems : ce qui forma deux Partis dans les Ecoles. Les uns suivoient Saint Thomas, & les autres le subtil Scot.

Peu après il s'éleva un troisiéme Parti, qui fier dans dispute, & renouvellant la méthode des Nominaux, combattit sans ménagement les Philosophes & les Théologiens Réalistes. Guillaume Ockam devint un des principaux Chefs de ce Parti. En même tems Raimond Lulle proposa avec affectation une méthode singuliére de raisonner : mais elle étoit si obscure, si compliquée, si remplie d'épines, qu'elle n'eut presque point de sectateurs.

Durand de Saint Porcien, qui avant que d'occuper le Siége de Meaux, avoit été Maître du sacré Palais à Rome, fut le prémier qui, sans s'assujettir aux principes des Nominaux ni à ceux des Réalistes, emprunta des uns & des autres les sentimens qu'il jugea les plus raisonnables, les plus propres à exercer les esprits; & il y en ajouta de nouveaux. Depuis lui, les Théologiens du III. Age de la Scholastique se donnèrent plus de liberté & se firent des systêmes particuliers. Mais, qu'il me soit permis de le dire, tous ces systêmes sont tombés & personne ne les lit aujourd'hui, à moins que ce ne soit dans quelques Cloîtres & quelques Maisons religieuses, par une aveugle prévention pour les Auteurs qui étoient du même Ordre. On peut porter un jugement presque semblable de tous les Ouvrages de Théologie composés dans le XVI. siécle, soit par des Catholiques, soit par des Protestans. Ils ne sont plus d'aucun usage : tout leur mérite est usé.

Lanfranc avoit fondé à l'Abbaye du Bec une Ecole de piété plutôt que de science, de laquelle sortirent plusieurs Prélats dont le mérite supérieur enrichit la France & l'Angleterre. Mais à l'égard de ceux qui, pleins d'imprudence, voulurent marier la Théologie avec la Philosophie, ils tombérent dans une infinité d'erreurs, quelques-unes pourtant si subtiles qu'on les méconnut d'abord. C'est ce que Saint Bernard a si judicieusement remarqué, accusant sur tout ces prémiers Scholastiques de deux choses: l'une, d'avoir relevé les anciens Philosophes par des louanges excessives, afin de rabaisser par une espéce de contre-coup les Docteurs de l'Eglise : l'autre, de s'être embarrassés dans je ne sai quel labyrinthe de formes & de formalités ; d'avoir dit, par exemple, que la Divinité est proprement l'essence de Dieu, mais que les trois Personnes de la Trinité ne sont que des formes appartenantes à cette essence. Pierre Lombard, Evêque de Paris, quoique plus circonspect que tous les autres, ne laissa pas lui-même de faire un grand nombre de fausses démarches. Mais en quoi on trouve qu'il a réussi, c'est qu'il ne rapporte rien, sans l'appuyer de quelques passages des Péres de l'Eglise. Il fait céder sagement à leur autorité, celle des anciens Philosophes.

Les nouveaux Scholastiques (j'appelle ainsi ceux du second & du troisiéme Age) doivent leur origine à Saint Thomas ; esprit véritablement sublime, mais qui n'avoit qu'une méthode très-confuse & très-embrouillée : car on s'apperçoit qu'il manque à ce qu'elle a de plus essentiel, je veux dire, qu'il ne définit rien. Comme lui & ses principaux Disciples avoient pour but d'enseigner dans les Ecoles, ils s'appliquérent à résoudre une infinité de questions, les unes utiles & sensées, les autres trop bizarres & faites sur je ne sai quelles suppositions de caprice, mais toutes cependant destinées à éclaircir les véritez spéculatives. Ils crurent que pour se fortifier en secret & se munir contre les artifices des Sectaires, il faloit nécessairement examiner toutes les subtilitez que le Dialectique peut fournir. Mais ce principe porté trop loin (qu'il étoit facile de s'y tromper!) dégénéra en un amas monstrueux de sophismes & de conséquences qui ne dérivoient d'aucun principe, de propositions toutes plus ridicules les unes que les autres. On vint bientôt à ne disputer que sur ses propres chiméres, quelquefois même à ne plus s'entendre. Les clameurs succédoient aux raisonnemens, si pourtant on avoit commencé de raisonner.

Du Perron, ubi supra l. 4. ch. 20.

Melchior Can. de Locis Theol. l. 9.

Un autre mal encore, c'est que cette Théologie de pur raisonnement fit disparoître l'aplication qu'on devoit aux études positives. On négligea de lire l'Ecriture Sainte : & ce que l'ignorance avoit commencé, devint par le progrès de cette ignorance même, un nouveau principe de conduite. A peine l'Histoire Ecclésiastique étoit-elle connuë, & effleurée. On mettoit les raisonnemens à la place des faits, sans songer que les faits sont décisifs, & les raisonnemens toûjours contestez. Ainsi la Tradition ne coula point pendant plusieurs siécles,

Pet. Card. de Alliaco apud Laun. c. 10.

Nicol. Clemang. apud eund.

Mais ces siécles eurent l'avantage de faire passer la Religion par les épines & les subtilitez de la Dialectique. On crut la comprendre mieux ; & on ne fit que s'assurer qu'elle est incompréhensible, mais toûjours solide & toûjours victorieuse, à quelque épreuve qu'on la mette. Saint Anselme, quoiqu'à l'âge de 76 ans, demandoit encore un petit délai, afin de mettre la derniere main aux questions importantes qu'il avoit ébauchées. Est-ce que la vie seroit trop courte, pour rassembler tout ce qu'il faut croire ? Ou plûtôt, ne voudroit-on pas nous rendre crédules à pure perte ?

Thom. Barthol. de legend. libris, Dissert. 6.

V.

Du prémier & du second.

Quoique les nouveaux Scholastiques suivent de près les anciens ou ceux du prémier Age, il faut cependant avouër que leurs allures sont bien différentes. Ce changement, quoique sourd & imperceptible, arriva vers la fin du XII. siécle. Saint Thomas, qui voulut suivre la trace des premiers Scholastiques, ne suivit point leur méthode. Celle qu'il s'apropria par un heureux instinct, lui fut particuliére : & il la tira vraisemblablement des Arabes. Pour démêler ce point d'Histoire, je ferai les deux remarques suivantes. 1°. Quand Saint

Thomas vint au monde, il y avoit à peine cent cinquante ans qu'on recommençoit à étudier dans l'Occident ; & il y avoit au contraire plus de quatre cens ans que les Arabes étudioient avec tout le ſuccès poſſible. Le bonheur qui les accompagna ſi long-tems, ſoit à la guerre, ſoit pendant la paix, ſervit à porter leur goût & leur génie dans toute l'Europe : & comme ils n'avoient cherché la Philoſophie que dans les Ouvrages d'Ariſtote, les Chrétiens auſſi ſe contentérent de l'y chercher par une ſervile imitation, & ſans s'embarraſſer de l'éloquence, ni des belles-lettres. Il ſembloit que tout s'accordât pour réveiller une Philoſophie, qui méritoit d'autant plus d'être oubliée, qu'elle tenoit l'eſprit humain dans une étroite ſervitude. 2°. La plûpart des Ouvrages Grecs avoient été traduits en Arabe : ce qui rendoit les textes originaux fort rares. D'ailleurs, perſonne n'étoit capable d'entendre ces textes qui pourriſſoient dans l'obſcurité des Bibliothéques, elles-mêmes aſſez rares & conſervées avec peu de ſoin. On ſait que l'étude de la Langue Grecque, que l'ignorance, la barbarie avoient preſque éteinte en Europe, ne s'y rétablit que dans le XV. ſiécle. Il falut donc une ſeconde fois traduire Ariſtote d'Arabe en Latin ; &

les fautes, déja très-nombreuſes, ſe multipliérent à l'infini. Une pareille verſion échût par malheur à Albert le Grand, & à Saint Thomas; &, comme on peut ſe l'imaginer, le Philoſophe Grec n'y conſervoit aucun de ſes traits. Cependant elle fut autoriſée par des Actes publics, & on la ſuivit dans les Ecoles juſqu'à la renaiſſance des Lettres. Les Savans ſe mirent alors à portée d'entendre Ariſtote dans ſa Langue naturelle, & de le confronter, pour ainſi dire, avec ſes plus anciens Interprêtes. Car un Philoſophe, quelque habile qu'il ſoit, laiſſe toûjours beaucoup de choſes à deviner. Je le trouve heureux, quand on ne renonce point à ſa ſucceſſion.

Je conclurrai de tout ceci, que ce ne fut point par hazard, encore moins par inclination & par goût, que les Chrétiens prirent la teinture de l'eſprit des Arabes. Une dure néceſſité les y contraignit. Quand on veut étudier, il faut bien ſuivre les méthodes qu'on trouve établies, & parler le langage de ſes Maîtres. Celui des Arabes étoit ſubtil, inquiet & pointilleux, plein d'équivoques, nullement propre à y faire penſer : & le mal fut qu'on s'y conforma ſans réſerve, & à la ruïne de toute la Philoſophie. Il n'apartient qu'à des eſprits originaux de s'ouvrir de nouvelles routes,

& malheureusement la Nature est avare, plus même qu'on ne peut le dire, de ces sortes d'esprits. A peine en montre-t'elle deux ou trois dans chaque siécle.

Depuis Charlemagne, aucun de nos Rois n'avoit songé à faire des amas de Livres. La gloire en étoit dûë à Saint Louis : mais voici à quelle occasion. Dans le premier voyage qu'il fit en Orient, on lui parla d'un Prince Arabe qui faisoit traduire en sa Langue tous les meilleurs Livres de Philosophie, qu'il pouvoit rencontrer. Cet exemple frappa le Roi, susceptible de tout ce qui avoit quelque air de vertu ; & étant de retour en France, il employa de grandes sommes d'argent à faire copier les Saintes Ecritures, & les Ouvrages des Peres qui languissoient dans différentes Abbayes, ignorés de ceux-mêmes qui les possédoient. Il choisit ensuite un lieu dans le Tresor de la Sainte Chapelle, où il renferma tous ces exemplaires, avec permission aux curieux de les venir consulter & d'en extraire les plus beaux endroits.

VI.

Des coups qui furent

Quelques-uns pourroient ici m'objecter ce que raporte l'Historien de Phi-

portés à Aristote. *V. Laun c. 4. & 5.*

lippe-Auguste : » Que ce Prince ayant » sçû qu'on répandoit à Paris une do-» ctrine aussi nouvelle que dangereuse » sous le nom d'Aristote, & à l'occa-» sion de quelques Ecrits qui avoient » été envoyés de Constantinople, apel-» la tous les Evêques qui suivoient opi-» niâtrement sa Cour, & leur ordonna » de condamner cette doctrine » : ce qu'ils firent en 1209, sous peine d'excommunication. Le Prince y ajouta la crainte de quelques châtimens plus sérieux. Les mêmes défenses furent renouvellées six ans après, par le Cardinal de Saint Etienne nommé Légat du Pape en France, & chargé particuliérement de veiller sur l'Université de Paris, laquelle avoit commencé à se former dans le siécle précédent. Mais comme plusieurs lui remontrérent que la Dialectique de Saint Augustin qu'on enseignoit alors dans toutes les Ecoles, ne suffisoit point à l'instruction de la Jeunesse, il permit d'enseigner à sa place celle d'Aristote, *si cependant*, ajoutoit-il, *on pouvoit la recouvrer.* En 1231, Grégoire IX. ayant été informé que les Maures d'Afrique & d'Espagne faisoient couler en Italie les Commentaires d'Averroës, les proscrivit absolument, & sans retour. Pour la Physique & la Métaphysique d'Aristote, que ces Commentaires expliquoient, il en interdit la lecture, mais seulement jusqu'à ce qu'on les eût nettoyées de toutes les erreurs qui y étoient répanduës. Enfin, 34 ans après, le Cardinal de Sainte Cécile étant aussi Légat en France, ôta cette derniére clause & bannit sans réserve tous les Ouvrages du Philosophe Grec, & comme inutiles à des Chrétiens, & comme oposez à l'Ecriture Sainte.

Cela bien entendu, on demande de quel front Albert le Grand & Saint Thomas, qui fleurirent dans le treiziéme Siécle, osérent travailler sur Aristote & publier les Commentaires qu'ils avoient faits. Leur conduite ne marque-t'elle point peu de respect pour les décisions du Pape, & des deux Cardinaux députez en France? A cela répondent les Apologistes de Saint Thomas, (car Albert le Grand leur tient moins au cœur, & ils l'abandonneroient volontiers;) à cela, dis-je, répondent ces Apologistes, qu'il y a grande aparence que le Saint avoit obtenu quelque permission, d'autant plus flatteuse qu'elle devoit être moins commune, de donner à ses études une libre étenduë: & par-là même il ne craignit point de se soustraire à des ordres, trop vagues pour l'arrêter en chemin. A mon égard, je croirois plûtôt que ne s'agissant point du fond de la

Religion, Saint Thomas crut pouvoir étendre ses droits, & joüir de la liberté que la Nature a accordée à chaque homme de lire tel ou tel Ouvrage, de s'apliquer à tel ou tel genre d'étude.

On demande encore pourquoi il préféra la traduction d'Aristote faite sur l'Arabe, à celle qui pouvoient immédiatement venir du Grec. A mon avis, la raison de cette préférence se doit attribuer à l'estime exagérée qu'on avoit pour les Arabes. Tout ce qui sortoit de leurs mains, sembloit acquérir un nouveau degré de perfection. Le préjugé étoit pour eux. D'ailleurs, il n'y avoit alors suivant la remarque du Cardinal de Bessarion, que quelques morceaux détachez d'Aristote qui eussent passé de la Langue Grecque dans la Latine: ce qui n'étoit pas fort important, ni fort propre à piquer la curiosité. Pour la traduction que l'illustre Boëce avoit faite dans le IV. siécle, sans doute qu'elle s'étoit perduë & évanouïe, au milieu des guerres sanglantes & des révolutions que l'Italie avoit souffertes.

VII.

Du rétablissement de sa réputation & de sa doctrine.

J'ai conduit Aristote à travers les disgraces qu'il eut à essuyer dans l'Université de Paris, de la part des Cardinaux

naux de Saint Etienne & de Sainte Cecile : il est juste de marquer presentement par quel retour de bonheur, sa réputation s'y établit. On trouvera là une preuve sensible de l'incertitude, & de la bizarrerie des jugemens humains. Il n'y a point d'opinion, quelque ridicule, quelque absurde qu'elle soit, qui ne puisse espérer de devenir l'opinion dominante : comme en revanche, il n'y en a point de si raisonnable, de laquelle on ne puisse dire que les hommes ne la suivront jamais.

En 1366. les Cardinaux de Saint Marc & de Saint Martin vinrent à Paris, de l'ordre d'Urbain V. pour réformer l'Université de cette Ville. Après plusieurs conférences secrettes & publiques, on leva toutes les censures qui avoient été fulminées contre la doctrine d'Aristote. On fit plus : on approuva ses Ouvrages, & on permit de les lire sans aucune restriction. Ainsi commença de s'affermir l'autorité du Philosophe Grec : & je ne sai par quel enchantement, tous les esprits se tournerent de son côté. Il suffisoit que quelque dogme portât son nom : on y souscrivoit sans résistance, & sans se donner le loisir de l'examiner. Jamais la Vérité elle-même n'a joüi d'un si beau privilége. On parvint enfin jusqu'à croire qu'on ne pouvoit

Laun. ubi suprà c.1.

penſer que d'après Ariſtote, ni montrer de l'eſprit qu'autant qu'on l'empruntoit de ſes Ouvrages ; qu'il n'y avoit d'autre Phyſique que celle qu'il avoit enſeignée ; en un mot, qu'il étoit inutile de recourir à l'expérience & de conſulter la Nature en elle-même. La Cour de Rome, quoique ſi attentive à repouſſer l'erreur, confirmoit par ſon exemple toute cette conduite : & même elle fit dépendre de l'autorité d'Ariſtote, une grande partie de preuves de la Religion. C'eſt ce que remarque judicieuſement l'Hiſtorien du Concile de Trente. *Senza Ariſtotele*, dit-il avec ſa franchiſe ordinaire, *non haveremmo molti articoli di fede*. Je pourrois recueillir ici les témoignages de pluſieurs Papes, qui ont extrêmement favoriſé la doctrine du Lycée. Le plus conſiderable eſt celui de Nicolas V, qui donna ſes ordres pour faire traduire tous les Ouvrages d'Ariſtote. On peut juger quel étoit là-deſſus ſon empreſſement, puiſqu'il chargea le Cardinal Beſſarion de revoir ſur les manuſcrits du Vatican toute la Métaphyſique de ce Philoſophe. Les autres Traducteurs étoient de la même force.

Iaun. c. 11. En 1452, le Cardinal d'Eſtouteville fut nommé de l'ordre exprès de Charles VII, pour corriger quelques abus qui s'étoient glissés dans l'Université de Paris, & pour y réveiller l'amour des Sciences. Ce Cardinal régla d'abord le nombre & les apointemens des Professeurs : il les excita à vivre d'une maniere uniforme, autant que leur âge & les soins domestiques le pouvoient permettre. Il rendit ensuite une Ordonnance, qui enjoignoit à tous les Etudians de s'exercer sur la Philosophie d'Aristote, & de se provoquer mutuellement à la dispute. Dès ce tems-là, on ne pouvoit prétendre au dégré de Maître ès Arts, qu'on n'eût été interrogé sur cette même Philosophie. Tout cela, si je l'ose dire, naturalisoit Aristote dans les Ecoles de Théologie. Quelques-uns même avancerent dans des Théses imprimées, que sans lui, la Religion auroit manqué de ses principaux éclaircissemens. Ce n'est point qu'il ne s'élevât de tems en tems des esprits plus fins & plus déliés, qui s'opposoient au cours rapide de l'erreur. Mais faute de raisons pour les convaincre, on imploroit l'autorité du Magistrat, qui maintenoit sans autre examen ce qu'il trouvoit établi. Telle fut la disgrace de Pierre Ramus. Il avoit composé avec une liberté maligne deux Ouvrages, dont le plus considérable étoit intitulé : *Censure d'Aristote*. Aussi-tôt se remuerent tous les vieux

Docteurs, ignorans par état & opiniâtres par ignorance, qui se voyoient en quelque sorte chassés de leur patrimoine. La cause de Ramus, plein de ce courage d'esprit qui sied si bien aux Inventeurs, fut portée jusqu'aux pieds du trône. Après plusieurs contestations, le Parlement de Paris supprima ses Ouvrages & autorisa ceux d'Aristote. On défendit encore à Ramus d'enseigner sa nouvelle doctrine, & sur-tout d'user de médisances & d'invectives contre les Auteurs de l'Antiquité. Cet Arrêt du Parlement fut un nouveau trophée, qu'on érigeoit à l'Ignorance.

En 1601. l'Université fit de nouveaux Réglemens, par rapport à la Faculté des Arts. Elle fixa le Cours de Philosophie à deux années consécutives. Dans la premiere, on devoit étudier la Dialectique & la Morale d'Aristote; dans la seconde, on devoit étudier sa Physique & sa Métaphysique. Cet usage subsiste encore, pour la plus grande partie. Avoüons cependant qu'aucun tems de la vie n'est plus mal employé, que les deux années qu'on consacre dans les Colléges à la Philosophie. Le mieux qu'on puisse faire dans la suite, c'est d'oublier tout ce qu'on y a apris.

Il manquoit encore quelque chose à la Philosophie dominante. En 1624.

Jean Bitaud composa des Théses fort savantes, mais injurieuses à la mémoire d'Aristote ; & il étoit prêt de les soutenir sous la Présidence d'Antoine de Villon. Pour un plus grand éclat, ils s'étoient l'un & l'autre associez Etienne de Claves, adroit Chymiste, qui devoit montrer par plusieurs expériences qu'Aristote n'étoit qu'un aveugle en matiére de Physique. Ces Théses causérent de grands mouvemens dans tous les esprits. L'Université assemblée en corps, les censura le 11. de Septembre 1624. Cette censure fut suivie d'un Arrêt du Parlement, qui ordonna que les Théses de Bitaud seroient lacérées dans le Greffe de la Cour. On avoit mêlé la Religion dans toute cette procédure, sans doute pour noircir davantage ceux qu'on poursuivoit. Il est étrange combien on abuse de ce prétexte. Monsieur de Launoi, Docteur en Théologie, raporte exactement tout ce qui regarde l'affaire de Bitaud. Ses Théses, quoique plus raisonnables que toutes celles qu'on proposoit alors, contiennent encore bien du galimatias. Une chose à remarquer, c'est l'accord qu'on y fait de la Physique & de la Chymie. Aux quatre élemens des Péripatéticiens, on substituë les cinq principes des Chymistes, trois actifs, l'esprit, l'huile & le ſel, & deux paſſifs, l'eau & la terre: & on promet par leur moyen de rendre raiſon de tout le méchaniſme de la Nature, de tout ce qui regarde la compoſition des corps.

Juſqu'ici Ariſtote avoit triomphé: lui & la Raiſon paſſoient pour la même choſe. Mais enfin ſa réputation commença à décheoir par les attaques réïtérées de Gaſſendi, de Deſcartes, & des autres grands Philoſophes qui parurent depuis le milieu du XVII. ſiécle. Il ſembloit que ſous eux, l'eſprit humain alloit prendre une nouvelle vie, & une nouvelle forme. Le vrai, rendu plus commun & plus ſenſible, venoit comme de lui-même s'offrir à tous les yeux, & on ne pouvoit le méconnoître ſans ſe faire une ſorte de violence. Ce n'eſt point que l'ancienne doctrine n'ait encore des aſyles aſſûrez, & impénétrables à la lumiére. *Sera enim*, dit Symmaque, *& contumelioſa eſt emendatio ſenectutis.* Dans ces aſyles, toute la vie ſe conſume à diſputer, & à crier l'un contre l'autre. Là, on couronne, non celui qui penſe le mieux, mais celui qui parle le plus. Là, ſont admiſes toute Langue, toute Tribu, toute Nation. Elles y trouvent des appuis & des protecteurs. La victoire s'y meſure au ton de la voix, aux maniéres

Epiſt. l. 10.

Pelliſſ. de la Toler. des Relig.

presentes, aux injures même. Le grand point est de ne demeurer jamais court, & plutôt que d'avouer qu'on s'est mépris, de recourir aux distinctions les plus subtiles & aux argumens les plus entortillés. *Nihil tam verentur, quam ne dubitare aliqua de re videantur.* Je le demande avec douleur : un demi-siécle n'est-il pas suffisant pour mettre tout le monde à portée de suivre la raison ! Faut-il que, par un esprit rebelle & opiniâtre, on se refuse à sa clarté ?

Cicer. l. 1. de Nat. Deor.

CHAPITRE XLIII.

I. *Que les Scholastiques n'ont point su faire un juste accord de la Philosophie & de la Théologie.* II. *Origine du titre de Scholastique.* III. *Des prémiers Scholastiques.* IV. *De leurs erreurs & de leurs subtilités.* V. *Des condamnations qu'elles essuyérent.* VI. *Des nouveaux Scholastiques.* VII. *De Saint Bonaventure, de Saint Thomas, & de Scot.* VIII. *Des disputes sans fin qui agitérent les Ecoles, jusqu'à la renaissance des bonnes Etudes.*

I.

LA Philosophie & la Théologie ont leurs intérêts & leurs droits séparés:

Que les Scholastiques n'ont

pas susai-re un ju-ste accord de la Philosophie & de la Théologie.

elles ne sont, à proprement dire, ni amies ni ennemies, quoiqu'elles soient peut-être les deux ensemble. Avant que de monter à ce que la Révélation enseigne, il est juste de se procurer toutes les connoissances qui dépendent de la lumiére naturelle Ce prémier pas est absolument nécessaire : & Saint Augustin applaudit à ceux qui l'ont fait dans leur jeunesse, & qui ont su distinguer ce qui est essentiel & indispensable dans les vérités philosophiques, d'avec ce qui ne l'est point. En effet, l'homme veut être conduit par degrés : on le rebute, dès qu'on presse trop sa marche. Et comment aura-t'il une véritable soumission d'esprit, s'il n'a auparavant essayé toutes ses forces, s'il n'a reconnu par lui-même combien son intelligence est courte, chancelante, bornée? Où s'arrête la Philosophie, c'est-là précisément que la Théologie commence. Le dessein de Dieu en nous parlant, a été sans doute de suppléer à la foiblesse de nos connoissances qui ne répondoient pas à nos besoins, qui même n'y auroient jamais suffi. Tout ce que nous pouvons apprendre de nous-mêmes, nous devons l'acquérir à force de travail & de méditation. Le surplus ne dépend pas de nos efforts : pour y parvenir, il faut un ſecours ſurnaturel, il faut une clarté qui vienne d'en-haut.

Depuis l'origine du Chriſtianiſme, ceux qui ont entrepris de le défendre ou de l'éclaircir, ſe ſont toujours attachés à la Philoſophie dominante, & n'ont point dédaigné les différentes preuves qu'elle leur fourniſſoit. Les prémiers Peres de l'Egliſe firent choix de Platon, comme de l'Auteur le plus ſublime & le plus délié qui eût paru dans la Gréce. Les Scholaſtiques, ainſi que je viens de le montrer, ont ſuivi les traces d'Ariſtote : & depuis la renaiſſance de bonnes études, c'eſt Deſcartes qui, malgré d'innombrables contradictions, a eu la préférence. Je n'oſe décider auquel de ces trois partis l'avantage apartient. Ils ont eu chacun leurs aprobateurs. Je dirai ſeulement que Platon a rendu le Chriſtianiſme trop abſtrait & trop métaphyſique; qu'Ariſtote l'a rendu trop épineux & trop diſcoureur; enfin que Deſcartes, en tâchant de l'amener à ſa prémiére ſimplicité, a affoibli quelques-unes de ſes preuves. Il y a du danger à vouloir que la Religion ſoit trop peu myſtérieuſe. J'ai ici en vue Mr. Locke, le fameux Toland, & quelques autres Anglois, dont les Ecrits ſont aſſez connus.

II.

Origine du titre de Scholastique.

Baillet, Jugem. des Sav. t. 1.

Pour revenir à mon sujet, je remarquerai que le titre de Scholastique se donna d'abord par une rare distinction. Il servit à désigner une haute éloquence, ou des talens supérieurs, ou une grande connoissance du Droit des nations. Mais après le neuviéme siécle, & sous la seconde race de nos Rois, ceux qui ont porté ce titre, ne l'ont pris que comme la marque de l'emploi qu'ils exerçoient dans leurs Eglises. En effet, le Scholastique étoit chargé d'enseignèr les Langues, les Humanités, & généralement tout ce qui est compris sous le nom de Belles-Lettres. Chaque Cathédrale en avoit un : & l'Evêque chargeoit à part le Théologal d'expliquer l'Ecriture Sainte, & de résoudre les principales difficultés qui regardent la Jurisprudence canonique, devenuë très-obscure & très-embarrassante par une infinité de fausses Décrétales, de Constitutions nouvelles & dérogeant les unes aux autres, de dispenses qu'il étoit criminel d'accorder. Dans presque toutes les Eglises de France, il y avoit un Scholastique & un Théologal, dont les fonctions étoient distinguées. Mais l'Université de Paris devenant plus illustre de jour en jour, &

Mabill. Traité des étud. Monastiq. 2 part.

pour me servir de l'expression d'Alexandre IV, étant regardée comme l'Arbre de vie dans le Paradis terrestre, ou comme la lampe allumée dans la maison du Seigneur, toutes les Ecoles particulieres s'éteignirent. Chacun vint puiser à la source même des Sciences, d'où elles se répandoient non-seulement dans le Royaume, mais encore par toutes les nations de l'Europe, qui n'avoient qu'un cri d'admiration. (*)

Dans la suite, on n'appella plus Scholastique, que ce genre de Théologie qui discute les principales verités de la Religion par le secours du raisonnement, ou, comme s'explique le Cardinal du Perron, *par la forme & les organes de la Dialectique & de la Métaphysique*. Tout se prit à ce piege flatteur, & qui laissoit chacun en droit de décider, ou du moins de parler autant qu'il le jugeoit à propos. L'amour propre est touché de l'ombre même de la liberté, sur-tout par raport à la Religion.

Traité de l'Euchar. l.3.ch.20

N 6

* Autant que l'Université de Paris étoit autrefois célébre & brillante, autant est-elle tombée dans l'avilissement. La Faculté de Théologie sur-tout me paroît le Corps le plus méprisable qui soit dans le Royaume.

III.

Des prémiers Scholastiques.

Lanfranc & Saint Anselme peuvent être regardés comme les Chefs des anciens Scholastiques. Tous deux passérent d'Italie en France ; tous deux furent élevés successivement à l'Archevêché de Cantorberi. Leurs Ouvrages dogmatiques, moins estimables, à mon avis, que ceux qui ne roulent que sur des matieres de piété, prouvent assez que l'art de raisonner commençoit de s'introduire dans la Théologie, à la place de l'ancienne simplicité des Peres. Cet art qui ouvroit la porte à des disputes, à des querelles sans fin, ne manqua point d'être au goût des Anglois, qui se passionnent volontiers pour tout ce qui est nouveau. Ils surpassérent bientôt toutes les autres nations, & par la subtilité de leurs argumens, & par l'artifice de leurs réponses. On remarque même que l'Angleterre a plus fourni de Gloses & de Commentaires sur le Maître des Sentences, que le reste de l'Europe ensemble : ce qui, faute de mieux, supose toujours une grande application à l'étude. Heureusement qu'elle est revenuë à des sentimens plus raisonnables, à un tour d'esprit plus judicieux. Les Anglois ont laissé toutes les ruses, toutes les chicanes

V. Erasm. epistol. l. 6

de l'Ecole, pour s'attacher aux Sciences les plus sublimes, aux Sciences transcendantes. La Physique, la Chymie, la Médecine, la Botanique, le Géométrie, & sur-tout celle qui porte ses regards jusques dans l'Infini & distingue dans l'Infini même divers ordres, ont reçu en Angleterre leurs principaux accroissemens. Il est vrai aussi qu'on y voit régner les deux choses qui sont les plus propres à former des gens de Lettres ; une précieuse liberté de génie, & l'approbation d'un grand nombre de connoisseurs qui jugent par eux-mêmes, & ne reçoivent point lâchement le ton les uns des autres.

IV.

De leurs erreurs & de leurs subtilités.

Plus les anciens Scholastiques donnoient l'essor à leur imagination, plus ils embrassoient de terrein, & plus ils s'acquéroient aussi de disciples qui devenoient Maîtres à leur tour : ce qui ne surprend point, quand on songe combien étoit embrouillée la Science de ces tems-là. En effet, on y lisoit peu, on méditoit encore moins : & tout ce qui s'appelloit étude consistoit à recourir aux menues chicanes de la Logique, à disputer sur la valeur des mots, à inventer des distinctions frivoles & captieuſes. Tel fut le caractére dominant de ceux qui enſeignérent ſur la fin du onziéme ſiécle, & pendant tout le cours du douziéme. Comme ils n'avoient guéres lu l'Ecriture Sainte que pour y chercher des ſens allégoriques & moraux, comme ils ignoroient le fond de la Tradition & le langage des anciens Auteurs, ils ſe jettérent dans le raiſonnement, inventérent des mots barbares & le plus ſouvent inintelligibles; en un mot, ils ſubtiliſérent à l'infini. Voilà la ſource de toutes les erreurs, des conceptions abſtraites & obſcures, qui s'introduiſirent dans la Scholaſtique, devenuë dès-lors une Science à part & differente de toutes les autres, qui du moins ont pour but d'éclairer l'eſprit & de donner quelque enſeignement, quelque inſtruction.

Fleuri, Diſc. 5.

Je pourrois ſur cela me livrer à un très-long détail, & faire voir que tout étoit alors conteſté, que tout prenoit un air problématique entre les mains de gens qui attaquoient tout indifféremment. Mais il ſuffira d'établir ici comme un principe certain & déciſif, que de ces prémiers Scholaſtiques, il n'y en a aucun qui n'ait été accuſé, ou du moins ſoupçonné de quelque erreur capitale. On reprochoit aux uns d'employer des expreſſions nouvelles & inconnuës à toute l'Antiquité : ce que Saint Augustin nomme un crime impardonnable en Théologie. Les autres étoient blâmés de ce qu'ils mettoient les vérités éternelles & nécessaires de niveau avec leurs propres idées, souvent vaines & chimériques, & de ce qu'ils demandoient pour les unes & les autres le même degré de soumission.

Ce fut-là sur-tout le défaut de Gilbert de la Poirée, Evêque de Poitiers, & du fameux Abailard, moins connu cependant aujourd'hui par ses Ouvrages Philosophiques, que par l'attachement qui le lioit à la belle Héloïse, & par les longues disgraces que cet attachement lui attira. Mais pour bien faire le portrait de ces deux Auteurs, je dois dire que le prémier abjura ses erreurs, dès qu'on les lui fit appercevoir, montrant par-là que si les hommes se trompent, les Grands-hommes avouent sans peine qu'ils se sont trompés ; & que le second y demeura opiniâtrement & ne voulut jamais se reconnoître. Triste effet des prémieres démarches qu'Abailard avoit faites imprudemment, & dont il n'eut jamais le courage de revenir. En général, le caractère de son esprit étoit de ne jamais se plier aux décisions, ni aux volontés d'autrui : & ce caractére, il l'avoit emprunté de Roscelin, Clerc de l'Eglise de Compiegne & fondateur de la Secte des Nominaux, sous lequel il avoit étudié, & qui soutenoit que nos idées, ou les objets immédiats de nos perceptions, ne contiennent rien de positif ni de réel. A son exemple, Abailard avança que les trois Personnes de la Trinité ne sont que des dénominations d'un seul même Etre, qui est Dieu: ce qu'il appuyoit de plusieurs comparaisons tirées des choses sensibles, par exemple, de celle du cachet & de l'empreinte. On juge bien que de pareilles subtilités n'échapérent point à la censure des Evêques: elles ressentoient trop le Sabellianisme.

Mais celui qui se distingua le plus pendant le prémier Age de la Scholastique, ce fut Pierre Lombard, né d'une famille obscure & abjette, mais doué en échange d'un esprit perçant & étendu. Quoique le mérite seul, & qui n'a pour lui ni brigue ni sollicitations, fasse rarement parvenir au charges Ecclésiastiques, il obtint cependant l'Evêché de Paris: & même le Prince Philippe son concurrent, qui étoit Archidiacre de cette Eglise, & fils de Loüis le Gros, lui céda toutes ses prétentions, comme au plus digne. Attaché sans relâche à tous ses devoirs, Pierre Lombard mit l'étude au nombre de ceux dont aucune raison ne pouvoit le dispenser : & il publia sous le titre de Sentences, un Recueil de questions Théologiques, mais qui d'ordinaire ne l'étoient que de nom, & auquel il avoit travaillé dès sa jeunesse. Ce Recueil eut un succès prodigieux, & il servit de texte à toutes les leçons de Théologie qui furent faites dans le douzième siécle; de sorte que les Ouvrages qui étoient reçus auparavant dans les Ecoles, tels que ceux d'Hildebert Evêque du Mans, de Robert Pullus Cardinal, de Robert de Melun Evêque de Herford; de l'Abbé Rupert, d'Hugues de Saint Victor, n'y eurent plus de cours & tombérent tout-à-fait.

Une autre suite de la réputation que s'attira le vaste Recueil de Pierre Lombard, surnommé pour ce Recueil même le Maître des Sentences, ce fut de donner lieu à d'amples Commentaires, où étoient encore proposées des questions nouvelles : & l'on remarque que le nombre de ces Commentaires, dont les uns sont imprimés & les autres ne le seront heureusement jamais, grossit à tel point, qu'il pouroit bien remplir plusieurs Bibliothéques. Effectivement, tous les Docteurs en Théologie qui ont paru dans le XII. & le XIII. siécle, n'ont point manqué d'en faire; d'où leur est venu le titre de *Sententiarii*. Mais le Cardinal du Perron, qui avoit lu la plus grande partie de ces Commentaires, avoue qu'ils sont *nés d'esprits plus abondans en loisir, en curiosité, qu'en occupations graves & sérieuses*, telles que s'en faisoient, avec autant de modestie que d'édifications, les prémiers Péres de l'Eglise.

V.

Des condamnations qu'elles essuyérent.

Quoique la Scholastique parût alors triompher, & qu'effectivement elle triomphât dans les Ecoles, il ne laissoit pas de s'élever de tems en tems des hommes généreux & dépouillés de toute prévention, qui lui portoient les plus rudes coups. » Il y a maintenant, écri» voit au Pape Célestin III, Etienne » Evêque de Tournai sur la fin du XII. » siécle, il y a presque autant de scan» dales que d'Ecrits, presque autant de » blasphémes que de places publiques où » les hommes discourent & s'entretien» nent. Il semble que dans le trouble, » dans la confusion des Ecoles, on ne » songe qu'à proposer des questions sur» prenantes & extraordinaires, au ha» zard même de ne pouvoir les résou» dre.

Gautier, sixiéme Prieur de Saint Victor, détailla encore plus les choses, dans un Ouvrage raisonné qu'il publia sous ce titre : *Contre les erreurs manifestes & proscrites par plusieurs Conciles, que soutiennent Pierre de Poitiers, Pierre Abailard, Gilbert de la Poirée & Pierre Lombard Evêque de Paris.* On nommoit agréablement ces quatre Auteurs, les quatre Labyrintes de France. Le Prieur de Saint Victor les attaque avec la derniere vivacité, leur reproche & mille raisonnemens faux, & mille syllogismes captieux, & la perte irréparable qu'ils faisoient de leur tems, » Suivez-les, ajoute-t'il, » dans ces longues disputes où ils passent les jours & les nuits, vous verrez qu'ils tournent la même chose » de tant de façons différentes, qu'on » ne sait plus s'il faut l'admettre ou la » rejetter. Ils se jouent du vrai & du » faux avec tant d'adresse, qu'on ne » peut ni les saisir ni les reconnoître. » Prêtez-leur une oreille attentive, vous » ignorerez bien-tôt s'il y a un Dieu, » ou s'il n'y en a point ; si Jesus-Christ » s'est fait homme, ou s'il n'a pris » qu'un corps fanastique ; s'il y a quel- » que chose de réel dans le monde, ou » si tout n'est qu'illusion, que trom- » perie ».

Pierre Abailard avoit intitulé un de ses Traitez, *Sic & Non*, Le Oüi & le Non. Là, il prétendoit montrer qu'il n'y a guéres de sujets, soit dans la Morale, soit dans la Physique, sur lesquels on ne puisse soutenir le pour & le contre. Là, il hazardoit encore une proposition qui lui suscita bien des contradicteurs : Que Dieu ne peut faire que ce qu'il fait positivement ; & que ce qu'il ne fait point, il ne le peut point faire : non qu'Abailard voulût par-là borner la toute-puissance de Dieu ; mais la regardant comme jointe à sa sagesse infinie, il disoit qu'il est impossible & contradictoire que Dieu veüille faire quelque autre chose que ce qu'il veut, que ce qu'il fait actuellement.

A l'égard du Maître des Sentences, ses opinions furent aussi attaquées à différentes reprises. On les dénonça à plusieurs Papes ; on les examina dans plusieurs Conciles. Mais jamais elles n'y essuyérent de condamnation expresse : seulement y dressa-t'on des Listes abregées de celles qui paroissoient dangereuses, & ne devoient point être suivies dans l'usage ordinaire des études Théologiques. Voici quelques-unes de ces opinions, qui portent toute l'empreinte de la folle curiosité qui anime l'esprit humain. » Où étoit Dieu avant la création » du monde, demande Pierre Lom» bard ; & supposé qu'il n'eût rien créé, » quelle auroit été sa prescience ? Dieu

» connoît-il plus de choſes en un tems » qu'en un autre, & ſes connoiſſances » ſont-elles ſujettes à augmenter, ou di- » minuër? Dieu a-t'il pu faire quelque » autre choſe, que ce qu'il a fait en ef- » fet; & ſes ouvrages auroient-ils pu » être plus parfaits, & s'offrir dans un » meilleur ordre, qu'ils ne s'offrent à » nos yeux? auroit-il pu les altérer, & « les corrompre exprès? En quel ſens » Dieu a-t'il dit qu'il vouloit ſauver tous » les hommes, & peut-il y avoir quel- » que choſe qui réſiſte à ſa puiſſance? » Eſt-ce par la volonté de Dieu que le » mal arrive? & pourquoi les ſaints Pe- » res ont-ils ſoutenu que non-ſeulement » il doit arriver, mais encore qu'il ſert » à la perfection de ſes ouvrages? N'eſt- » il pas vrai que la volonté de Dieu s'ac- » complit toûjours, ſoit que l'homme » agiſſe en bien, ſoit qu'il agiſſe en mal? » Comment eſt-ce que Dieu, qui ne ſe » propoſe jamais que le meilleur, ne » peut parvenir à l'exécution de ſes ou- » vrages que par le pire? Pourquoi la » combinaiſon du mal métaphyſique, » phyſique & moral, l'emporte-t'il ſur » les biens opoſés?

VI.

Il y a aparence que les traits qui fu- Des nouveaux

Scholastiques.

rent lancez contre les Théologiens d premier Age de la Scholastique, rend rent ceux du second plus circonspects, & plus attentifs sur eux-mêmes. C'est d moins la loüange qu'on ne peut refuse à Albert le Grand & à Alexandre de Hales, à Saint Thomas & à Saint Bonaventure. Mais bien-tôt aprés leur mort les disputes qui n'avoient été qu'interrompuës, recommencérent, & on subtilisa plus que jamais. Les Ecoles devenuës semblables à *des Salles d'escrime*, comme les apelloit le Cardinal du Perron, ne retentirent plus que de cris, que d'injures. On y gesticuloit sans décence; on y parloit sans modération. Le langage, qui doit servir à se faire entendre, n'y servoit plus qu'à se rendre inintelligible. Au milieu de tant de désordres, chaque parti honoroit ses Maîtres des titres les plus fastueux, & les plus imposans. Alexandre de Hales fut nommé l'Irréfragable, Saint Bonaventure le Séraphique, Saint Thomas l'Angélique, Henri de Gand le Solennel, Gilles de Rome le très-bien fondé, Alain de l'Isle l'Universel, Richard de Middleton le Solide, Scot le Subtil, Ockam le Singulier, Grégoire de Rimini l'Autentique, Durand de Saint Porcien le très-Résolutif, &c. Mais tous ces titres au raport de l'illustre Auteur de l'Histoire de l'E-

Baillet, Jugement des Sav. t. 1.

Fleuri, Disc. 5.

glise, sont plus propres à marquer le mauvais goût de ceux qui les donnoient sans choix, que les talens de ceux à qui ils étoient donnez par ostentation. Au reste, je dois remarquer d'après M. Baillet, que de tous les Religieux que l'Université de Paris voulut bien aggréger dans son Corps, les Fréres Mineurs parurent toûjours les plus avides de ces sortes de titres : & ils ne se les épargnoient point. Mais par malheur, les plus pompeux ne donnent point le mérite : ils contribuent même à faire sentir davantage la bassesse de ceux qui osent les usurper.

Cela étant, on me permettra sans doute de parler aussi naïvement des Auteurs du second Age de la Scholastique, que j'ai parlé de ceux du prémier ; en avertissant d'avance, que les Ouvrages publiés dans le XIII. siécle, prirent le nom de Sommes Théologiques, au lieu que les Ouvrages du XII. avoient eu celui de Sentences.

Albert le Grand, né avec d'heureuses dispositions, les cultiva encore par une étude opiniâtre, au milieu des secours que lui présentoit l'Université de Paris. Il retourna ensuite dans sa patrie ; & après avoir ouvert des Ecoles publiques en plusieurs Villes d'Allemagne, après avoir compilé un grand nombre d'Ecrits admirez de son tems, mais peu connus & peu recherchez aujourd'hui, il obtint l'Evêché de Ratisbonne. Sa conduite modeste y fut d'autant plus loüée, que les autres Prélats Allemands vivoient avec beaucoup d'ostentation, dans un équipage brillant & guerrier. Mais bientôt, par un retour secret vers sa prémiére condition, Albert quitta l'Evêché qu'il possédoit, & il reprit ses anciennes occupations, qui étoient d'étudier & d'enseigner.

On lui reproche quelques écarts dans les derniéres années de sa vie qui ternissent certainement sa mémoire; comme d'avoir recherché des secrets de Magie; d'avoir traité de la pratique des accouchemens; d'avoir donné lieu à des dévotions populaires & superstitieuses, lui au contraire, qui, en qualité d'ancien Evêque, les devoit combattre & détruire.

Pour Alexandre de Hales, quoique né en Angleterre, il passa la plus grande partie de sa vie à Paris: &, ce qui pourroit surprendre dans un Religieux de Saint François, il ne sortoit presque jamais du Couvent qu'il avoit choisi pour le lieu de sa retraite. Innocent IV. lui ayant ordonné de composer un Corps de Théologie, il y travailla sans relâche, & avec cette ardeur qu'a d'ordidinaire tout Auteur prié de réussir. Mais, je l'avouërai sans crainte, l'Ouvrage d'Alexandre de Hales montre plus de subtilité, que de véritable connoissance de l'Antiquité Ecclésiastique. D'ailleurs, il est divisé & subdivisé, suivant l'ennuyeuse méthode de l'Ecole : & personne, je pense, ne le lit aujourd'hui. Il me semble que les Romans & les Scholastiques devroient être mis en regard, dans les Bibliothéques bien entenduës.

VII.

Les leçons d'Albert le Grand & d'Alexandre de Hales eurent tout le succès, qu'ils s'en promettoient par une émulation secrette. Il se forma sous leurs yeux beaucoup de Philosophes & de Théologiens, dont les trois plus considérables furent Saint Bonaventure, Saint Thomas, & Dunz surnommé Scot. On leur doit la derniére forme qu'a reçu en détail la Scholastique, & qu'elle conserve encore dans les Ecoles. C'est d'après eux qu'on y dispute, & qu'on y arrange les différentes matiéres qui doivent servir à exercer les esprits. Mais le dirai-je? il me paroît qu'elles servent plutôt à les rendre pointilleux &

De S. Bonaventure, de S. Thomas, & de Scot.

ſubtils, pointilleux ſans agrément, & ſubtils ſans force.

Si la piété, la candeur, la modeſtie, ſuffiſoient pour élever un Auteur à la prémiére place, il eſt certain que Saint Bonaventure dévroit avoir la préférence ſur ſes deux rivaux, Scot & Saint Thomas. Il ſemble même que le célébre Gerſon, Chancelier de l'Unverſité de Paris, la lui donne dans ſon Traité de l'examen des Doctrines. Mais comme on peut être orné de beaucoup de vertus morales, Chrétiennes, & en même tems écrire & penſer mal, je trouve que les Oeuvres de Saint Bonaventure recueillies en huit volumes *in-folio*, ſont plus myſtiques, plus dévotes, que ſavantes & fondées en raiſon; qu'elles attendriſſent plus le cœur, mais d'un mouvement qui paſſe, qu'elles n'éclairent l'eſprit d'une lumiére qui demeure. Il eſt vrai que deux Papes, Sixte IV. & Sixte V, prévenus pour l'habit de Saint François qu'ils avoient porté, ont donné les plus grands éloges à la doctrine de Saint Bonaventure, & qu'ils l'ont preſque regardée comme un texte divin. Mais qu'en peut-on conclurre, ſi ce n'eſt que les Papes louent comme les autres hommes, & qu'on ne doit pas prendre leurs louanges, quelque diſtinguées qu'elles soient, au pied de la lettre? Au reste, une marque du mauvais goût des Scholastiques, c'est le grand nombre d'Ouvrages qu'ils composoient, tant sur la Philosophie, que sur la Théologie. A moins que de vouloir écrire des Romans, peut-on être trop court, quand on traite de ces deux matieres?

Saint Thomas tout plein des Topiques d'Aristote, & des principes contentieux qu'il y avoit puisez, commença par faire des leçons sur le Maître des Sentences, dont le texte souvent éclairci avoit encore besoin de l'être. Il tâcha ensuite de donner plus de jour aux études publiques & il composa pour cet effet un Corps entier de Théologie, où le superflu l'emporte presque toujours sur le nécessaire. Et c'est ce Corps divisé en trois parties, & dont la seconde, plus étenduë en comprend deux autres qu'on apelle la Somme de Saint Thomas.

D'habiles Critiques soupçonnent pourtant que des Ouvrages accumulez qui s'offrent sous son nom, il n'y a pas la dixiéme partie qui lui apartienne; & ils ajoûtent, que les autres lui ont été supposez par les Religieux de son Ordre, afin de les faire mieux recevoir du public. C'est ainsi qu'on profite d'un grand nom, pour relever des Ecrits médiocres. Oserois-je ajoûter ici une chose, que plusieurs Savans se ressouviennent encore d'avoir oüi dire à l'illustre Pere Mabillon ? c'est que dans ses différens Voyages littéraires, il avoit ramassé des preuves plus que suffisantes, pour démontrer que la Somme de Saint Thomas n'est point entiérement de lui. Suposé cependant que la Seconde Seconde doive passer pour une production de son esprit, je le trouve assez dédommagé de perdre tout le reste.

Jean Dunz, surnommé Scot, parce qu'il étoit natif d'Ecosse, se signala beaucoup dans les Ecoles par son humeur querelleuse & disputante. Naturellement porté à la contradiction, il avoit encore passé sa jeunesse dans une retraite austére, où si l'on aprend à penser, l'on n'aprend du moins qu'à penser toujours comme soi, sans se prêter aux autres hommes, sans se servir de certains ménagemens d'expression qu'ils demandent. Il paroît d'ailleurs que la haute réputation de Saint Thomas blessoit la délicatesse de Scot, qui se voyant moins suivi, moins distingué que lui, ne put s'empêcher de le regarder comme un rival dangereux, & importun. Aussi redoubla-t'il de soins & d'efforts, pour trouver à l'ombre de certaines formalitez, des mystéres nouveaux & qu'il croyoit plus propres à l'avancement des études Scholastiques. De-là s'ensuivit une division, qui fomentée & entretenuë par des esprits jaloux les uns des autres, ne fit qu'augmenter dans la suite. Les Religieux mendians sur-tout, obscurs & pauvres par institut, mais Théologiens pour se donner de l'éclat, remplirent les Chaires & les Ecoles de leurs clameurs. Ils répétoient sans cesse le nom imposant de la Religion, moins pour engager à la suivre & à la respecter, que pour rendre leurs propres disputes plus graves, plus brillantes. En effet, peu contens d'expliquer les mystéres de la Foi à leur gré, ils voulurent encore qu'on regardât la maniere dont ils les expliquoient, comme étant aussi de foi: ce qui a causé des troubles infinis, & en causera, je pense, tant que les hommes auront la hardiesse de discuter avec hauteur, ce que l'Eglise ne leur propose que pour être cru avec simplicité. Que j'approuve le zéle du savant Bénédictin que j'ai déja cité, & qui voudroit qu'on retranchât de la Théologie toutes les questions qui regardent le *quomodo*, ou du moins qu'on ne les proposât que pour faire voir le ridicule de ceux qui oseroient y toucher !

V. le Traité des étud. Monastiq. du P. Mabillon.

Pendant que Scot faisoit une guerre ouverte aux Disciples de Saint Thomas, & qu'il s'efforçoit de les embarrasser dans les filets qu'il leur tendoit sans cesse, il vit naître un schisme au milieu de sa propre famille, & presque à la ruïne de sa réputation. Guillaume Ockam Cordelier Anglois, d'un esprit indocile, & qui se mêla dans toutes les querelles que les Papes & les Empereurs avoient alors entre eux au sujet des deux Puissances, l'Ecclésiastique & la Séculiére; Guillaume Ockam, dis-je, imagina de nouvelles subtilitez, & rafinant sur les opérations de l'entendement, les réduisit presque à n'être que des formalitez, que des abstractions. Alors les esprits s'échauffèrent jusqu'à l'extravagance, même jusqu'à en venir aux coups: ce qu'on reproche à quelques Universitez d'Allemagne, pays où l'on sait que les moindres passions prennent un air guerrier. Il se mit tout-à-coup une furieuse émulation entre les Nominaux, & les Réalistes. Les premiers, guidés par les leçons de l'impétueux Ockam, disoient que les Natures Universelles ne sont que des choses d'institution, que des mots, de simples paroles. Les Réalistes au contraire, c'étoient les Disciples de Scot, soûtenoient que ces mêmes Natures sont des choses très-réelles, qu'elles ont une existence déterminée, une force à laquelle rien ne s'oppose, rien ne résiste.

Sur cela, toutes les Ecoles se divisérent : chacun s'attacha plus étroitement à son parti, résolu de n'en point changer, quand mêmes on le convaincroit de faux. Les Théses remplies d'aigreur, pleines d'emportement, volérent de toutes parts : chaque mot y étoit presque une injure. Et au fond, de quoi s'agissoit-il ? de quelques distictions de Logique, de quelques principes de Métaphysique mal pris, ou mal rendus. Bon Dieu ! s'écrioit le savant Melchior Cano, nommé à l'Evêché des Canaries; Bon Dieu ! que les questions qu'on agite dans les Ecoles, sont vaines & chimériques ! De quel usage peuvent-elles être & aux jeunes-gens, & à ceux qui vieillissent ? Est-on plus habile, pour avoir long-tems disputé sur les universaux, sur les noms analogues, sur ce qui est prémierement connu, sur le principe des différences individuelles, sur la distinction de la quantité d'avec les choses à qui cette quantité s'applique, sur l'infini actuel, sur les proportions & les degrez qui y ont raport ? Moi-même, ajoûte Melchior Cano, qui ai quelque ouverture d'esprit & qui me suis attaché sérieusement à ces matiéres, j'avouë que je n'ai pu y rien comprendre. Et certainement je ne rougis point de mon ignorance : car ceux qui se piquent de

L. 9. de Locis. Theolog.

les entendre, n'en ſavent pas plus que moi. Que dirai-je encore de tant d'autres queſtions auſſi vaines, & auſſi inutiles? ſavoir, ſi Dieu pouvoit créer la matiére ſans forme; s'il pouvoit faire pluſieurs Anges de même eſpéce; s'il peut diviſer le continu ſuivant ſes trois dimenſions, & laiſſer ſubſiſter la longueur ſans la largeur, ou elles deux ſans la profondeur; s'il peut enfin ſéparer la relation de ſon fondement?

VIII.

Des diſputes ſans fin qui agitérent les Ecoles, juſqu'à la renaiſſance des bonnes études.

Tel étoit le ſyſtême de la Scholaſtique, qui devenoit encore plus obſcur, plus confus de jour en jour. Perſonne n'oſoit s'en écarter : perſonne même ne croyoit avoir de l'eſprit, & ne pouvoit eſpérer de ſe faire une réputation, qu'autant qu'il étoit lié ou au parti de Saint Thomas, ou à celui de Scot. Il s'éleva pourtant vers le milieu du quatorziéme ſiécle quelques génies moins bas, moins ſerviles, plus entreprenans que les autres. On met à leur tête (& c'eſt ici que commence le III. Age de la Scholaſtique) Durand de Saint Porcien, Evêque de Meaux. Aſſez hardi pour le tems où il écrivoit, & d'autant plus hardi que tous les eſprits étoient alors ſubjugués, il compoſa un Traité exprès ſur les quatre Livres du Maître des Sentences. Mais dans ce Traité, il ne ſuit ni Saint Thomas ni Scot : il ne copie, il ne cite perſonne. Semblable en quelque maniére à ces Peintres qui n'ont étudié ni la Nature ni l'Antique, & qui ſuivent uniquement leur goût, il avança pluſieurs opinions qui lui étoient particuliéres, & qui marquoient déja une ſorte de fermentation dans la culture des Sciences les plus ſublimes.

A l'exemple de Durand, les Théologiens s'affanchirent du joug qui leur étoit impoſé avec tant de rigueur, & ils ſe permirent plus de liberté, plus de diſcernement, un examen ſuivi. Témoin Gautier Burley Anglois, Thomas Bradwardin Archevêque de Cantorbéry ; Richard Archevêque d'Armach ; Thomas de Strasbourg, Grégoire de Rimini & Hugolin Malebranche, tous trois Généraux des Hermites de Saint Auguſtin; Nicolas d'Inckelspuel Recteur de l'Univerſité de Vienne, Grégoire de Heimbourg & Jean Weſſel ſurnommé la Lumiére du monde ; Pierre d'Ailli Cardinal & Evêque de Cambrai, Gilles Charlier Doyen du Chapitre de la même Egliſe, Jean Gerſon Chancelier de l'Univerſité de Paris, Nicolas de Cuſa Cardinal, & l'un des plus ardens défenſeurs de l'autorité des Conciles ſur les

Papes; enfin Gabriël Biel, le dernier des Théologiens du quinziéme siécle qui ait écrit sur le Maître des Sentences, & peut-être qui l'ait lu.

Ce dernier Age de la Scholastique dura jusqu'au tems que les bonnes études commencérent à se réveiller, & que l'amour de la vérité banni des Ecoles, y rentra glorieusement. Ce fut, pour la Théologie, lorsqu'on ouvrit les yeux si long-tems fermés sur le besoin d'apprendre les Langues savantes & originales, afin de puiser dans les sources sacrées; lorsqu'on joignit à l'étude de l'Ecriture Sainte celle de l'Histoire Ecclésiastique, à l'étude des dogmes celle des faits; lorsqu'on eut un assez bon goût de critique, pour démêler les piéces véritables des piéces qu'un faux zéle avoit supposées; lorsqu'on ramena la Religion à cette majestueuse simplicité qui lui est propre, qu'on en écarta le faux merveilleux & les prodiges incertains; lorsqu'on respecta enfin la Loi de Dieu comme elle mérite de l'être, & qu'on n'osa y rien ajouter par forme de disputes & de suplément. Ce fut de la même maniére pour la Philosophie, lorsqu'on secoua le joug deshonorant de l'autorité & de l'admiration; qu'on étudia la Nature en elle-même, & non dans des Livres d'Auteurs qui ne l'avoient jamais étudiée ni connuë ; qu'on perça dans les épines & les difficultés de la Géométrie ; qu'on y fit chaque jour de nouvelles découvertes, en lui assujettissant, pour ainsi dire, la Physique ; qu'on chassa la barbarie, les querelles indécentes, & l'obscurité des Ecoles ; qu'avec une diction plus pure & une éloquence plus sensée, la Raison revint dans le monde, & se fit utilement connoître à tous les esprits attentifs.

Par ce moyen, le régne de la Scholastique déchut insensiblement ; & s'il n'est pas tout-à-fait renversé, tout-à-fait détruit dans un siécle aussi éclairé que le nôtre, ce n'est point qu'on n'en connoisse bien les défauts & l'inutilité. Mais un ancien usage, & qu'on ose encore appuyer du besoin de la Religion, ne s'abolit presque jamais. Et comment s'aboliroit-il ?

CHAPITRE XLIV.

I. *De quelques Philosophes qui ont eu des idées singuliéres.* II. *De Roger Bacon.* III. *De Raimond Lulle.* IV. *D'Arnaud de Villeneuve.* V. *De plusieurs Livres de Chymie.* VI *De Pierre d'Apono.* VII. *De Jérôme Cardan.* VIII. *De Teofbraste Paracelse.*

I.

De quelques Philosophes qui ont eu des idées singuliéres.

PEndant que la Philosophie étoit altérée & corrompuë par les subtilités des Arabes & des Scholastiques, on vit naître quelques hommes d'une trempe particuliére, & qui n'ayant à répondre de leurs actions qu'à eux seuls, se permirent toute liberté de penser. La Physique, la Médecine, la Chymie, la Religion même s'en ressentirent. Leur but étoit d'innover : & l'on sait qu'à certains égards, cette passion est la plus vive & la plus attirante de toutes. J'avouerai cependant que les écarts & les singularités de Roger Bacon, de Raimond Lulle, d'Arnaud de Villeneuve, de Pierre d'Apono, de Paracelse, &c. ont quelque chose d'éblouissant & d'heureux. Il faut une sorte de génie, même pour s'égarer : j'ose dire encore, une sorte de courage. Peu de gens ont la hardiesse de découvrir le fond de leurs pensées, sur-tout quand ces pensées ne s'accommodent point avec les préjugés. On biaise alors, on craint les reproches. Mais, comme dit Sénéque, *si turpe est aliud loqui, aliud sentire, quanto turpius aliud scribere, aliud sentire?*

Epist. 24.

I I.

De Roger Bacon.

Roger Bacon étoit Anglois, & de

l'Ordre des Fréres Mineurs. Un génie élevé, des talens extraordinaires, plusieurs machines de son invention, le firent surnommer le Docteur Merveilleux. Il s'attira bientôt la jalousie & l'inimitié de tous ses Confreres ; car on haït dans les Cloitres, comme partout ailleurs. Roger Bacon, pour diminuer ses chagrins, voulut parcourir l'Italie & admirer les précieux restes d'Antiquité, qui rendent ce pays les délices des connoisseurs. Mais son Général, ou prévenu contre lui, ou peut-être jaloux de la supériorité de son mérite, le fit renfermer à Rome dans une étroite prison, & il n'en sortit qu'à la priére de quelques Cardinaux, qui aimoient & protégeoient les Savans. Une vie si traversée ne l'empêcha point de composer plusieurs Ouvrages, dont le plus distingué a pour titre : *De secretis operibus Naturæ & Artis, & de nullitate Magiæ.*

Il est surprenant combien on y trouve de choses rares & inespérées. Roger Bacon semble avoir pressenti la plus grande partie des inventions modernes. » On pourroit, dit-il, construire des » bateaux que méneroit un homme seul, » & qui surpasseroient en vîtesse tous » les bateaux ordinaires, quelque char- » gés qu'ils fussent de rameurs. La chose a été souvent éprouvée sur les ca- *R. Bac. c. 4.*

naux de Flandres & de Hollande, & elle y a heureusement réussi. Les rames tournantes d'ailleurs, quoiqu'on n'en ait point tiré tout le secours qu'elles sembloient promettre, offrent à peu près les mêmes avantages, & je ne doute point qu'elles ne se perfectionnent encore dans la suite. » On pourroit, » continuë Bacon, préparer des espé- » ces de chars, qui sans être tirés par » des chevaux ni des mulets, feroient » un chemin incroyable. Les Relations de la Chine rapportent que l'on s'y sert de pareilles voitures, le long des lévées qui rendent ce pays le plus commode & le plus agréable de tous à voyager : rien n'y manque. Mais ce qu'il y a de plus assuré, c'est que Simon Stevin's, célebre Mathématicien, inventa dans le XVI. siécle une maniere de chariot à mâts & à voiles, qui dans les tems & les chemins convenables, faisoit deux lieues par heure. Maurice de Nassau, Prince d'Orange, s'y plaisoit extrémement : & de nos jours encore le Roi d'Angleterre, Guillaume III, avoit un pareil carosse, dont il se servoit au grand étonnement de toute sa Cour. » On pourroit, ajoute Ba- » con, trouver le moyen d'aller par les » airs, & de nager entre deux eaux, » & même de descendre, de se prome-

Voss. de Scient Mathem. c. 57.

» ner au fond des riviéres & de la
» mer. Les anciens Journaux des Savans, Ouvrage véritablement digne de son titre, rapellent les expériences qui ont été faites par différens Curieux, soit pour voler, soit pour marcher & respirer sous l'eau un tems assez considérable. » On pourroit, continuë encore Bacon, tailler des verres ou des
» espéces de miroirs, dont les uns se-
» roient propres à grossir ou rappro-
» cher un objet, & les autres à le di-
» minuer ou à l'éloigner prodigieuse-
» ment; quelques-uns à faire paroître
» ce même objet à la renverse, quel-
» ques autres à le redresser. N'est-ce point-là une idée juste, quoiqu'anticipée, des Microscopes & des Télescopes? Pouvoit-on mieux prévoir leurs bizarreries & leurs différens effets? Le célébre François Redi assûre, d'après quelques Manuscrits qu'il regarde comme authentiques, que les Lunettes furent trouvées sur la fin du XIII. siécle. L'inventeur en étoit Alexandre Spina, de l'Ordre des Fréres Prêcheurs. Or quel inconvénient y auroit-il de croire que vers le même tems, on eût aussi quelque idée confuse des Lunettes d'approche? Un génie perçant voit quelquefois dans une théorie sûre, mais générale, ce qui ne sera exécuté en détail

Lettere intorno all' invenz. degli Occhiali.

que plusieurs années après. » On pourroit enfin, conclud Roger Bacon, » préparer une matiére qui même en » une assez petite quantité, exciteroit » dans l'air un bruit violent, s'enflâmeroit comme une trainée de feu, » & seroit capable de détruire des Châteaux & des Armées toutes entiéres. L'opinion la plus commune, c'est que la poudre à canon n'a été découverte qu'en 1380, par un nommé Berthold Schwartz ou le Noir, Allemand de nation & Chymiste. Il en apprit l'usage aux Venitiens, qui s'en servirent les prémiers dans la guerre qu'ils faisoient alors aux Génois, plus surpris encore que vaincus. Il paroît cependant que Roger Bacon, qui étoit mort environ un siécle auparavant, avoit eu quelque connoissance de ce secret meurtrier, & dont le genre-humain, diminué par tant de morts fréquentes & cruelles, s'est si fort ressenti.

C. 6.

III.

De Raimond Lulle.

Raimond Lulle descendoit d'une ancienne & noble famille de Catalogne : mais il nâquit dans l'Isle de Mayorque. Sa vie errante & vagabonde donna lieu à ses ennemis de le décrier comme un Athée, comme un homme qui n'observoit que le Droit de la Nature. Lui-même paroiſſoit charmé qu'on le crût tel : car il y a des vanités bien ridicules, & bien coupables. On aſſûre pourtant que Raimond Lulle, frappé d'une Grace extraordinaire, changea entiérement ſur la fin de ſa vie : ſi cependant c'eſt changer, que de paſſer dans l'extrémité contraire à l'Athéiſme, dans la Superſtition. Ecueil, dit Juſte-Lipſe, auſſi terrible & auſſi dangéreux que l'Impiété : & l'on doit également les éviter tous deux, parce que la Religion y vient également faire naufrage. *O utraque magna peſtis ! ſed illa crebrior, hæc deterior, atque illa pietatis ipſâ imagine ſe commendat ſed imagine. Neque aliud eſt, quam humanarum mentium ludibrium, ſuperſtitio.*

V. ejus Monita & Exempla Polit. c. 8.

Comme Raimond Lulle avoit eu beaucoup de commerce avec les Arabes, il en emprunta les prémiers principes, & toute la pratique de la Chymie. Lui, & Arnaud de Villeneuve la répandirent enſuite dans la France, dans l'Italie, & ſur-tout dans l'Allemagne où elle eſt encore ſi bien cultivée. On peut dire que dès ce moment la Phyſique & la Médecine commencérent à changer de face, & à devenir, de ſimplement ſpéculatives qu'elles étoient, laborieuſes & méchaniques. Elles eurent pour but de tout voir, de tout éprouver, de ramener tout à un

V. lib. de Medecinis secretissimis.

examen sévére. Raimond Lulle a composé quelques Ouvrages de Chymie, mais d'une obscurité que rien n'égale. Il y parle sans cesse d'une ame métallique, d'une substance moyenne, d'un mercure plus vif & plus pur que le mercure ordinaire, mais en même tems plus pesant & plus fixe. Mais qu'est-ce que cette ame, cette substance, ce mercure? Raimond Lulle ne l'explique en aucun endroit, ou du moins il l'explique d'une maniére à n'être point compris. Il n'est pas moins inintelligible dans le nouveau systême de Logique qu'il vouloit introduire dans les Ecoles, & qui, comme une espéce de calcul, ou d'Art général, devoit renfermer les principes de toutes les Sciences. Mais quelle folie de s'imaginer qu'en disposant certains termes sous des classes arbitraires, & des titres faits à plaisir, on arrivera à des régles sûres pour entrer dans le sanctuaire de la Philosophie & de la Théologie! Entendez discourir un sectateur de Raimond Lulle, disoit un Critique judicieux: qu'il vous parle de son Alphabet, de ses quatre figures, de ses définitions générales, de ses principes, de ses tables de combinaisons, de l'échancrure de sa troisiéme figure: vous le quittez l'esprit aussi vuide qu'auparavant, vous n'êtes pas plus instruit que vous l'étiez. Ce n'est pas qu'un bon esprit ne pût enfin tirer quelque utilité des différens Ouvrages de Lulle : mais s'il est bon esprit, il sera assez sage & assez ménager de son tems pour ne point s'embarasser d'un travail si laborieux ; de même qu'un Artiste habile ne va pas se charger d'un monceau de bouë ou de sable, dans l'espérance d'en tirer par des lotions fréquentes, quelques petites paillettes d'or.

Un Docteur Anglois de l'Ordre de St Augustin ayant dit qu'il n'y avoit que l'Antechrist qui dût bien entendre la doctrine d'Aristote, & qui s'en serviroit pour terrasser ceux qu'il oseroient disputer avec lui, les Docteurs Espagnols crurent beaucoup renchérir, en disant que Raimond Lulle avoit exprès composé sa Logique, afin qu'on pût se défendre de l'Antechrist dans les derniers jours, & rétorquer contre lui-même ses argumens. Tout cela est bien du génie & dans le goût des Scholastiques.

La Mothe le Vayer, de la Vert. des Payens 2. part.

IV.

D'Arnaud de Villeneuve.

Arnaud de Villeneuve voulut embrasser trop de matiéres à la fois ; & il s'égara. Les Théologiens censurérent une de ses propositions, où il réduisoit tous les péchez à celui du mauvais exemple, & où il assuroit qu'il n'y a point d'opinion, quelque condamnable & quelque erronnée qu'elle soit, qui nuisent autant à la Religion que la mauvaise vie & l'habitude dans le crime. Les Médecins, ceux-mêmes qui sans théorie n'ont que des remédes éprouvez, condamnérent hautement sa pratique : & je conviens qu'elle étoit hardie, & quelquefois périlleuse. Mais la hardiesse d'un Médecin n'est-elle pas justifiée, autant qu'elle peut l'être, quand il guérit ? Arnaud de Villeneuve fut appellé par tous les Princes qui régnoient de son tems, & il eut le bonheur de les contenter : phénoméne assez rare pour devoir être remarqué. On ajoûte enfin qu'il se noya sur les côtes de Génes, en allant trouver Clément V. qui étoit à l'extrémité, & qui le demandoit avec empressement.

Tout le monde sait que l'accusation de Magie fut très-commune dans le XIII. & le XIV. siécle : ce qui provenoit particuliérement de la grande ignorance des gens d'Eglise, & de la jalousie qu'ils portoient à tous ceux qui les surpassoient en doctrine. Roger-Bacon, qui avoit beaucoup souffert de cette accusation, s'en moquoit en ces termes. » Qu'est-» il besoin de recourir à la Magie, puis-» que la Physique nous enseigne tant de » secrets qui ont le double avantage, & » de satisfaire notre curiosité & de sur-

De secretis Operibus &c. c. 5. V. etiam Paracels. de Magiâ initio.

» prendre le vulgaire ignorant ? Sans » avoir jamais eu recours aux Démons, » ajoutoit-il, je ſai l'art de raſſembler » & de réünir les rayons du Soleil à tel» le diſtance que je veux, & de brûler » toute ſorte de corps, ſoit par refle» xion, ſoit par réfraction. » On accabla du même reproche Arnaud de Villeneuve : & c'étoit pour avoir publiquement tranſmué à Rome une certaine quantité de mercure en or. Chacun juge aiſément quel bruit une pareille opération devoit faire. Jean d'André, célébre Juriſconſulte, aſſure qu'il y étoit préſent avec des Prélats d'un rare mérite. Je n'appuyerai point ſur cette hiſtoire, ni ſur pluſieurs autres ſemblables, où je ſoupçonne beaucoup de fraude, de menſonge, & où je crois que le plus ſouvent encore, ni l'Artiſte ni les Spectateurs ne ſavoient de quoi il s'agit. Je renvoyerai ſeulement les curieux aux Ouvrages mêmes d'Arnaud de Villeneuve, & ſur-tout à ſon Roſaire des Philoſophes. Ils y aprendront ce qui peut-être leur importe d'avantage de ſavoir, c'eſt que pour parvenir au ſecret admirable du grand-œuvre, il faut avoir lû tous les Auteurs qui ont écrit ſur cette matiére, les avoir confrontez, &, pour ainſi dire, eſſayez l'un ſur l'autre. Mais quelle eſt l'homme ſenſé, qui ne recule à la vuë d'une pareille entreprise? Comment lire un tas d'Ecrivains qui n'ont aucune idée claire de ce qu'ils traitent, & qui cependant, pour se donner une apparence de génie, s'envelopent de je ne sai quelle obscurité mystérieuse? Comment se plaire avec des Ecrivains, qui non contens d'exiger un travail opiniâtre, &, comme ils s'en expliquent eux-mêmes, un travail d'Hercule, exigent encore de certaines qualitez incompatibles les unes avec les autres? comme si le moral influoit sur le physique, & que la Chymie fût une suite de vertus, elle, qui n'est d'un bout à l'autre qu'une suite d'opérations manuelles!

V.

De plusieurs Livres de Chymie.

Ainsi, de tous les Ouvrages qui annoncent la transmutation des métaux, ceux d'Arnaud de Villeneuve sont les meilleurs, par cela même qu'ils dégoûtent de son art favori. Il en parut quelques autres de son tems qui portoient des noms distingués, tels que ceux d'Albert le Grand, de Basile Valentin Moine de Saint Benoît, de Jean de Rochebrisée, de Saint Thomas. Mais il y a aparence que tous ces Ouvrages étoient suposés; & je puis le dire en particulier de celui qu'on attribuoit à Albert le Grand, puisqu'il fondoit toute la Théorie de sa Physique sur l'axiome suivant : *Impossibile est arti primas dare formas.* D'ailleurs, ces Ouvrages n'ont rien que de très-ordinaire, & de très-médiocre. Ils établissent le vitriol comme la base du travail Hermétique, & en même tems comme la matiere premiére des métaux : ce qui est absurde au dernier point. En effet, le vitriol n'est qu'un sel acide qui en se figeant, s'emprégne de parties métalliques : & l'on sait que tant le Romain, que celui qui porte le nom de Chypre ou de Hongrie, ne se tirent point ainsi cristallisés des mines. Il faut les passer par plusieurs lessives, & les séparer des marcassites qui y sont jointes : après-quoi on leur donne la forme & la couleur qu'on veut.

De Miner. l. 3.

VI.

Pierre d'Apono, homme de beaucoup d'esprit & Médecin de profession, se dégrada en quelque maniere par son atachement aux Sciences occultes & Cabalistiques ; par le commerce qu'il feignoit d'avoir avec les prétendus Génies aëriens, & même avec les Démons. Il se fit de plus beaucoup d'ennemis par la liberté indiscrete de sa plume, qui s'attaquoit à tout, & principalement aux Ecclésiastiques.

De Pierre d'Apono.

L'Inquisition s'en ressentit, elle, qui est si terrible dans toutes ses vengeances; & le malheureux Pierre d'Apono fut traîné dans les redoutables prisons du Saint Office. Pendant qu'on instruisoit son procès, la mort vint le délivrer du suplice auquel il étoit destiné; & l'Inquisition fâchée d'avoir perdu sa proie, ne put sévir que contre son cadavre. J'oubliois de dire que Pierre d'Apono avoit pris naissance dans un village, à quatre milles de Padoue. Heureux si après avoir fait à Bologne ses études de Philosophie & de Médecine, il fût retourné dans sa Patrie, ou dans quelque autre ville de la domination de la République de Venise! Là, il auroit pu vieillir tranquillement & sans crainte des fureurs de l'Inquisition, que cette sage République a su ramener à de justes bornes.

Le meilleur Ouvrage que nous ayons de ce Philosophe, est intitulé: *Le Conciliateur.* Il y fait le personnage d'Arbitre: Il tâche en homme désintéressé d'accorder ensemble les différentes opinions des Philosophes. Mais le succès n'a point répondu à ses vœux; & il est ridicule de vouloir accorder les hommes les uns avec les autres, quand soi-même on n'est pas sur les bonnes voyes, & qu'on donne dans des idées chimériques. Le caractére d'un Nestor suppo-

se

se une érudition immense & aprouvée : & encore est-il bien périlleux à soutenir jusqu'au bout. Je remarquerai comme une bizarrerie du tempérament de Pierre d'Apono, cette grande aversion qu'il avoit pour le lait & le fromage. Il n'en pouvoit flairer ni même voir, sans tomber en défaillance. J'avouë que personne n'a encore pu expliquer ces sortes d'aversions, qu'on aporte en naissant, & dont il est si difficile de se défaire dans la suite. Il me semble même que ce soit un sixiéme sens que la Nature ait accordé à certains hommes : mais un sens incommode, & qui ne prépare que des contre-tems fâcheux.

Mart. Schoockins de adversatione casei.

VII.

Jérôme Cardan paroît n'avoir composé l'histoire de sa vie que pour instruire le public qu'on peut être fou & avoir beaucoup de génie. Il avouë également ses bonnes & ses mauvaises qualitez. Il sacrifie tous les autres égards à celui d'être sincére : & cette sincérité déplacée va toûjours à ternir sa réputation. Quoiqu'un Auteur ne se trompe guéres, quand il parle de ses mœurs & de ses sentimens, de lui-même ; on est cependant assez disposé à contredire Cardan, & à lui refuser toute créance : tant il semble difficile que la Nature ait pu

De Jérôme Cardan.

V. Naudeum in Judicio Card.

former un caractére auſſi capricieux & auſſi inégal que le ſien. Il ſe félicitoit de n'avoir aucun Ami ſur la terre ; mais en revanche d'avoir un Eſprit aërien, mi-parti de Saturne & de Mercure, qui le conduiſoit ſans relâche & l'avertiſſoit de tous ſes devoirs.

Card. de rerum variet. præfat. l. 8.

On peut juger ſur cet échantillon, combien la Philoſophie de Cardan étoit obſcure & ſuperſtitieuſe. Elle ſuppoſoit toutes les rêveries du Paganiſme ; & qu'il y a des Démons ou des Génies répandus dans les diverſes parties de l'Univers, & que les gens de bien voyent en ſonge tout ce qui leur doit arriver, & que les météores ſont des préſages certains & infaillibles de l'avenir. Cardan ajoûtoit en forme de commentaire, qu'il ſavoit toutes ces choſes par ſa propre expérience, par des témoignages indubitables ; mais qu'il avoit long-tems balancé s'il les révéleroit au public. Sans doute qu'il craignoit de rencontrer ſur ſon paſſage de ces eſprits opiniâtres, qui ſe rendent difficilement, & qui veulent des raiſons. Car déja le ſiécle où vivoit Cardan commençoit à revenir de beaucoup d'erreurs. Au reſte, ce perſonnage ſi ſuperſtitieux nioit preſque l'immortalité de l'ame, ou plûtôt, n'admettoit qu'une ame commune & univerſelle qui ſe diſtribuë à tous les Etres, qui les fait tous agir & mouvoir. Rien n'eſt plus ordinaire que de voir le même homme incredule ſur un point, & crédule ſur tous les autres. Le contraire arrive auſſi : ce qui marque aſſez bien le peu de fond qu'on doit faire ſur l'eſprit humain. Thomas Hobbes combatroit dans ſes Ecrits l'exiſtence de Dieu ; & la nuit, il ne pouvoit reſter ſeul par la crainte des ſpectres & des fantômes infernaux que ſon imagination lui préſentoit. Tycho-Brahé, célébre & judicieux Aſtronome, ſe moquoit des frayeurs que les Eclipſes, les Cométes, les météores inſpirent aux ames vulgaires ; & lui-même, ſi en ſortant le matin il rencontroit une vieille femme à ſon paſſage, ou quelque convoi funébre, il n'oſoit paſſer outre & retournoit dans ſa maiſon. Iſaac Voſſius ſe railloit des Saintes Ecritures, énervoit leur autorité, & au même tems il avoit une crédulité imbécille pour tout ce qu'on lui rapportoit de la Chine & du Japon. Mr. Nicole donnoit des régles admirables pour conduire l'eſprit dans la recherche de la vérité ; & lui-même il étoit chaque jour la dupe de ſes amis & de ſes ennemis, qui lui faiſoient accroire tout ce qu'ils vouloient. *Nemo mortalium omnibus horis ſapit.*

VIII.

De Théophraste Paracelse.

Théophraste Paracelse, quoique plus moderne que tous les Auteurs dont je viens de parler, leur ressemble trop pour l'omettre ici. C'étoit un caractére faux & inégal, qui passoit brusquement de l'étude à la débauche, & qui ne gardoit aucune mesure ni dans la débauche ni dans l'étude. Il se donnoit tantôt pour un Théologien inspiré, il appelloit ses propres Ouvrages l'Evangile de la Nature : tantôt il se nommoit le Réformateur de la Médecine, & se mettoit hardiment au-dessus d'Hippocrate, de Galien, d'Avicenne, de Mésué, de Rhasis. Aucune maladie ne paroissoit ni l'inquiéter, ni le surprendre. Il se vantoit d'avoir des remédes pour toutes, même pour celles qu'on juge incurables : & comme si ces remédes en devenoient meilleurs, s'ils acquéroient un nouveau degré de force & de vertu, il leur donnoit des noms barbares & qu'il inventoit exprès. Jean Bullinger, qui l'avoit connu familiérement, se plaint de n'avoir trouvé en lui qu'une impiété grossiére & étourdie, sans aucunes difficultés sérieuses. C'est le défaut ordinaire de ceux que le libertinage des mœurs conduit à l'incrédulité. Jean Oporin, qui avoit été quelque tems au service de Paralcelse, en fait une peinture grotesque : & lui-même dans ses différens Ouvrages ne s'est pas représenté d'une maniére plus avantageuse, ni plus honorable. Il y avouë de sang-froid qu'il a reçu des lettres de Galien, & qu'il s'est entretenu dans l'autre monde avec Avicenne ; que Dieu lui a révélé plusieurs secrets, & particulierement le fin & l'intérieur de la Chymie ; qu'il sait une maniere de produire des hommes, sans que les deux sexes y concourent, &c. A peine toutes ces rêveries seroient-elles pardonnables dans la bouche, ou sous la plume d'un homme qui les donneroit pour telles, & qui en plaisanteroit le prémier.

Paracelsa de Magiâ.

Idem de Humanâ Gener.

Paracelse avoit adopté l'ancien Systéme des Démons & des Génies. Il en peuploit tout l'Univers, même les arbres, les pierres, les métaux. Chaque Génie (les uns sont mâles les autres femelles) est obligé de demeurer dans son élément. S'il en sort, il ne manque point de souffrir quelque violence, & une espéce de répercussion, de la part des Génies étrangers. » Personne, ajoute Paracel-» se, n'a pu savoir, ni quand ils ont » pris naissance, ni quand ils mourront, » ni quel est leur nombre. Outre ces Génies particuliers, il y en a un qui préside souverainement à tout notre Systéme solaire, sous le nom de *Nymphidica Na-*

V. Leo. Suavium in Compendio Phil. & Medec. Theophr. Paracelsi.

tura. Il a pour ſupports & pour témoins de ſon gouvernement ceux qui ſont appellés *Enochdiani Immortales*, & qui ſéjournent tantôt dans une Planéte & tantôt dans une autre. Toutes choſes, continuë Paracelſe, ont été créées en même tems : mais elles exiſtoient dans le Principe increé, comme dans leur centre, dans leur point de rallîment. Et c'eſt ce qu'il explique en ces termes : *Les myſtéres ſucceſſifs ſe dévelopent les uns des autres, mais ils ſe trouvoient renfermés dans le grand ou le prémier myſtére.* Ainſi rien n'arrive, comme rien ne peut arriver, ni de nouveau, ni d'imprévû, ni d'arbitraire dans le monde.

L'homme y occupe un rang conſidérable, & ſert comme de nœud à tout ce qui s'y paſſe. Il eſt compoſé de deux parties, du corps viſible & du corps inviſible. L'un renferme & défend l'autre, lui tient lieu d'envelope & de demeure, n'exiſte que par ſon ſecours & ſous ſes ordres. C'eſt ce corps inviſible que Paracelſe nomme l'Eſprit corporel, l'Archée, l'Oeconome du corps, quelquefois l'Ame : & il y a apparence qu'il n'admet aucune autre ame, rien de ſpirituel dans l'homme. Tous les Etres dépendans de la matiére ont auſſi une pareille forme intérieure & aſſujetiſſante, à qui Paracelſe donne le nom général d'Esprit Olympique, ou d'Astre. Et c'est cette forme qui constituë l'essence de chaque corps, & qui fait par son harmonie universelle & universellement répanduë, qu'ils se ressentent tous de quelque chose d'analogue, & de simpathique l'un pour l'autre. En effet, observe Paracelse, quoique tous les Etres aient un caractére propre & distinctif, qu'ils vivent chacun à leur maniére, ils ont pourtant une correspondance mutuelle & réciproque, une liaison intime qu'on peut regarder comme le chef-d'œuvre de la sagesse de Dieu. Et ce qui augmente le mérite & le prix de cette liaison, de cette correspondance, c'est d'avoir fait naître la Physique & la Médecine : la Physique, dont le but est d'examiner le rapport que le choses terrestres peuvent avoir avec les Soleil, la Lune & les autres Planétes, dont elles reçoivent & leur force & leur nourriture ; la Médecine, dont le but est d'examiner le rapport que toutes les productions de la Terre ont avec l'homme, pour qui elles semblent avoir été faites, du moins à les prendre dans un certain détail. Sur cela, Paracelse tâche de montrer par un grand nombre de traits qu'il emprunte de l'Histoire Naturelle, que dans les plantes & les minéraux, se retrouvent toutes les parties du corps humain, à peu près dans la même figure & dans les mêmes proportions de vertu. Par conséquent tel remède pris d'entre les végétaux est céphalique, guérit les ophthalmies ; tel autre pris d'entre les minéraux est excellent contre les obstructions du foie & de la ratte, contre les rhumatismes : ce qui ne provient, conclud Paracelse, que du rapport que la Nature attentive a mis entre le remede & la partie affligée.

Voilà tout ce qu'on peut dire de la Philosophie de ce fameux Visionnaire, répanduë en 230 Traités : je n'exagére point pour le nombre. A l'égard de sa pratique de Médecine & de ses principes de Chymie, il les a couverts de ténébres si épaisses, qu'on n'en parle que par conjecture, ou par vanité. Rien de clair, rien de méthodique ne s'y présente à l'esprit. Paracelse croit s'excuser assez, en avouant que les sages ne doivent jamais, par un excés de prudence, ouvrir le fond de leur pensées. Il ajoute que le malheureux sort de Jason l'intimide, l'effraie, & selon lui, Jason étoit un Médecin & un Chymiste, qui travaillant avec trop peu de précaution à ce qui doit être soigneusement caché au vulgaire que tout étonne, donna lieu à sa femme de le faire périr, avec ses enfans, ses livres & son palais.

Paracels. de vitâ longât. l. 1. Id. l. ultimo de Gradibus & Composit.

Fin du Tome III.

www.ingramcontent.com/pod-product-compliance
Ingram Content Group UK Ltd.
Pitfield, Milton Keynes, MK11 3LW, UK
UKHW020101200726
13856UKWH00002B/314

9 782011 934697